Jacob Grimm, Wilhelm Grimm, Paul Wigand, Edmund Stengel

Private und amtliche Beziehungen der Brüder Grimm zu Hessen

Band I: Briefe der Brüder Grimm an hessische Freunde, zweite Ausgabe

Jacob Grimm, Wilhelm Grimm, Paul Wigand, Edmund Stengel

Private und amtliche Beziehungen der Brüder Grimm zu Hessen
Band I: Briefe der Brüder Grimm an hessische Freunde, zweite Ausgabe

ISBN/EAN: 9783743310070

Hergestellt in Europa, USA, Kanada, Australien, Japan

Cover: Foto ©ninafisch / pixelio.de

Manufactured and distributed by brebook publishing software
(www.brebook.com)

Jacob Grimm, Wilhelm Grimm, Paul Wigand, Edmund Stengel

Private und amtliche Beziehungen der Brüder Grimm zu Hessen

Private und amtliche Beziehungen

der

Brüder Grimm zu Hessen.

Eine

Sammlung von Briefen und Actenstücken

als Festschrift zum

hundertsten Geburtstag Wilhelm Grimms

den 24. Februar 1886

zusammengestellt und erläutert

von

E. Stengel.

Band 1:
Briefe der Brüder Grimm an hessische Freunde.

Zweite Ausgabe.

Marburg.
N. G. Elwert'sche Verlagsbuchhandlung.
1895.

Vorwort.

Geräuschloser aber mit nicht minder innigem Antheil wird am 24. Februar 1886 die hundertjährige Wiederkehr des Geburtstages von Jacob Grimms Bruder Wilhelm in Deutschland gefeiert werden. Möge dann auch diese Sammlung als Kranz das Denkmal, das sich die Brüder im Herzen des deutschen Volkes selbst errichtet haben, zieren! In dankbarer Liebe ist er gewunden, nicht zierlich und kunstgerecht, aber voll duftender Blüthen und saftiger Blätter, zwischen denen auch viel dürres Strauchwerk, auf dem sie ruhen, deutlich hindurchschimmert. Nicht Wilhelm allein ist er gewidmet, nein ebenso wohl auch dem von ihm unzertrennlichen älteren Jakob, ebenso wie an Jakob's Geburtstag Jedermann auch seines Bruders Wilhelm gedachte. Welche enge Bande die Brüder an Hessen knüpfte, wie viel Liebe und Leid ihnen hier zu Theil wurde, es wird aus dieser Sammlung von neuem hervorgehen. Stolz und freudig kann auch die Alma Philippina sich ihrer Zugehörigkeit rühmen. Möge die bescheidene Gabe eines Marburger Docenten bezeugen, dass sie sich dieser Ehre bewusst ist, und als Spende eines Romanisten zugleich ein Schärflein der Dankbarkeit abtragen, welche die romanische Philologie den Begründern der deutschen schuldet! Mögen vor allen aber auch die hier zusammengestellten Äusserungen ohne Falsch ˊund Flitter, voll von edler Gesinnung, Herzensgüte und warmer Liebe zum deutschen Vaterland dazu beitragen, das Bild des sittenreinen, gemüthvollen Brüderpaares tiefer und tiefer in das Herz unseres Volkes zu drücken, und es vor den Irr- und Abwegen charakterlosen Streberthums und pietätloser Frivolität zu schützen!

Durch freundliches Entgegenkommen von verschiedenen Seiten ist es mir gelungen nach und nach eine recht stattliche Anzahl von bisher ungedruckten Briefen der Brüder an hessische Freunde zusammen zu bringen, und denselben aus den noch ungehobenen Schätzen unseres Archivs auch eine Reihe für die Beurtheilung namentlich Jacob Grimms wichtiger Actenstücke hinzuzufügen, auf deren Vorhandensein mich Archivrath Dr. Könnecke freundschaftlichst aufmerksam machte. So musste der anfänglich nur auf einen Band berechnete Umfang der Sammlung auf zwei ausgedehnt werden. Da diese Erweiterung wie die Fixirung des derzeitigen Planes aber erst erfolgen konnte, als bereits die ersten Bogen fertig gestellt waren, so sind einige Unebenheiten in der Anordnung des Stoffes entstanden, welche ich zu entschuldigen bitte. Der eilige Beginn des Druckes war besonders dadurch veranlasst, dass von einer Anzahl Briefen die Originale mir nur auf kurze Zeit anvertraut waren und möglichste Genauigkeit auch hinsichtlich der schwankenden Schreibung bei der Wiedergabe von mir angestrebt wurde. Nur in-

soweit wich ich prinzipiell von den Originalen ab,
als ich alle Briefe in Antiquasatz wiedergeben liess,
während Jakob in den Briefen erst 1826 durchaus
die Antiquaschrift verwandte und Wilhelm ihm
sogar erst 1838, nachdem er Göttingen verlassen,
auch in dieser Beziehung folgte. Alle mir vor-
liegenden Briefe theilte ich vollständig mit. Nur
in den letzten Briefen Jakobs waren einige durch
Pünktchen angedeutete Kürzungen geboten. Einige
wenige Briefe passen, da sie nicht an Hessen gerichtet sind, nicht in die Sammlung, wie sie sich
jetzt darstellt; doch sind sie so schön, dass man
sich nur ihrer Mittheilung freuen wird. Anderer-
seits fehlen hier viele Briefe, welche, wäre möglichste
Vollständigkeit beabsichtigt gewesen, mit Recht
vermisst werden könnten. Um manche derselben
habe ich mich zwar vergeblich bemüht, von anderen
hörte ich zu spät und erst als der zu Gebote stehende
Raum ohnehin überschritten war, noch andere
werden mir gänzlich unbekannt geblieben sein.
Möchten die empfindlichsten dieser Lücken bald von
anderer Seite ausgefüllt werden!

Dass für die Anmerkungen, so weit es die Kürze
der Zeit gestattete, keine Mühe gespart worden ist,
wird schon ihr beträchtlicher Umfang zeigen. Ausser
dem Jedermann zugänglichen gedruckten Material
konnte ich besonders die in der Berliner Bibliothek
aufbewahrte umfangreiche Grimm - Correspondenz
dafür ausbeuten. Mit gütiger Genehmigung der
Kinder Wilhelm Grimms suchte mir Dr. Ippel
freundlichst die von hessischen Freunden herrühren-

den Briefe heraus. Weiterhin hatte K. Weigands
Tochter, Frau Oberlehrer Dr. Flach in Wiesbaden
die Güte mir nebst den Briefen der Brüder Grimm
an ihren Vater, auch dessen übrigen wissenschaftlichen
Nachlass, soweit er noch in ihren Händen war, zu
übergeben. Aus der recht umfangreichen wissenschaftlichen Correspondenz entnahm ich manche
Äusserung über die Brüder und theilte ausserdem
eine Anzahl Briefe Schmellers, dessen hundertster
Geburtstag ebenfalls in diesem Jahre begangen
wurde, mit, sowie einige interessante Stellen aus
Briefen Müllenhofs. Sonst suchte und erhielt ich
bereitwilligst von verschiedenen Seiten Auskunft
über die und jene Stelle. Da wo es angezeigt erschien, habe ich die freundlichen Rathgeber namhaft
gemacht, alle sonstigen Gönner und Förderer dieser
Sammlung mögen meines aufrichtigen Dankes ebenso versichert sein.

Die chronologische Tabelle der hier gedruckten
Grimmbriefe, sowie das alphabetische Namenregister
werden hoffentlich erwünscht sein, ebenso wird die
Wiedergabe der philosophischen Doctordiplome,
welche schon dem Grimmprogramm der Universität
Marburg beigefügt war und hier wiederholt ist,
Manchem, dem jenes Programm nicht zu Gesicht
kommt, willkommen sein.

Marburg, Ende October 1885.

E. Stengel.

I. Aus Briefen Jacob Grimms an Paul Wigand.

1.

[1802]　　　Marburg, den 31.—15. May, Abends,

7 Uhr 11 Min. 43 $\frac{1891065321100210787}{100000000000000}$ Sek.

Mein lieber Wigand!

Da bin ich nun in Marburg und Gott sey Dank noch gesund. Ungewohnt thut mir's freilich noch, aber doch nicht mehr so wie anfangs, da ich wegen meiner Geschäfte jetzt mehr Zerstreuung habe. Besonders leid that mir die Trennung von meinen Brüdern, Ihnen und noch einigen.

Es gefällt mir sonst recht gut hier. Ich weisz nicht, ob Sie, mein lieber, schon einmal hier waren, aber die Lage Marburgs und umliegende Gegend ist gewisz sehr schön. Besonders wenn man in der Nähe des Schlosses steht und da herunter sieht, die Stadt selbst aber sehr häszlich. Ich glaube, es sind mehr Treppen auf den Straszen als in den Häusern. In ein Haus geht man gar zum Dach hinein. — — —

2.

Marburg, den 30. Juni 1802.

— — — —

Bisweilen gehe ich spazieren. O eine prächtige Gegend. Mit jedem Schritt romantischer und schöner.

Hohe Berge, aber keine kahle Hügel, sondern mit
mannichfachem Grün geschmückt. Wiesen und Wiesen-
quellen. Links das Schloss auf dem Berge von der
Abendsonne vergoldet. Vor mir ein Dörfchen, das
man vor Bäumen nicht würde sehen können, ver-
riethe es nicht der aufsteigende Rauch. Da gehe
ich aber oft sinnig herum und sehe nichts. Meine
Gedanken sind nicht hier. Dann sitze ich unter
einem Weidenbaum und sehe nichts wieder als die
schöne Gegend aber plötzlich fällts mir ein, dasz ich
so einsam dasitze. Dann mache ich nur um wieder
nach Haus zu kommen. — — —

3.

M a r b u r g, den 12. Aug. 1802.

— — — —

Am Sonntag besah ich die hiesige Elisabether-
kirche. Ein wahres Meisterstück, in ächt gothischem
Geschmack, und die farbigen Fenster — eine leider
jetzt verlorene Kunst — wie feierlich und die Gruft
mancher Landgrafen wie schauerlich! Der Vorwelt
Schattengebilde umsäuseln uns und erinnern uns an
unsre Vergänglichkeit! — Auch findet man da Ge-
mählde von dem berühmten Alb. Dürer, die aber,
schade, sehr beschädigt sind. — — —

4.

? August 1814.

— — — —

An Aergerniss über unsere Regierung fehlt es
nicht; der Kurfürst ist auch zu alt, um sich ernst-

lich zu ändern, aber es thut einem weh, dasz das
Unglück und Glück unseres Vaterlandes den Kur-
prinzen·nicht, wie sie sollten, und es das allernatür-
lichste wäre, rühren und beszern. Ein braves Volk,
wie wir Hessen sind, sollte von Miszgriffen, Persön-
lichkeiten und der Verstocktheit nach allem Vorher-
gegangenen nichts zu leiden haben .... Unsere
bevorstehende deutsche Verfassung wird hoffentlich
den Rechten des Volks aufhelfen und darum wollen
wir guter Hoffnung sein.

II. Aus Briefen Wilhelm Grimms an Paul Wigand.

5.

Cassel, den 29. Mai 1813.

... „Wir haben wie Wanderer Regen, Sturm, Sonnen-
schein untereinander erlebt. Der Gedanke an das
eine hat immer das andere gemäszigt, und wenn auch
die Wolken alle Berge verdeckt, ist uns doch die
Gewiszheit noch geblieben, dasz noch höher die Sonne
leuchte, nur wann sie aufgehe, das war in Gottes
Hände gelegt. Dazwischen haben wir, sobald es
ging, fortgearbeitet; es ist im äuszeren Leben nichts
besseres als solch' ein fester Beruf, wie ich unser
Arbeiten betrachte, und ohne ihn würde Freud oder
Leid uns zu Boden werfen, wie wir beides, Sonnen-
schein und Frost, ohne Schutz nicht vertragen,
sondern darunter ohne Bewegung hinsterben."

1*

6.

Ich habe am Sonntag das Rescript als Secretarius
der Bibliothek erhalten, dazu Einhundert Thaler
Besoldung, was ich mit Buchstaben schreibe, damit
Du nicht glaubst ich habe mich verschrieben.

7.

? Mai 1814.

Vielleicht ist noch niemals eine Zeitung in
Deutschland mit so freiem, edlem Sinn geschrieben
[als der Rheinische Merkur von Görres].

8.

Ende 1814.

Ich habe 200 Thaler Zulage bekommen, sodass
mir die Laubthaler schon aus der Tasche tanzen.

III. Vier Gesuche Jakob Grimms an den Kurfürsten von Hessen.

9.

Durchlauchtigster Kurfürst
Gnädigster Fürst und Herr!

In der Hoffnung, dasz ich unter den jetzigen
Zeitumständen meinem Vaterlande in der diplomatischen Laufbahn am meisten nützen könnte, und
im Vertrauen, mich durch ein eifriges Studium der
Geschichte nicht unwürdig dazu vorbereitet zu haben,
wage ich es, Eure Kurfürstliche Durchlaucht zu bitten:

mir die Stelle eines Secretars bei einer Gesandschaft huldreichst zu verleihen.

Mit Fleisz und Treue werde ich diese Gnade
unabläszig zu verdienen suchen, und ersterbe in
tiefster Ehrfurcht

Euer Kurfürstlichen Durchlaucht
unterthänigster
Jacob Grimm
vormals Kriegssecretar
Caszel am 16. Dec. 1813.

10.

Allerdurchlauchtigster Kurfürst
Allergnädigster Kurfürst und Herr.

Ehe und bevor Eure Königliche Hoheit mich mit
den in meiner anderweiten unter heutigem Dato
überreichten unterthänigsten Vorstellung erbetenen
Ämtern begnadigen, flehe ich nothgedrungen um
Allergnädigste Verfügung zur strengen Untersuchung
der nachfolgenden mir höchst empfindlichen Veranlaszung.

Der Geheime Regirungs-Rath von Lepel macht
mir den Vorwurf, dasz ich während des Congresses
meine Pflicht nicht geleistet hätte und äuszert sich
darüber auf die kränkendste und unanständigste
Weise. Die unmittelbare Gelegenheit dazu bricht
er von einem mir vermuthlich zur Last liegenden
geringen Versehen ab, welches leicht zu berichtigen
gewesen wäre und zu dessen Berichtigung ich mich
auf der Stelle erbot. Da ich indessen bald merkte,

dasz ihm an einer uns beiderseits anständigen Verständigung nichts gelegen sey, so forderte ich ihn, getrost auf mein gutes Gewiszen, auf, seine Beschwerde Allerhöchsten Orts anzubringen.

Ein Theil meiner in Wien gefertigten Expeditionen liegt Eurer Königlichen Hoheit selbst vor Augen, und wird allein schon hinreichend die Beschuldigung, dasz ich meine Hände gespart, von mir abwenden. Allein das Bewusztseyn, in meinen früheren Dienstverhältniszen stets vorwurfsfrei da gestanden zu haben, zwingt mich auch gegenwärtig zu der ehrerbietigsten Bitte:

> dasz allerhuldreichst befohlen werden möge, gedachten Geh. Regirungs-Rath v o n L e p e l, falls er es aufschieben sollte, zur Angabe seiner Beschwerden anzuweisen und hiegegen meine Rechtfertigung vernehmen zu laszen.

Der ich ehrfurchtsvollst ersterbe
Eurer Königlichen Hoheit
unterthänigster, treugehorsamster
pflichtschuldigster
der Legationssecretar G r i m m.

C a s z e l, den 10. August 1815.

11.

A l e r d u r c h l a u c h t i g s t e r K u r f ü r s t
A l l e r g n ä d i g s t e r K u r f ü r s t u n d H e r r

Aus einem so eben erhaltenen Schreiben des Herrn Geheimen-raths v o n C a r l s h a u s e n habe ich zu ersehen gehabt, dasz es Eurer Königlichen

Hoheit allergnüdigste Absicht ist, mich von neuem
in der Eigenschaft eines Legationssecretars zu der
frankfurter Bundesversammlung abzuordnen. So
sehr ich dieses Zeichen Allerhöchster Zufriedenheit
mit meinen geringen Diensten in schuldigstem Dank
und um so lebhafter anerkennen musz, als ich nach
meiner Rückkehr aus Wien einige Merkmale eines,
wie ich glaube, nicht verdienten, Misfallens erfuhr,
so sehe ich mich gleichwohl nothgedrungen, meine
allerunterthänigste, verwichenes Frühjahr bereits
aus Wien ergangene und später in Caszel wiederholte Vorstellung um Entlaszung aus der diplomatischen Laufbahn hiermit zu erneuern. Nicht nur
meine schwächliche Gesundheit und die Überzeugung,
dasz ich meine etwaigen Kenntnisse in eine solche
Richtung bringen musz, worin sie nützlich werden
können, bewegt mich zu diesem Schritt, sondern
auch die Erwägung, dasz ich durch nunmehr zehn-
jährigen Dienst in öffentlichen Ämtern einen andern
Posten verdient zu haben glaube, als einen solchen,
der mich zu einer unordentlichen, unbequemen Lebensart verbindet, meine Besoldung völlig verzehrt und
mir im Grunde die Arbeit eines bloszen Cancellisten
auflegt.

Ich hatte daher jene Veranlaszung ergriffen, um
mich zu der Stelle eines Hofarchivars allerehrer-
bietigst zu melden, bin aber darauf mit keiner Allerhöchsten Resolution versehen worden. Wenn Eure
Königliche Hoheit von Allerhöchst Dero Regirung
zu Caszel Bericht zu fordern geruhen wollen: in
welchem Zustande sich gegenwärtig die für die

vaterländische heszische Geschichte wichtigsten
Sammlungen und Verbriefungen befinden? so wird
sich daraus ergeben, dasz ich wenigstens um keinen
Platz gebeten habe, deszen Besetzung der Staat
länger entbehren könnte.

Darf ich diesem allem hinzufügen und in ge-
ziemender Ehrerbietung erwähnen, dasz ich Aussichten, welche sich mir auswärts zu einer angenehmen und einträglichen Anstellung eröffnet haben,
stets vernachlässige, weil ich vor allen Dingen mich
meinem Vaterlande zu widmen trachte?

In tiefster Ehrfurcht ersterbe ich
Eurer Königlichen Hoheit
allerunterthänigster, treugehorsamster
und pflichtschuldigster
Grimm.

Paris 23 October 1815.

12.

Allerdurchlauchtigster Kurfürst
Allergnädigster Kurfürst und Herr!

Seitdem Eure Königliche Hoheit allergnädigst
geruheten, mich aus der diplomatischen Laufbahn zu
entbinden, habe ich nun verschiedene Monate lang
den als Legationssecretarius genoszenen Gehalt blos
in der steten Hoffnung einer bald erfolgenden anderweiten, meinen geringen Talenten entsprechenden
Wiederanstellung fortbezogen. So dankbar ich diese
Wohlthat anerkenne, so widerstreitet es dennoch
meinen Grundsätzen, eine Besoldung zu empfangen,

die ich mit keinen Arbeiten verdiene, die mich aber
gleichwohl in einer meinem künftigen Unterkommen
hinderlichen Gebundenheit und Ungewiszheit läzst.
Daher ich, unter Beziehung auf die in meinen früheren
ehrfurchtsvollsten Vorstellungen dargelegten Gründe,
hiermit wage, meine allerunterthänigste Bitte um
Ertheilung der ledigen Hofarchivarienstelle zu erneuern.

Der ich in tiefster Ehrerbietung erharre
Eurer Königlichen Hoheit
allerunterthänigster, treugehorsamster,
pflichtschuldigster
Grimm

Caszel am 14. April 1816.

IV. Zwei Briefe Jacob Grimms an Frau Ober-medicinalräthin Bauer, geborene Ramus.

13.

Cassel, den 5. Dec. 1817.

Werthgeschätzte Freundin,

Da es mir die Mäuse tagtäglich ärger machen
und sogar Bücher freszen, die ich erst noch recensiren
soll, so bin ich Willens, eine Katze in Dienst zu
nehmen; könnten Sie mir nicht eine wohlerzogene
und hoffnungsvolle verschaffen? Dieselbe hat zeit-
lebens Brot und Milch bei mir und wird anständig
behandelt. Ich bin und bleibe

Ihr ergebenster Freund
Jacob Grimm.

An
Fräulein Charlotte Ramus.

14.

Liebe Charlotte!

Wir sind recht erschrocken über den harten Fall, der Sie betroffen hat. Als ich Bauer vorigen Herbst sah, freute ich mich seiner, wie es schien, gänzlichen Wiederherstellung von der Krankheit, mit der er in den letzten Jahren zu schaffen gehabt hatte. Gott hat es anders beschieden. Wie bald ist er meiner guten seeligen Schwester nach gefolgt, und welche gewaltige Lücken hat der Tod schon in den kleinen Kreis unserer alten Bekanntschaft gerissen. Wir haben uns alle einander in der letzten Zeit seltner gesehn als in der früheren, aber ich meinestheils bin oft der Vergangenheit eingedenk gewesen und der Freundschaft, mit der Sie uns zugethan waren; auch von Bauer weifs ich, dafs er immer noch Theil an uns genommen und [uns] nicht vergessen hat.

Einen traurigen Winter haben wir eben zurückgelegt. Wilhelm, der schon so viel aushalten muste, litt diesmal lange und fast ununterbrochen an einem gefährlichen Gichtübel, das sich auf das Herz geworfen hatte. Seit einigen Monaten bessert es sich, Gott sei Dank entschieden, aber äufserst langsam.

Sein Sie von uns allen herzlich gegrüfst. Es bedarf kaum der Versicherung, wenn sich je einmal Gelegenheit darbieten sollte, Ihnen, liebe Freundin, oder Ihren Kindern beizustehn, dafs ich es mit Freuden thun werde.

Jacob Grimm.

An Ihre Schwester Julie meine Empfehlung.

Göttingen, 22. April 1835.

Liebste Charlotte, ich möchte Dir auch so gern
ein Wort der Liebe und des Trostes sagen aber Dein
Verlust ist zu grosz Gott allein musz Dir Kraft
geben ihn zu tragen. Ach es hat uns alle tief er-
schüttert in solchem Augenblick regt sich recht die
alte Freundschaft im Herzen — Wären wir doch
jetzt nur nicht so weit von einander ich musz immer
an Euch denken, vergeszt nicht in Eurem Schmerz
dasz Ihr gute treue Freunde in Göttingen habt

D o r o t h e a.

Frau Obermedicinalräthin Bauer,
   Wohlgeboren, Caszel.

V. Jacob Grimm an stud. phil. K. Gödeke gegenwärtig Professor in Göttingen.

15.

Werthester Freund,

ich konnte nicht früher zum antworten gelangen,
erst war mir eine augenkrankheit hinderlich, und
dann trat ein geschäft nach dem andern in den weg.
Durch Ihren brief bin ich herzlich erfreut worden
und diese fortwährende zuneigung eines auch meinerseits unvergessenen zuhörers thut mir in meiner
jetzigen zurückgezogenheit doppelt wohl. Die übersandten beiträge zur mythologie sind mir lieb und
willkommen und gleich dankbar sein werde ich
Ihnen für alle ähnliche aufzeichnungen, die sie aus
dem lebendigen munde des volks entnehmen wollen.

ich gebrauche sie treu und gewissenhaft und weisz
aus erfahrung, wie sehr dadurch meine arbeiten gefördert werden. Auch die grammatische bemerkung
über 'ohne zu' hat für mich werth; meine eignen
sammlungen sind mir nicht zur hand, aus denen
ich Ihnen das älteste beispiel für diesen sprachge-
brauch herschreiben könnte.

Sie fragen mich nach Platens sprache. es hat
mir bei lesung seiner gedichte beständig den an-
genehmsten eindruck hinterlassen zu sehn, wie er
auf reinheit und frische des deutschen ausdrucks
sorgsam hält. seine reime sind fast ohne tadel, und
stehn vortheilhaft ab von der freiheit und nach-
lässigkeit, die sich Schiller, zum theil auch Göthe
zu schulden kommen lassen. denn selbst diese
autoritäten dürfen ein feines ohr nicht bestechen,
es bezeichnet vielmehr die laxe metrische ausbildung
ihrer zeit, dass sie oft so fehlerhaft gereimt und
handiert haben. Rückerts sprache ist blühender
und gezierter als Platens, aber nicht so rein, auch
nicht so ergreifend. Dagegen scheint mir Platen
hin und wieder an das kalte und marmorne zu streifen;
er liebt einige orthographische abweichungen, die
an sich nicht unrecht sind, aber lange nicht aus-
reichen, wenn unsre schreibung aus dem grund
sollte gesäubert werden. Ich entsinne mich einzelner
grammatischer verstösze bei ihm, die er absichtlich
begangen haben musz, z. B. „rathschlug" für „rath-
schlagte". ich habe seine gedichte nicht zur hand,
und kann nichts nachweisen. Das schicksal hat
diesen edlen dichter nicht vergönnt, seine poesie

mit einem groszen werk, wonach er rang und strebte,
zu versiegeln; das würde licht und glanz auf seine
frühere laufbahn zurückgeworfen haben.

Bleiben Sie gut Ihrem

ergebensten
Jacob Grimm.

Caszel 12. April 1838.

Herrn Stud. philol. K. Gödecke
Wohlgeboren Celle.

VI. Zwei Briefe Jacob Grimms an Gymnasial-lehrer Berlit in Hersfeld.

16.

Cassel, 23. oct. 1839.

Ich habe viel zu thun, besonders auch briefe zu
schreiben, daher komme ich so spät zur beantwortung des schon vorigen monat von Ew. Wolgeb.
empfangnen. Fürs ags. sprachstudium sind jetzt
ziemlich viel hülfsmittel da, doch kosten alle englischen bücher viel und sind selbst dort nicht immer
zu haben, z. B. Lyes Wörterbuch, das wegen seiner
reichen citate weit brauchbarer ist, als das im vorigen
jahr von Bosworth herausgegebne, auch sonst den
jetzigen forderungen nicht entsprechende. Dagegen
ist die englische übersetzung der Raskischen
grammatik von Thorpe Copenh. 1830 leicht zugänglich und wahrscheinlich auch in Ihren händen.
Von Kembles Beovulf erschien 1835 die zweite
ausg. in zwei bänden, text, genaue übersetzung und
wörterbuch; darin ist zwar nicht alles doch vieles

für das verständnis des wichtigsten denkmals der ags. poesie geleistet. Leo zu Halle hat eben eine erläuterungsschrift herausgegeben, worin einiges gute und treffende vorkommt. In diesem augenblick lasse ich zwei bedeutende ags. gedichte drucken, die zusammen fast so viel text wie Beovulf liefern und schwer genug sind. ich gebe zwar keine version, aber erläuterungen. Prüfen Sie einmal an beiliegendem correcturbogen, wie weit Sie im verständnis dieser sprache und dichtkunst vorgerückt sind. Bei Caedmon hat auch Thorpe noch manches zu thun übrig gelassen.

Diese kleine arbeit beschäftigte mich nur nebenbei, als ich gerade darüber her war, in der neuen ausg. des ersten th. meiner grammatik auch die ags. umzuarbeiten. Das buch (nemlich die grammatik) wird aber vor einem halben jahre nicht erscheinen.

Auch Alfreds Boethius verdient in der neuen Cardaleschen (nicht besonders gelungnen) ausg. gelesen und studiert zu werden. Die sündlich weggelassenen metra hat hinterher Samuel Fox (Lond. 1835) geliefert.

Hätten Ew. Wolgeb. lust und mufse einige deutsche schriftsteller für das von mir und meinem bruder unternommne deutsche wörterb. zu excerpieren? ich werde dann näheres mittheilen. Hochachtend und ergebenst

Jacob Grimm.

17.

Geehrter herr,

ich entsinne mich nicht mehr dessen, was Sie mir vor langer zeit (es musz etwa 12 jahre her sein) über Ihre sprachstudien gemeldet, noch was ich Ihnen geantwortet habe. Sobald Sie irgendwo tiefer einschlagen wollen und können, wird auch ein erfolg nicht ausbleiben, denn es ist noch allenthalben viel zu forschen; die näheren wege musz sich jeder selbst brechen.

Sie erbieten sich noch zu auszügen fürs wörterbuch und es ist nicht zu spät dazu; doch kann die verlagshandlung, nachdem sie früher einen bedeutenden fonds dazu verwandt hat, jetzt kein honorar mehr dafür gewähren. Von jagdbüchern sind auszer dem alten weidwerkbuch (Fft. 1582 fol.) schon Döbels *practica* und Tänzers jagdgeheimnisse zu rathe gezogen, nicht Heppes jäger; es könnte nicht schaden, wenn daraus das merkwürdigste gezogen würde, die art und weise ist aus den erschienenen heften des wb. zu entnehmen.

Mit dem wunsche dasz Ihre persönlichen verhältnisse sich wieder besser gestalten mögen

hochachtend und ergebenst

Jac. Grimm.

Berlin, 3. Aug. 1852.

VII. Drei Briefe Jacob Grimms an Fräulein Luise Gies, damals in Hanau, jetzt in Cassel.

18.

Liebe Fräulein Luise,

Sie haben mir so zutraulich geschrieben, dass ich gleich zu der vorstehenden Anrede berechtigt bin; ich will auf Ihre Frage Alles antworten, dessen ich mich entsinnen kann. Allerdings bin ich in dem jetzt von Ihnen bewohnten Hause, in der Langen Gasse neben dem Hinterhaus des Rathhauses, zum ersten Bewusztsein gekommen. Mein Vater war Stadtschreiber beim Amt Bücherthal und wurde im Sommer 1791 als Amtmann nach Steinau versetzt, wo er frühe, schon Januar 1796 starb und sechs Waisen hinterliesz. Meine frischesten Knabenerinnerungen stehen natürlich zu Steinau, doch ist mir noch Manches aus der Hanauer Zeit im Gedächtnisz. Die Kinderstube war hinten und ging in den von einer nahen Mauer beschränkten Hof, über die Mauer ragten Obstbäume aus dem benachbarten Garten, wahrscheinlich dem Rathhausgarten. Im .Rathhaushof spielten wir oft, gegenüber auf der anderen Seite der Strasze wohnte damals ein Handschuhmacher, dessen Namen ich lang behalten, doch jetzt vergessen habe. Ich wurde oft über den Paradeplatz in die Altstadt zum Groszvater getragen und geführt, muszte im letzten Jahr, etwa 1790, in eine Schule laufen, die auf der entgegengesetzten Seite hinter dem Neustädter Markt am Platz der französischen Kirche lag. Wollen Sie wissen, wie ich damals

aussah, so kann ich ein Bildchen in den Brief legen,
das nach einem August 1787 von dem Mahler Urlaub
gemahlten Oelbild radiert worden ist; ich stehe
darauf in violetter Jacke und Hose mit grüner
Schärpe, doch gewöhnlich werde ich damals noch
im bloszen Kittel herumgelaufen sein. Zur Zeit des
Bildes war ich also 2$\frac{1}{2}$ Jahr alt, jetzt wäre ich danach nicht wieder zu erkennen.

Aus der Zeit, wo wir in der Langen Gasse
wohnten, ist mir zufällig etwas in Erinnerung geblieben und ich habe später im Leben daran denken
müssen. An einem frühen Sommermorgen stand ich
neben dem Vater in der Wohnstube am Fenster,
alle Anderen schliefen noch, da sah ich eine Magd
mit einem Zuber auf dem Kopf über die Gasse
gehen und die Sonne spiegelte sich hell in dem
Wasser ab. Im Geist sehe ich noch immer das
Sonnenbild in dem Wasser zittern. Das wird im
Jahr 1789 gewesen sein.

Aber geboren wurden wir in diesem Hause nicht,
sondern in einem am Paradeplatz, wenn man vom
weiszen Löwen an hinaufgeht, etwa im zweiten oder
dritten Haus der Reihe oben, falls dasselbe Haus
noch stehen geblieben ist, denn es sind seitdem
schon 75 Jahre verstrichen. Ich hörte einmal, in
diesem Haus sei später die Polizei gewesen, daran
können Sie sich vielleicht zurechtfinden. Die Eltern
zogen aus diesem Haus in das andere jetzt von
Ihnen bewohnte wahrscheinlich 1787 oder 1788.
Gesetzt Sie ermitteln es, so bitte ich mir die Haus-

nummer aufzuschreiben, wie auch die von Ihrem
Haus in der Langen Gasse.

Nehmen Sie vorlieb mit diesen wenigen und
mageren Nachrichten, ich bin mit herzlichem Gruss

Ihr ergebenster
J a c o b   G r i m m.

Berlin, 30. Dec. 1858.

19.

W e r t h e s t e   F r e u n d i n,

Welche Ueberraschung haben Sie mir und uns
Allen mit dem Bilde bereitet! Es ist mir sehr lieb
es zu besitzen, ich wollte nur, der Photograph hätte
sich mit seinem Kasten ins Jahr 1783 zurückversetzen
und mir den Augenblick festhalten können, wo mein
Vater zu dieser Thür seine Braut hineinführte.
Thür und Schwelle mögen damals schon so gewesen
sein, der dritte Stock ist sichtbar später aufgesetzt.
So streben die Menschen, den Dingen immer ein
anderes Ansehen zu geben.

Gerührt hat mich die grosze Mühe, die Sie meinet-
halben gehabt und mit wie reinlicher Feder Sie die
Nachrichten aus dem Kirchenbuch abgeschrieben
haben. Das Meiste davon war mir schon durch
eine vom Groszvater begonnene, vom Vater fort-
geführte Aufzeichnung in eine Bibel bekannt, doch
nicht Alles und ich danke sehr für diese Bereicherung
meiner Familiengeschichte.

Auch Ihrem Herrn Vater sagen Sie meinen Dank
für die mir zu Gefallen gethanen Gänge. Sollte er

Gelegenheit haben, meine Base, die Philippine Höne, wieder zu sehen, so bitte ich ihn, sie herzlich von mir zu grüszen (Lieber lege ich ein Blatt für sie ein).

Der Buchbinder hat mich aufgehalten, sonst wäre meine Antwort längst in Ihren Händen. Ich wollte Ihnen gern ein Exemplar der Märchen senden. Darin müssen Sie nur zuweilen irgend ein Stück lesen, denn solche Dinge vertragen sich nicht hintereinander gehäuft. Vornen habe ich eine wahre Geschichte eingeklebt, die sich letzten Sommer hier zutrug.

Die Bilder mögen Ihnen, wenigstens Einiges aus Berlin vor Augen führen. Ich kann Ihnen darauf kein Haus bezeichnen, wo ich wohne oder gewohnt habe, höchstens angeben, dasz ich durch das Brandenburger Thor fast täglich schreite, obwohl weit davon wohne. Man musz hier viel Zeit mit entlegenen Wegen verthun, viel schöner, wenn man, wie bei Ihnen, in zehn oder funfzehn Minuten von einem Ende der Stadt zum andern gelangen kann.

Beigelegt sind, da Sie den Kindskopf schon erhalten haben, zwei später, 1815 und 1845, gemachte Zeichnungen zur Vergleichung.

Von Herzen Ihr ergebenster

Jac. Grimm.

18. Apr. 1859.

20.

Wie lange schon, werthe Freundin, ist mein
Dank ausgeblieben für die Aufmerksamkeit, mit
welcher Sie mir eine dort erschienene kleine Schrift
zu übersenden bedacht waren. Solche öffentlich
gemachte Nachrichten über ein Privatleben sind be-
schämend, denn die gute Meinung des Verfassers
weisz immer nicht genug von der Sache, um die
aufgetragenen Lichtfarben durch gehörigen Schatten
mäszigen zu können.

Zu den früher übersandten Bildern sende ich
Ihnen hier noch eine Photographie, die neulich von
mir genommen wurde und die vor Ihrem betrachten-
den Auge nicht einmal den Hut abzieht, sondern
still stehen bleibt. Ich wünsche in Ihrem Andenken
stehen zu bleiben.

Jacob Grimm.

Berlin, 31. Juli 1860.

VIII. Brief Jacob Grimms an Rechtsanwalt Fr. Oetker.

21.

Berlin, 29. October 1860.

Sehr geehrter Herr,

Spuken ist kein hochdeutsches wort und mir bei uns nicht vor ende des 17 jh. erschienen. Seitdem aber bedeutet [es] ganz einfach das was *umgehn, umwandeln* und wird von gespenstern gebraucht. für *spuk* wird niederl. *spook* oder *spookzel*, schwed. *spöge*, dän. *spögelse* gesagt, wie bereits in meiner mythologie s. 866 zu lesen ist. man sagt *es spukt greulich, das ist ein greulicher spuk!* wol von lärm zu nachtzeit und in der dämmerung, wenn geister umgehen. ander[e] redensarten weisz ich nicht, finde auch beim nachschlagen keine in niederländ. wörterbüchern. *ich mag nach meinem tod nicht spuken gehn, nicht umgehen.*

Sie werden genug gequält und sollten des wörterspuks überhoben bleiben

in voller eile ergebenst

J. Gr.

Couvertadresse:

Herrn Rechtsanwalt Friedr. Oetker

Cassel.

IX. Brief Jacob Grimms an Dorothee Dahlmann, Tochter Fr. Chr. Dahlmanns.

22.

[Göttingen 183?]

Liebe Dorothee,

beides ist gleich richtig, zu schreiben *getraide* oder *getreide*. ich ziehe ersteres vor, aus bloszem mitleiden, weil wir so wenig *ai* in unserer sprache haben und soviel *ei*. Diese diphthongen entspringen in *getraide* aus der zusammenziehung der vollen ursprünglichen wortform *gitragidi*, von tragen, denn *getreide* bedeutet was von der erde getragen wird. Wenn ich an Hermann schriebe, würde ich etwa hinzufügen, wie *ceres = geres a gerendo.* Das brauchst du aber nicht zu verstehen. Ich bin dein treuer freund

Jacob Grimm

X. Brief Jacob Grimms an Hermann Dahlmann, gegenwärtig Landgerichtsdirector in Marburg.

23.

Lieber Hermann, es macht mir die gröszte freude, dasz ich zu deinem neugebornen sohn, dem künftigen Christoph, mit zu gevatter stehen soll, ich antworte sogleich, damit mein Brief noch vor dienstag oder doch dienstag morgen eintreffen und dir meine förmliche einwilligung, an der du ohnehin nicht zweifeln wirst, ausdrücken kann. möge gott das

kind segnen, und es seinem schönen namen und
vornamen einmal ehre machen, wenn es erwachsen
ist und du ihm erzählst von seinen pathen, so wird
es auch erfahren, mit welcher treuen liebe ich seinem
groszvater zugethan gewesen bin. schon dein älterer
sohn soll diesem sehr ähnlich sein, die dahlmannischen
spuren laszen sich nicht verwischen. sage auch
deiner lieben frau, meiner gevatterin, herzlichsten
dank und es ist erwünscht, dasz sie sich so bald
wieder erholt hat.

Jammerschade dasz die aufzeichnungen deines
vaters über sein leben unvollendet geblieben sind,
aber es versteht sich dasz alles erhaltene bekannt
gemacht werden musz und der welt nicht darf entzogen
werden. den rechten augenblick der herausgabe
wirst du schon noch zu treffen wiszen. es darf
nicht zu lange währen, damit ich auch noch die
freude und genugthuung des erscheinens erlebe. wie
rührt es mich, dasz eine so kostbare hinterlassen-
schaft mir zugeeignet werden sollte.

Ist denn Luischen Reysiher noch in Bonn?
so kommt sie auch zur taufe, sage ihr sie möge
mir gut bleiben.

Dortchen und wir alle grüszen dich getreulichst
am sonnabend 4. mai [1861]

Jacob Grimm.

Schreib uns auch öfter, oder wenn sie will deine
frau, damit wir vom gedeihen des kindes hören.

XI. Achtunddreissig Briefe von Wilhelm und Jacob Grimm an Pfarrer Bang in Goszfelden.

24.

Wilhelm Grimm an Bang.

Ich danke Ihnen bestens für Ihre Bemühungen zu Gunsten des armen Heinrichs; es kommt noch alles zu rechter Zeit, weil ich von manchen Orten noch den Erfolg, wenigstens Antwort abzuwarten habe. Auszerdem ist durch die Zeitumstände die Copie der röm. HS. aufgehalten worden, und von einer andern, die wie ich eben aus Schlegels Museum sehe, sich in Ungarn befindet, will ich wo möglich auch Nutzen ziehen. Also werden leicht ein paar Monate hingehen, ehe der Druck anfangen kann. Das Geld bitte ich an Herrn Prof. Conradi zu schicken, der mir ohnehin seine Sammlung übersenden will.

Ich danke Ihnen für Ihre Theilnahme. Meine neue Stelle hat mir in dieser Zeit einige Arbeit gemacht, da die Fächer gerade in der Kälte nachzusehen waren, welche die Franzosen bestohlen, um das Geraubte in Paris, so Gott hilft, wieder zu holen. Dies Amt ist mir an sich angenehm und ohne Nutzen wird es auch nicht für mich seyn. Sobald es warm geworden, will ich einmal sehen, was wir an den alten Kloster MSS. besitzen. Vielleicht, wenn Sie gerade in Marburg sind, kann Ihnen einer meiner beiden Brüder, der diesen Brief mit-

nimmt, solchen selber geben. Ein dritter ist bei
den Baiern, der älteste, wie Sie vielleicht wissen ist
Legationssecretär im Hauptquartier; so bleibe ich
allein hier mit Wünschen für ihr Heil und das
Glück der guten Sache. Nach einem Brief vom
20. aus Troyes war das Hauptquartier wieder dahin
zurückgegangen und allerlei Ungünstiges vorgefallen.
Indessen rückt von allen Seiten Verstärkung heran,
und wir dürfen doch in guter Zuversicht leben.

Schenken Sie mir ein Freundschaftliches Andenken, ich bin mit der aufrichtigsten Hochachtung

Ihr gehors. Dr.
W. C. Grimm.

Cassel, am 28. Febr. 1814.

Folgende sind die Interessenten:

1) Herr Krücke, 2) Herr Licherhof, 3) Herr
Leipold, 4) Herr Schulz, 5) Herr Hupfeld, 6) Herr
Theobald, 7) Herr Weiſs, 8) Herr Bang. Diese
haben jeder 1 Thlr. bezahlt. 9) Herr Prof. Tenne-
mann, 10) Herr Pfarrer Hopf, 11) Herr Vdecan
Creuzer. Diese haben noch nicht bezahlt.

An Herrn Pfarrer Bange. Hochwürden
d. G.   Goszfelden.

25.

Wilhelm Grimm an Bang.

Cassel, 28. August 1815.

Hochwürdiger, Hochgeehrtester Herr!

Es liegt ein sehr werther Brief von Ihnen vor
mir, welcher beinahe anderthalb Jahre alt ist, den

ich damals sogleich beantworten wollte und dennoch
komme ich ietzt erst dazu. Aber es hat an den
Umständen, nicht an mir, gelegen, wenn der gute
Vorsatz nicht ist ausgeführt worden. Die Hauptsache betraff Conradi's Berufung nach Heidelberg,
ich hatte Gelegenheit genommen, weil sie sich leicht
darbot, die Sache, so wie sie war, unserer Kur-
prinzessin, die eine in vieler Hinsicht ausgezeichnete,
alles Gute fördernde Frau ist, erzählen zu lassen;
das nähere darüber wollte ich Ihnen eben melden,
als mir Conradi selbst vertraulich deshalb schrieb,
so dasz ich ihm nun unmittelbar die Antwort schickte,
die er Ihnen wohl mitgetheilt hat. Darnach wollte
ich warten, bis ich Ihnen den armen Heinrich zuschicken könnte, aber das dauerte von einem Monat
zum andern ein Jahr, denn solang ist es etwa dasz
die Handschrift zum Druck bereit war und über ein
halbes Jahr hat es gedauert, bis die 14 Bogen in
Frankfurt fertig wurden. Endlich ist es zu Ende
gekommen, und ich bin so frei Ihnen die Exemplare,
Ihrer Theilnehmer in kurzem, wahrscheinlich durch
Krieger, zuzusenden, freilich wird es Ihnen schwer
fallen, einige, welche Studenten zugehören, an den
Mann zu bringen, aber ich weisz mir nicht anders
zu helfen und denke mir am natürlichsten, dasz
sie sich bei Ihnen melden oder einmal angefragt
haben. —

Wie vieles ist seit Ihrem Brief vorübergegangen
und wie wenig sind die frischen und jugendlichen
Hoffnungen erfüllt, zu denen wir uns berechtigt
glaubten. Die Fürsten haben wenig Einsicht in das

Leben der Völker gezeigt und wenig Bereitwilligkeit
sich mit ihnen zu verständigen, dennoch aber bin
ich fest überzeugt, nicht blos davon, dasz guter
Saamen gesät, sondern auch das er aufgegangen und
nicht mehr zu unterdrücken ist. Kann er nur langsam wachsen, so wächst er desto sicherer, wie sich
in Pflanzen die edlere Natur zeigt, die längere Zeit
nöthig hat, aber desto dauerhafter ist.

Ich bin Willens nach Frankfurt zu reisen und
freue mich sehr darauf, dort Savigny zu finden,
der, wie Sie wohl wissen, seit der Mitte dieses
Monats da ist, dann habe ich im Sinn, Conradi in
Heidelberg zu besuchen, vielleicht auch bis an den
Rhein zu gehen. Künftigen Freitag werde ich in
Marburg mit dem Postwagen eintreffen, da wäre es
für mich ein glücklicher Zufall, wenn Sie gerade
dort wären, und mir eine rechte Freude, wenn ich
Sie in der Stunde, die ich mich dort aufhalten musz,
sehen und sprechen könnte. Was Sie mir etwa an
beide unsere Freunde aufzutragen hätten, will ich
gern übernehmen. Nach zehn Jahren ist mir Marburg so fremd geworden, dass ich keine Bekannten
mehr dort habe, sonst hätte ich meine Zeit so ein-
getheilt, dass ich ein paar Tage dort hätte zubringen
können und den Weg zu Ihnen, den ich zwar nur
einmal gemacht, doch wiederfinden wollen.

Leben Sie wohl und schenken Sie mir ein freundschaftliches Andenken, mit der aufrichtigsten Hochachtung

der Ihrige
W. C. Grimm.

26.
Jakob Grimm an Bang.

Cassel, 12. Juni 1816.

Verehrter Herr Pfarrer

Hierbei bin ich so frei unsre Deutsche Sagen zu übersenden. Nehmen Sie sie mit derselben Freundlichkeit auf, welche Sie unsern übrigen Versuchen bisher gegönnt haben. Vielleicht bietet Ihnen Oberhessen (zumal das Darmstädtische und das Vogelsgebirgische) ein oder den andern Beitrag zur Fortsetzung des Werks an, welches mir gar lieb wäre und warum ich bereits früher gebeten hatte.

Näher liegt mir in diesem Augenblick folgende Bitte. Ein Sprachforscher läszt eben eine grosze Sammlung über deutsche Mundarten drucken und zu dem Ende zwei Bibelstellen in möglich viele Volksidiome übersetzen. Es sind die Gleichnisze vom Sämann Marc. IV. 3—8 und verlorenen Sohn Luc. XV. 11—32. — könnten Sie mir für dies ungemein nützliche Unternehmen die gedachten Stücke, so wie sie der oberhess. Bauer aussprechen und erzählen würde, aufschreiben oder aufschreiben lassen; so geschähe mir dadurch ein wahrer Gefallen. Es müszte aber, weil der Druck des Werks schon angefangen hat, bald geschehen

Mit wahrer Hochachtung und Ergebenheit
der Ihrige
Grimm.

27.

Wilhelm Grimm an Bang.

Cassel, am 7. Jan. 1817.

Ihre beiden Briefe, werthgeschätzter Herr Pfarrer,
sind richtig angelangt und ich sage Ihnen dafür, so
wie für die Beilagen herzlichen Dank; der sonstige
Inhalt ist wohl beachtet um bei vorkommender Gelegenheit davon Gebrauch zu machen. Das Stück
aus dem N. T. in der dortigen Mundart war zu einem
deutschen Sprachatlas bestimmt, den Radlof, der
jetzt in Frankfurt sich aufhält, herausgibt und wovon schon Bogen gedruckt sind. Es ist ein nütz-
liches, längst gewünschtes Unternehmen, das zu
mancherlei wichtigen Ergebniszen führt, wenn man
so in nah aneinander liegenden Stufenreihen die
Eigenthümlichkeiten und Bildungen der Sprache
verfolgen kann z. B. den Übergang der Vocale.
Was wir bis ietzt von deutschen Mundarten wissen
betrifft einzelne Puncte, vom Ganzen kennen wir
höchstens nur die groben Umrisze und das zumeist
hervorspringende, ja wie viele meinen gewisz noch,
es sey mit dem Unterschied zwischen dem plattdeutschen und hochdeutschen abgethan. Jenes Werk
ist freilich nur ein Anfang, aber es geht doch auf
rechtem Weg und wird mindestens darthun, wie
wichtig und nothwendig ein solches Studium für so
viele Rücksichten ist. Radlof ist auf der einen
Seite gelehrt, scharfsinnig und fleiszig auf der andern
klebt ihm eine gewisze hölzerne steifstellige Vorstellung an, wie man die gegenwärtige Sprache ver-

beszern und reinigen müsze, die jedem lebendigen
Menschen zuwider ist und leicht zu einem ungerechten
Urtheil über ihn verleitet. Ohne Vergleich ist er
tüchtiger als Krause, (dessen Urwortthum ich noch
nicht gesehen) oder gar als Wolke, den man
lächerlich nennen kann, obgleich der bis ins hohe
Alter bei ihm ausdauernde Eifer für die Sache etwas
rührendes und achtbares hat.

Die Sagen sind, wie wir sie wünschen und Sie
erzeigen uns einen grossen Gefallen, wenn Sie sich
noch weiter darum bemühen wollen. Ich schicke
Ihnen in dem Paket eine gute Anzahl unserer gedruckten Einladungen; machen Sie davon beliebigen
Gebrauch. Dasz viel versprochen und nicht viel gehalten wird, ist bei dieser Sammlung eine alte Erfahrung, es liegt nicht sowohl im Mangel an gutem
Willen, als in der Schwierigkeit, die Sache leicht
und einfach anzugreifen, nach dem Anfang gehts
gewöhnlich gut und der Quelle musz nur erst Luft
gemacht werden. Die vier Stücke, die Sie uns verschafft, sind eben darum nicht etwa ein geringer
Beitrag. Auch von andern Orten kommen allmählig
Unterstützungen an und es könnte ein zweiter Band
wohl schon gedruckt werden. Da dieser auch die
deutschen Sagen, die sich bei den Geschichtschreibern
von Tacitus an [finden,] zusammenstellen wird, so
musz manche Erscheinung mehr auffallen und die Gelehrten werden einen Blick darauf zu werfen, nicht
mehr so ganz unter ihrer Würde halten; bis ietzt
hat für sie die Sammlung noch zusehr das Ansehen
eines blosen Lesebuchs. Von den Märchen besitze

ich kein Exemplar mehr, aber sie werden wahrscheinlich neu aufgelegt, dann sollen sie gewisz bei
Ihnen erscheinen und zwar in einer viel beszern
Gestalt, da wir auch dafür gar schöne Beiträge erhalten haben.

Von S a v i g n y haben wir kürzlich Briefe gehabt,
er ist wohl und in groszer Freude über die Entdeckung des Niebuhr; Sie werden schon davon gehört haben, es ist ein *Codex rescriptus* zu Verona,
der wahrscheinlich die Institutionen des G a j u s
enthält. A r n i m war dieses Frühjahr gefährlich
krank, da bin ich zu ihm auf sein Gut, das etwa
18 Stunden von Berlin bei Dahme liegt, gereist.
Ich fand ihn wieder hergestellt und habe dort bei
ihm seiner Frau und seinen lieben Kindern ein paar
vergnügte Wochen zugebracht. Das ganze Land
dort hat durch seine Ebenen, wo sie bebaut sind,
seine reinlichen, wie zu Festen bereiteten Birken-
wälder etwas heiteres, da wo Kiefern und Sand
herrschen etwas sehr ödes, trauriges und armes.
S a v i g n y mit den Seinigen und C l e m e n s kamen
zum Pfingstfest auch hin. S a v i g n y wird Ihnen
wohl schon von seinem Plan zu einer Gesellschaft
für deutsche Geschichte gesagt haben, der gerade
damals entworfen war. Wenn er auch nur theilweise in Erfüllung geht, so kann viel dadurch geschehen. Vor etwa 8 Wochen war S a v i g n y mit
A r n i m zu Göttingen aber nur auf einen Tag, wo
mein Bruder ihn gesprochen hat. — Den C l e m e n s
hatte ich seit 1809 nicht wieder gesehen, er ist
etwas stärker und älter geworden, weisz eine Menge

Späsze aus dem Östreichischen vortrefflich zu erzählen, ist dazwischen auch wohl ernsthaft und
spricht von geistlichen Dingen. Die Trutznachtigall
von Spee will er neu auflegen lassen. Sonst hat er
ein Festspiel gedichtet, „Victoria mit ihren Kindern",
aus dem mir Proben wohl gefallen; sonst hat er
auch einen Band Märchen fertig. Von Christian
hat er mir mancherlei erzählt, dasz er ietzt in
Frankfurt ist, werden Sie wiszen, er hat ein paar
Lustspiele geschrieben, soll aber, wie Clemens versichert, sehr ernsthaft und in sich gekehrt seyn.

Ich schicke ein Paket Bücher für Sie Morgen
oder übermorgen ab, wenn es Krieger nicht annehmen will mit dem Postwagen *poste restante*.
Seyn Sie also so gut, an beiden Orten nachfragen
zu lassen, ob etwas für Sie da ist und mir dann mit
ein paar Worten die Ankunft zu melden. Es enthält den neuen Band von Göthes Leben und sein
Erwachen des Epimenides, Kleists Erzählungen,
die ich besonders wegen des „M. Kohlhaas" und der
„hl. Cäcilia" in welchen sich das herrliche Talent
des unglücklichen Verfassers recht zeigt, [schicke,] die
Gründung Prags, den heil. Bernhard von Neander,
Suabedissens Betrachtung des Menschen und den
Pabst Hildebrand von Voigt. Ich habe das letztere
nicht gelesen und hätte lieber die *Memoires* des M.
de la Roche Jaquelein dafür beigelegt, aber es
ging diesmal nicht, Sie sollen das nächstemal folgen,
denn Sie dürfen dies merkwürdige Buch nicht vor-
beigehen laszen. Die beiden bestempelten Bücher
bitte ich mir zuerst zurück, da sie der Bibliothek

zugehören. Haben Sie Mösers patriot. Phantasien
gelesen? Savigny hat das Buch wieder in der Erinnerung angefrischt; wir besitzen es auf der Bibl.
Auch im Fach der Reisebeschreibungen und der
Literargeschichte sind wir so ziemlich versorgt und
ich könnte Ihnen davon manches schicken. Ich
glaube auch, dasz Sie mir die Bibliotheks-Bücher
mit der Post unfrankirt zurücksenden können, nur
ist ausdrücklich darauf zu setzen, dasz es Bücher
für kurfürstl. Bibl. im Museum sind.

Nun leben Sie wohl und seyn Sie von uns beiden
herzlich gegrüszt. Mit aufrichtiger Hochschätzung

der Ihrige

W. C. Grimm.

28.

Wilhelm Grimm an Bang.

Cassel, am 25. April 1817.

Werther Freund, vor einigen Tagen habe ich
der Krieger. Buchhandl. ein Paket Bücher für Sie
zustellen lassen und sie hat versprochen, es in der
nächsten Woche zu befördern. Es enthält 1. den
ruszischen Feldzug von Porter. 2. Wellingtons
Leben. 3. Erwin von Solger. 4. Golownins
Reise. 5. Vinke über die Verwaltung von Grosz-
britt. 6. Salfelds Napoleon, aber nicht die neue
Ausgabe. 7. Reinhard von Pölitz. 8. Wieland
von Gruber in 2 voll. Vinke's kleines Buch ist
lehrreich und unserer Zeit zum Nutzen von Niebuhr herausgegeben. Erwin wird gerühmt, ich
kenne es nur ein wenig nach einzelnen Stellen, aber

unter andern Tieck soll es für das erste Buch, das
er sehr verehre, erklärt haben. Golownins Reise
nach Japan ist äuszerst merkwürdig, man thut einen
Blick in ein ganz fremdartiges, aber vollständig ent-
wickeltes Staatsleben, auf der einen Seite Ruhe,
Wohlbehagen, Ordnung und Gutmüthigkeit; aber
auf der andern, welch ein Erstarren, eine Feigheit
und Ertödtung alles Lebendigen! Wenn sie es
durchführen und fest daran halten, keinen Fremden
einzulaszen, so kann die blose Form, wenn auch
innerlich schon alles vernagt und wurmstichig geworden, noch eine gute Zeit ihr Reich hinhalten,
bis der Stosz kommt, von dem sie zusammenfällt.
Für diejenigen, welche keine Landstände, sondern
ein ungehindertes Beherrschen von oben wollen, ist
viel hieraus zu lernen. Eine orientalische Sage von
Salomon paszt auch gut dazu, er starb auf dem
Throne stehend, die Geister stützten den Leichnam
hinten mit einem Holz und niemand bemerkte, dasz
er gestorben war, so regierte Salomon noch lange
fort, bis die Würmer das Holz zernagt hatten, da
fiel er um und alsbald auch das Reich zusammen.
— Von Jungs Leben gibts eine Ausgabe in 5 Thl.
die ich selbst besitze, die aber wie ein Nachdruck
aussieht. Das nächstemal will ich sie Ihnen senden
und dann sollen auch Wielands Briefe und die
Curiositäten, ein Mischmasch, worin auch Schund
vorkommt und aus deszen Hintergrund eine fatale
Gesinnung und Gemeinheit, wie sie Vulpius hat,
blickt, folgen. Kosegartens funfzigstes Lebens-
jahr habe ich angesehen, mogte es aber für die

Bibliothek nicht kaufen, weil mir zu wenig Wahrheit und zu viel Anmaszung darin zu herrschen
schien.

Dasz Sie zum Besten der deutschen Sprache mit-
sammeln und mitarbeiten wollen, ist sehr erwünscht
für uns und trifft mit einem schon ordentlich über-
dachten Plan zusammen. Sie wiszen wohl, dasz
Savigny einen groszen und groszartigen Entwurf
zu einer Gesellschaft für deutsche Geschichte gemacht, wenn er noch nicht in Ausführung gekommen,
so ist blos das hemmende Wesen das in Preuszen
zur Zeit natürlich ist, schuld; dasz er nicht aufgegeben wird, können Sie denken. Darin war nun
auch die altdeutsche Literatur und was wir damit
in Verbindung setzen, das deutsche Volksleben, berücksichtigt, Göthe in deszen Hände jener Plan
auch gelangte und der viel Theilnahme dafür zeigt,
hatte die Güte über diesen Abschnitt uns zu
schreiben. Ich habe ihm nun ausführlich geantwortet, wie ich glaube, dasz unserm Fach am besten
und natürlichsten kann geholfen werden. Ein Haupt-
satz dabei ist, dasz alle Prediger Mitglieder der Gesellschaft sind und eingeladen werden, Sammlungen
für die Sprache, Sitten, Rechtsgewohnheiten u. s. w.
ihres Umkreises zu machen, welche an den Mittelpunct jeder Landesgesellschaft eingesendet werden.
Ist das Glück günstig und kommt es zur Ausführung,
so werden sich unsere Bitten zuerst an Sie wenden.
— Übrigens, Regen *pluvia* kommt ohne Zweifel
vom Zeitwort regen (*movere*) und bezeichnet das
zitternde Herabfallen, die Bewegung der Tropfen,

der Himmel regt sich, wann er regnet. Gegen die
Zusammenstellung von ῥογὸς mit Roggen (Rocken
ist nur die hochd. Form, *k* u. *g* werden oft als
ganz gleichbedeutend verwechselt und in einer altdeutschen Hs. kommt *ruggen* u. *rugken* Rücken
vor) und σιρωσις mit Strasze ist nichts einzu-
wenden; es gibt so viele Beispiele, wie στελλειν,
ὑροβος στυπος (Stab) u. s. w. die auf eine gemeinschaftliche Quelle deuten. Die erste Ausgabe von
Adelungs Wörterbuch enthält viele gute und be-
sonnene Etymologien, man sollte seinen Werth in
diesem Fach nicht verkennen, Vosz mit seiner
harten und ungerechten Recension hat viel Schuld.
Auch Ihre *glossar. Hoiogoth.* ist gelehrt und sorgfältig. Adelungs *Mithridates*, den Vater eben
beendigt, könnte ich Ihnen zuschicken, nur ist es
ein Buch zum Nachschlagen und nicht zum bloszen
Durchlesen.

Mein Bruder Jacob ist der altd. Hss. wegen
gegenwärtig in Heidelberg, er wird zu Anfang des
künftigen Monats zurückkommen und wenn ihm Zeit
übrig bleibt, auch bei Ihnen ansprechen. Er ist
auch der eigentliche Bibliothecar ich bin noch
bloszer Bibliotheks Secretar. Er war früher bei der
Gesandschaft in Paris und Wien, hatte aber keine
Lust nach Frankfurt mitzugehen und überhaupt
wenig Freude am diplomatischen Wesen. An
Munkes Stelle kommt Gerling, er ist in seinem
Fache tüchtig und sonst ein durchaus redlicher Mann
von schlichtem Wesen, den wir herzlich lieb gehabt.
Machen Sie doch seine Bekanntschaft.

Hr. v. Hanstein sagte mir, dasz er im Sommer mit Ihnen eine Reise nach dem Meiszner machen wolle. Kommen Sie doch auf ein paar Tage oder so lange es Ihnen gefällt, zu uns und wohnen Sie bei uns, es wird uns eine Freude seyn; mit Freundschaft und aufrichtiger Hochachtung

der Ihrige
W. C. Grimm.

29.

Wilhelm Grimm an Bang.

Cassel, 5. Nov. 1817.

Am 25. April habe ich ein Schreiben an Sie abgehen laszen und ein paar Tage früher ein Paket Bücher der Krieger. Buchhandlung abgegeben, das Ihnen sollte zugestellt werden. Seit der Zeit habe ich nichts von Ihnen gehört, bis auf die Grüsze, die uns Christian Brentano mitbrachte. Da er aber die Bücher nicht mitbrachte, Sie ihm auch deshalb keine Bestellung aufgetragen haben, so fange ich doch über die richtige Ankunft derselben an, besorgt zu werden, obgleich ich mir wiederum nicht denken kann, dasz beides Brief und Paket sollten verloren gegangen seyn. Bitte also um ein paar Zeilen und möglich auch Zurücksendung der Bücher, oder doch eines Theils, Golownins Reisen, Porters Rusz. Feldzug. Vinke über Groszbritannien werden öfter verlangt und diese Bücher waren unter jenen.

Christian B. war den 28. Octbr. angekommen und den 1. Novbr. haben wir ihn bis Münden begleitet, heute wird er in Berlin angekommen seyn.

Ich lege Ihnen eine Ankündigung von unserm *Reinhart Fuchs* bei, vielleicht findet sich doch unter Ihren Bekannten einer, der die Sache unterstützt.

Herzliche Grüsze von uns beiden, mit aufrichtiger Hochachtung und Freundschaft

der Ihrige

W. C. Grimm.

30.

Wilhelm und Jacob Grimm an Bang.

Cassel, am 22. Jan. 1818.

Lieber Freund, seit dem November schon, wo Ihr Brief ankam, habe ich mir vorgenommen, Ihnen eine neue Ladung von Büchern zuzuschicken, indeszen muszte ich es von einer Woche zur andern verschieben, weil eins und das andere, was mitkommen sollte, verliehen war. Überreich sind wir ohnehin nicht, ein Theil unseres Einkommens wird wie billig für gröszere Werke und Sammlungen angewendet (so haben wir erst vor nicht lange den Bouquet kaufen können) ein anderer geht, ohne dasz ich so viel Gefallen daran hätte, für Prachtwerke im Fach der Antiquitäten, Münzkunde u. s. w. drauf, da bleibt denn nicht so viel übrig um die andern Fächer so zu bedenken, wie wir wünschen. Ich habe nun zusammengepackt 1) Manso's Constantin. 2) Freygangs Briefe über den Caucasus. 3) Lüders Gesch. der Statistik. 4) Wolfs Analekten. 5) Ochs neuere Kriegskunst. 6) Bopps über die Sanskrit-Sprache. 7) Asts Platon. 8) Me-

lanchthon's Leben Luthers. 9) Horns Fr. W.
v. Preussen. 10) Die Turnkunst. (Napoleons Feldzug in Sachsen von Odsleben haben wir nicht.
[Randbemerkung]).

Von mir sind die 5 Bände der Curiositäten und
die Predigten des Mathesius; ein Geschenk von
meinem Bruder ist Radlofs Sprache der Germanen, wozu Sie ja selbst Beiträge geliefert haben.
Ich schicke das Paket nach Marburg an Hrn. Prof.
Gerling, wo Sie es können abholen laszen, vielleicht ist es Ihnen angenehm, deszen Bekanntschaft
zu machen, es ist ein Freund von uns und ein ge-
schickter und grundredlicher Mann, der Sie mit
Herzlichkeit empfangen wird. Die Bücher der
Bibliothek können Sie wohl gegen Ostern zurücksenden, wir müszen ein wenig pedantisch seyn, wenn
nicht Unordnung einreiszen soll. Mein Bruder
hat mir freilich von Ihnen und seinem Aufenthalt
in Goszfelden erzählt, aber von den Büchern nichts
und als ich um Rücksendung bat, fand ich in meinem
Taschenbuch keine Anmerkung von richtiger Ankunft.

Christian war gleichfalls acht Tage bei uns,
ging darauf nach Berlin und ist vor kurzem nach
Prag und will von da nach Rom zum Pabst, gegen
den er, wie Sie wohl selbst werden gehört haben,
grosze Verehrung hegt. Ich habe ihn gleichfalls
sehr verändert gefunden, allein auch seit 8—10 Jahre
nicht gesehen; im Ganzen sehr zu seinem Vortheil,
er war mild natürlich ohne Ziererei, auch lustig
dabei und in manchen Stücken gerecht im Urtheil,

was er sonst nur alles mitunter war und mit Absprechen, Hoffart u. dergl. abwechselte. Insoweit ist mir auch sein religiöses Streben achtungswerth vorgekommen, wenn er das Gute gefunden, so hat er auch Gott gefunden und erkannt, seinen Weg dazu kann ich ihm laszen. Sein System scheint mir aus der besondern Lage entsprungen, in der er sich beständig zu den Menschen befunden, er hat sie betrachtet, beobachtet, unter ihnen gelebt, aber niemals mit ihnen, er war immer für sich mit seinen Gedanken und Planen, einsam und abgeschloszen. Was ein Volk, ein gemeinsamer Sinn ist, hat er nicht erkannt, beides nie geachtet; sieht er ein, dasz das Wort auch lebendig seyn kann, so hängt er dem Buchstaben an, weil seine Erkenntnisz einseitig ist, denn er glaubt nicht, dasz das lebendige Wort nur der Ausdruck des gemeinsamen Lebens ist. So glaubt er nur an einzelne Menschen, wie an den Pabst und hängt ihnen an, wirft aber mit schneidender Parteilichkeit ganze Maszen nieder. Ungerecht ist er mir hier schon in seinem Urtheil gegen Protestanten vorgekommen, in Berlin soll er es noch mehr geworden seyn. So würde er z. B. nicht im Stande seyn, die herrlichen Predigten von Mathesius zu würdigen. Dasz er sehr leichtgläubig ist, scheint mir auch bei jemand, der nur seine Gedanken geachtet hat, natürlich; was ietzt dafür paszt bei andern, nimmt er ohne weiteres an. Clemens hat sich in Berlin fast von allen Bekannten zurückgezogen, kommt, wie ich gehört habe, auch zu Savigny nur selten und ist mit einer Liebschaft be-

schäfftigt aus der schwerlich etwas Gutes hervorgehen kann. Er hat die Religion auch dabei ein-
gemischt und will, da er wohl nicht heirathen kann,
das Mädchen bekehren. Dem Christian hat er in
allem sehr beigestimmt. —

Über Hrn. Rommels Entdeckungen verwundere
ich mich gar nicht mehr, es gibt kaum etwas, dasz
er nicht finden wird. Er kam einmal hier auf die
Bibliothek und sprach von römischen Gefäszen die
er so eben beim Schloszbau bemerkt (denn er will
Caszel durchaus von *Castellum* herleiten), indeszen
fand sich nachher dasz es hiesige Töpferarbeit aus
vorigem Jahrhundert war, welche beim Schöpfen in
den Brunnen gefallen war. Die Runen, die in
Willingshausen entdeckt worden, scheinen mir (nach
der Zeichnung) zufälliges Gekritzel; an Runen
wenigstens ist gar nicht zu denken. Dasz der
Schwälmertanz Aehnlichkeit mit dem Tanz an der
Ukraine habe, daran kann insofern etwas seyn, als
alle uralten Sitten eine gewisze Verwandschaft zeigen.
Das Kinderspiel mit 5 Steinen fand ja Niebuhr in
Arabien wieder.

Die Abschrift der Handschrift zu Verona habe
ich vor ein paar Monaten bei Hugo gesehen, eben
hat er ausführliche Nachricht darüber in den Götting.
Anz. bekannt gemacht, es bestätigt sich nun, dasz
es mit zu dem allerwichtigsten gehört. Sie wiszen
doch auch, dasz ein Theil des Ulphilas vom Maio
entdeckt ist?

Was Sie mir von Ihrem Institut schreiben, werde
ich nicht vergeszen.

Nun leben Sie wohl, wir beide grüszen mit herzlicher Freundschaft und Hochachtung

Ihr

W. C. Grimm.

Ich füge nur noch eigenhändig, lieber Freund,
diesen herzlichen Grusz dazu. Ich arbeite an einer
historischen deutschen Grammatik und musz gerade
aus den bloszen Collectaneen die Bogen zum Druck
schreiben, ich stecke also bis an den Hals in Citaten
von Nominativen, Genitiven u. s. w. gedulden Sie
Sich also, bis ich einmal einen Brief an Sie mit
einem ruhigen und ordentlichen Vocativ anfangen
kann und behalten Sie lieb

Ihren Freund

Jacob Grimm

31.

Wilhelm und Jacob Grimm an Bang.

Cassel, 3. Jan. 1819.

Lieber Freund, der gute Gerling, den ich mit
Freude wieder einmal hier gesehen habe, wird Ihnen
die gewünschten Bilder zugeschickt haben; über
Savigny will ich Ihr Urtheil erwarten, soviel ist
gewisz, er ist sehr schwer zu treffen, es kommt nur
darauf an, wie viel Sie von ihm in diesem Bildnisz
finden. Mein Bruder ist ähnlich; was mich betrifft, so müszen Sie nun nicht denken, dasz ich
immer so finster oder tiefsinnig aussehe; auch ist
beim Ätzen der Steinplatte einiges nicht gerathen,
obgleich sonst die Arbeit Lob verdient. Über die

Bilder von Göthe und Wieland kann ich nicht
aus eigener Ansicht urtheilen, doch da ich weisz,
dasz bei solchen fabrikmäszigen Unternehmungen
selten ein gutes Werk hervorkommt, so wäre ich
insofern geneigt, Ihnen von der Fortsetzung abzu-
rathen.

Die versprochenen Bücher folgen nun hier:
1) Böckhs Staatshaush. d. G. 2. voll. 2) Stael
über die Revolution, ausgezeichnet in lebendiger
Anschauung, scharfer Beobachtung und richtigem
Urtheil über die Gegenwart; seicht und oft unleidlich in allem dem, was sie Philosophie nennt. Doch
wird man vielfach belehrt und das Buch ist geradezu
practisch für uns. 3) Hallers Restauration, eigentlich der Gegensatz zu der Stael, in gewissem Sinne
ganz unpractisch, denn sollte die Welt nach seinen
Grundsätzen ietzt restaurirt werden, so würde kein
Stein auf dem andern bleiben, dennoch herrlich in
dem lebendigen Gefühl von dem wahren und tiefen
Grund des Daseyns der Staaten. Das Buch wirkt
wohlthätig, indem es ein verkanntes Element her-
vorhebt, sonst kennt es keine Geschichte, versteht
die Gegenwart nicht und es fehlt ihm alles was die
Stael auszeichnet. Diese betrachtet dagegen die
Welt, wie einen strömenden Flusz, deszen Krüm-
mungen, Windungen, Gewalt und Einflusz sie genau
kennt und berechnet, um deszen Quellen und Ausflusz sie sich aber nicht bekümmert. 3) Dohms
Denkwürdigkeiten, ehrlich und wahrheitsliebend, den
ersten Band haben Sie, wo ich nicht irre, gehabt.
4) Aus der Bertuchischen Reise-Bibliothek Bd. 7.

12. und 13. 5) Voigts Lombardenbund, habe ich
nicht gelesen und will Sie auch nicht abhalten, wenn
Sie ihn zurücklegen wollen. Ich schicke ihn nur
mit, weil ich so wenig in der Bibl. finde, was für
Ihre Wünsche gerade paszt. Wir haben dies Jahr
fast nichts kaufen können, als das grosze Hum-
boldische Werk über Amerika, das an 800 Thlr.
kostet und einige kostbare englische Werke für die
Antiquitäten. An periodische Werke wie die Zeit-
genoszen sind, können wir nicht denken, noch
weniger an ästhetische, ich schicke daher aus unserer
eigenen kleinen Sammlung: 6) Gries Calderone
B. 1 u. 2. „Das Leben ein Traum" hat viel sehr
schönes, „das laute Geheimniss" ist überzierlich und
„der wunderthätige Magus" merkwürdig als die
spanische Ansicht vom Dr. Faust. 7) Die *Numancia*
von Cervantes, deren groszartiges auch noch durch
die steifstellige Uebersetzung (von Fouqué) durchleuchtet. 8) Arnims Erzählungen, 9) seine Schau-
bühne.

Ich bitte gar sehr, die Stael zuerst vorzunehmen
und etwa binnen acht Tagen zurückzusenden, ich
hoffe Ihnen dann auch bald zu den noch übrigen
Theilen zu helfen; jeder will hier das Buch haben
und es wird wohl noch ein Jahr drauf gehen, bis
es in Ruhe kommt. Auch die Reisebeschreibungen
aus der Bertuch. Samml. wünschte ich früher, als
das übrige zurück.

Von Savigny haben wir kürzlich einen Brief
gehabt, nach seiner Ankunft in Berlin; er schreibt
sehr vergnügt über diese Reise; durch Heszen zu

kommen ist ihm keine Zeit geblieben, selbst dasz er
den Weg durch die Niederlande und Holland in
14 Tagen gemacht, hat den bedächtigen Holländern,
wie einer in einem Brief geäuszert, nicht gefallen,
da es Ihnen wie ein Tanz vorgekommen. Sie sollten
einmal erleben, was diese, sonst gutmüthigen
Menschen für eine Zeit brauchen, um eine Kleinigkeit zu besehen. Wenn sie auf die Bibliothek
kommen, machen sie die Runde im Saal höchstens
in zwei Stunden und notiren sich dabei alles aufs
Papier. — An dem Bundestag in Frankfurt hat
Savigny keine grosze Freude gehabt und an den
Frankfurtern auch nicht. Christian war mit
Sailer auch in Achen Frankfurt und Cölln und ist
wieder mit ihm nach Baiern zurück. Soviel ich
weisz, auch von verschiedenen Seiten mir ist bestätigt worden, will er Priester werden, ob aber
Klostergeistlicher weisz ich nicht, glaube auch nicht.
Clemens ist schon seit längerer Zeit bei Stollberg in Münster, zu welcher Reise die bekannte
Nonne in Dülmen Veranlaszung gegeben hat. Er
ist in der letzten Zeit in Berlin sehr unzugänglich
geworden und hat überhaupt ein wunderliches Leben
geführt, zu Savigny ist er, wie ich von andern
gehört, denn dieser schreibt nichts von ihm, fast gar
nicht mehr gegangen. Durch das alles werden wir
in unserm frühern Verhältnisz gestört seyn, wenn
er, wie es möglich wäre, noch hierherkommt. Seine
Victoria habe ich nicht selbst und nur einmal angesehen, es soll viel hübsches darin seyn, aber auch
geziertes und gesuchtes. Er hat Spees Trutz-

nachtigall abdrucken lassen und in Zeitschriften
Kleinigkeiten, in welchen sich die alte Spaszlust
doch noch hier und da hervordrängte. Arnim,
nachdem er im Sommer sein Gut selbst bewirth-
schaftet, ist ietzt in Berlin, hat 4 Buben und
1. Mädchen, welches das jüngste ist.

Die Universität in Marburg wird zwar nicht
ihrer Auflösung aber doch Entkräftung entgegen
gehen. Etwas durchgreifendes für sie wird hier
nicht geschehen, und alles übrige schadet vielleicht,
weil es einer Crise vorbeugt, welche unter veränderten Umständen vielleicht Hilfe verschafft. Die
philos. Facultät hat uns beide zum neuen Jahr mit
der Doctorwürde beehrt, wird aber dadurch die Universität nicht zu Ehren bringen. Es fragt sich, ob
in Bonn die verschiedenartigen Elemente zusammen-
gehn? mich hat bei der Gelegenheit gefreut, dasz
die Profeszoren anfangen vor dem beständigen Her-
umfahren und Wechseln eine Scheu zu empfinden,
denn die Heidelberger hatten sich das Wort gegeben keine Vocation anzunehmen.

Die Grammatik meines Bruders, nämlich der
erste Band, naht sich ihrem Ende, da es ein sehr
starker Band wird, so hat den ganzen Sommer über,
oder eigentlich das ganze Jahr daran müssen gedruckt werden.

Nun leben Sie wohl, lieber Freund, Gott segne
Sie durch das ganze Jahr mit Gesundheit und Heiterkeit, behalten Sie uns in freundschaftlichem Andenken von Herzen   Ihr

W. C. Grimm.

Was Sie zu wiszen verlangen oder wir zu melden haben, ist von Wilhelm weggeschrieben worden, selbst von meiner **Grammatik**, nach der Sie Sich erkundigen hat er schon bemerkt, dasz sie immer noch nicht fertig ist. Der langsame Druck dauert nun schon ein Jahr, sobald er beendigt wird, soll sich ein Exemplar bei Ihnen einstellen. Ich fürchte, das Ganze wird etwas steif aussehen und zum Lesen wenig einladen, ich hoffe aber, zum Fortstudiren reizen. Dasz Prof. **Börsch** einen ähnlichen Plan gehabt, freut mich und mein Buch soll ihn ja nicht von der Ausführung abschrecken, denn mit allem was man recht treibt steht es so, dasz ihm immer eigenthümliche Wege aufgethan werden. Haben wir Ihnen denn einen zweiten Band „Deutscher Sagen" geschickt; es geht auch noch auf einen dritten hinaus. Seyn Sie herzlich von mir gegrüszt; Sie könnten eigentlich auch einmal nach Caszel kommen.

Jacob Grimm.

32.

Wilhelm Grimm an Bang.

Caszel, am 29. Jan. 1819.

Lieber Freund, ich schicke Ihnen hier die Fortsetzung der **Stael** nämlich Bd. 3 u. 4. Durch ein Versehen habe ich Ihnen das letztemal statt des 3. den 5. geschickt, es bleibt Ihnen also nun noch der 6. übrig und der soll folgen, wenn diese wieder zurück sind. Sie werden mit diesen Bänden zufriedener seyn, als mit dem 5.; es ist zwar auch

Conversation darin, aber sie beruht auf einer Einsicht, der man Lebendigkeit nicht absprechen kann,
auszerdem ist doch Vieles eingeflochten, was sie
mit erlebt hat und nicht weniges sollte wohl zum
erstenmal hier bekannt geworden seyn. Sodann
folgt Neander über die gnostischen Systeme und
die Lebensbeschreibung von Lossius. Aus meiner
eigenen Sammlung: Doctor Faustus von Marlowe,
zur Vergleichung mit dem Göthischen von deszen
Höhe und Tiefe hier nichts zu spüren ist, der doch
aber etwas tüchtiges hat. Arnims Vorrede ist
gewisz geistreich. Der zweite Band der „Sagen"
versteht sich von selbst ist ein Geschenk.

Den Untergang der Recensir-Anstalten glaube
ich haben wir erlebt. Äuszerlich halten sie sich
nur als Fortsetzung und durch die Unterstützung
der Regierungen, die glauben sie gehörten zum
Glanz des Hofes. Niemand aber glaubt ernstlich,
dasz man daraus die Litteratur könnte kennen lernen
und einzelne, sorgfältige Arbeiten, die hin und
wieder hervor kommen, dauern einen ordentlich.
Man kann wetten, dasz ordentliche Werke gar
nicht oder spät und nebenher angezeigt werden.
Die Redactoren werben die Recensenten wie Falstaff
die Recruten, der ganz richtig meinte, wenn einer
todtgeschoszen wäre, so wärs einerlei ob er ein
ordentlicher und couragirter Mensch gewesen oder
nicht. Die neue Zeitschrift Hermes hat die Idee
eine Anstalt zu bilden, wie das Edinburgh und
Quartherly Review für England ist; die Absicht
ist gut aber schwer auszuführen. In dem ersten

Heft steht eine Recension von der neuen Übersetzung des S h a k e s p e a r e durch die V o s s ische
Familie, sie ist von dem wunderlichen C l o d i u s
und ungeachtet einiger sehr lächerlicher Ausdrücke
und einer zu groszen Härte gegen S c h l e g e l ist
doch manches Wahre darin. Die Rec. über Preszfreiheit ist von S u a b e d i s s e n. Die Wiener neu auf-
gestandenen Jahrbücher läszt der Fürst M e t t e r n i c h
auf seine Kosten drucken und zwar sehr prächtig,
damit Genz einen gewiszen Platz für seine politischen
Abhandlungen hat; sonst ist sie überaus matt.

Mit S a v i g n y s Bild ist es wunderlich. Er
schrieb mir von der Zeichnung, sie sey die ähnlichste,
die je von ihm gemacht worden, (im Verhältnisz des
Ganzen ist dadurch gefehlt, dasz die Nase zu lang
und groszist [Randbemerkung]), diese haben wir ietzt
und ich kann versichern, dasz sie das radirte Blatt
treu wieder gibt. Dagegen schrieb er über dieses nachher auch nicht sehr günstig, und noch niemand hat mit
dem Bild recht zufrieden seyn wollen. Das Berliner ist
ähnlich, hat aber etwas unerträglich theatralisches.

Ein Reisender, der von Berlin kam, hat uns
gesagt, dasz C l e m e n s B r e n t a n o wieder dort
ist. S a v i g n y ist wohl mit den seinigen, nur
sein ältster Sohn, der F r a n z, den Sie ja auch
gesehen haben, leidet an den Augen und zwar ist
es ihm innerlich auf die Sehnerven gefallen, so dasz
es bedenklich ist. Der Tod nimmt hier viele Menschen
weg, wir haben jemand aus unserer Nachbarschaft
herzlich beklagt. Ich selbst befinde mich seit einigen

Wochen unwohl; es scheint sich ein neues Clima
zu entwickeln und auf uns einzuwirken.

Hätte ich noch ein Exemplar unserer „Märchen",
so würde ich es Ihnen längst geschickt haben, da
Sie es einmal wünschten. Frau v o n H a n s t e i n
musz also die neue Auflage erwarten, welche aber
dieses Jahr wird zu stand kommen.

Sie sind uns hier zu jeder Stunde willkommen
und von uns beiden auf das herzlichste gegrüszt.

Ihr W. C. G r i m m.

33.

Jacob Grimm an Bang.

C a s z e l, 18. August 1819.

Auf Ihren Brief, lieber Freund, von vorigen
Ostern folgt eine recht späte Antwort, es war aber
gar nichts neues von Büchern da, was sich hätte
mitschicken laszen. Wir haben allen unsern heurigen
Geldvorrath an einige antiquarische und grosze Werke
verschwenden müszen und ich weisz Ihnen auszer
beifolgendem G ö t h e'schen Heft nicht das Mindeste
zu übersenden. In einigen Monaten soll aber hoffentlich anderes und mehr da seyn. C r e u z e r s neue
Ausg. der S y m b o l a Th. 1 sowie die herodotischen
Exercitationen sind sicher in Ihren Händen; ich
bewundere den Fleisz und Ideenreichthum dieses
Mannes, wiewohl ich nicht ganz seiner mythologischen
Ansicht seyn kann, sie ist mir oft zu weit und
springend. Aber ein H e r m a n n i a n e r bin ich
noch viel weniger und das musz jedermann ein-
gestehen, dasz unser C r e u z e r eine Menge trefflicher

Wahrheiten gefunden und verbunden hat. Von
Görres steht auszer dem übersetzten Ferdusi
ein Werk über die Natur der Sage bevor. Ist
Ritters Erdkunde (bis jetzt zwei starke Bände)
Ihnen bekannt? ein ausgezeichnetes, ungeheuer
fleisziges Buch, das ich Ihnen auf kurze Zeit nur
zuschicken kann, weil es häufig verlangt wird und
eben diesen Augenblick verliehen ist.

Dasz Savigny, seit er nun auch Mitglied des
Revisionshofes für die Rheinländer geworden, noch
mehr in seiner Zeit für die alten Studien beschränkt
ist, können Sie denken. Von dem ersehnten Gajus
sind erst vier Bogen fertig. Die Gerüchte von der
preusz. Verschwörung werden Ihnen auch zu Ohr
gekommen seyn und obgleich sich bei Ihnen eine
vernünftige Meinung, wie das Ding anzusehen sey,
schnell gebildet haben wird; so gereicht es doch
wohl zu Ihrem besonderen Troste, wenn ich Ihnen
hier abschreibe, was in einem frischen Briefe Savignys
vom 8. dieses steht und zwar folgendes:

„Was nun die hiesigen Angelegenheiten betrifft,
so scheint es, dasz man Nachrichten von tadelns-
werthen Verbindungen gehabt hat. Wie weit aber
diese giengen und ob sie sich zu einem *corpus
delicti* qualificirten, läszt sich noch nicht beurtheilen. Aber auch im äuszersten Fall ist sehr zu
tadeln: 1) die Art der Behandlung. Die Papiere
sind groszentheils von rohen Polizeileuten genommen
und gelesen worden, z. B. selbst die Papiere eines so
unbescholtenen Mannes, wie Reimer, und vor Gericht
ist bis auf diesen Augenblick noch niemand gestellt.

2) Die Hände, in welche die Sache gelegt worden, nämlich die von Kamptz, der nicht nur überhaupt ein sehr leidenschaftlicher Mann ist sondern sich gerade in diesen Dingen schon in unwürdigen Parteistreit eingelaszen hatte. 3) Die Wichtigkeit, womit man die Sache behandelte und besonders die Art der Bekanntmachungen, wodurch man auszer Preuszen fast zu dem Gedanken kommen muszte, als sey hier im Lande eine Verschwörung, wohl gar unter bedeutenden Leuten. Jene Wichtigkeit ist auf jeden Fall tactlos. Denn wie auch Verbindungen unter einer Anzahl von jungen Leuten existiren mögen (was ich nicht wiszen kann) so sind diese doch politisch ganz unbedeutend, sie würden es in jeder Rücksicht seyn, wenn nicht aus Kotzebues Ermordung der Gedanke an eine früher nicht geahnte Gefahr hervorgienge, aber selbst in dieser Rücksicht kann ich jenes Benehmen nur sehr unweise finden. Denn im unseeligsten Fall, wenn Sands That ansteckend wirkte oder wenn Verbindungen beständen im Sinn jener That (was ich weit entfernt bin zu glauben) was kann thörichter und verkehrter seyn, als dem Wahnsinnigen merken laszen, dasz man sich vor ihm fürchtet und dasz man ihn für eine wichtige Person hält?"

Der Beifall, den Sie meiner „Grammatik" geben, hat mich herzlich gefreut. Ich denke es darin noch einmal weiter zu bringen und bitte mir dazu alles mitzutheilen, was Ihnen von Eigenheiten der dortigen Volkssprache aufstöszt. Unter andern wäre ich auf einen Punct begierig: die Dualformen im persönl.

Pronomen haben sich hin und wieder beim Volk
erhalten, ob es sie gleich wie Plurale braucht.
(S. 340). Ich habe darüber viel genauere Nachrichten eingezogen und namentlich aus Westphalen.
In der Grafschaft Mark gilt noch *jit* oder *get* (*vos*);
inker (*vestrûm*) *ink* (*vobis* und *vos*); auch wohl *enker*
und *enk* st. *inker*, *ink*. Auszumachen: bis wie weit
diese Formen gehen, ist mir wichtig, sie könnten
durchs Arensbergische, Waldeckische bis nach Ober-
heszen reichen. Seyn Sie doch so gut aufzumerken:
ob man die persönl. Pronomina überhaupt abweichend declinirt?

Herzl. Grüsze von uns beiden.

Jakob Grimm.

Von Localsagen erscheint auch noch ein dritter
Band, worin sich Beiträge mündlich gesammelter
sehr gut ausnehmen würden.

34.

Wilhelm und Jacob Grimm an Bang.

Caszel, den 7. Dec. 1819.

Lieber Freund, ich überschicke Ihnen hier die
längst versprochene, aber ietzt erst fertig gewordene
Ausgabe der „Märchen". Ich wünsche, dasz Ihnen
das Buch einiges Vergnügen macht und Sie mir
Ihr Urtheil sagen sowohl über den Werth desselben,
insofern es ein Bildungsbuch seyn soll, als über die
in der Einleitung mitgetheilten Ansichten von der
mythischen Bedeutung dieser Traditionen.

Sie hätten sich Ihres Versprechens erinnern und
einmal hierherkommen sollen. Oder thun sie es

noch, wann die Feiertage vorüber sind, da Sie doch
zu Fusze reisen so sind die gelinden Wintertage
am einladendsten. Wie manches liesz sich gut und
bequem besprechen, wozu man die Feder nicht gerne
ansetzt. Wir haben diesen Sommer auch den so
arg verschrieenen S c h l e i e r m a c h e r auf seiner
Durchreise gesehen und gesprochen und zwar gerade
an dem Tage, wo die Zeitung enthielt, dasz er Berlin
nicht verlaszen dürfe. Er ist geistreich, heiter und angenehm ob gleich er nicht eigentlich als Geistlicher
erscheint; er erzählte unter anderm, dasz er in der
letzten Zeit ganz unbekannte und fremde Gesichter in
der Kirche gesehen, die nur gekommen wären, um den
Eindruck zu beobachten, den es machen müsze, wenn
ein Gensdarmes, wie das Gerücht ging, hinter ihm auf
der Kanzel stände. Er brachte uns Grüsze und
einen Brief von S a v i g n y, der uns bestätigte was
wir gleich über das unsinnige Geschrei gedacht hatten.
    Lesen sie doch in dem 3. Heft des S o p h r o n i z o n
von P a u l u s die ausführliche Beantwortung des
alten V o s z über die Frage: „wie ward Fritz Stolberg ein Unfreier?“ Wie kann man nur so vor
aller Welt heraussagen, was zwischen vertrauten
Menschen sich zugetragen! hier ist mehr Heimlich-
keit verrathen, als in den Briefen, welche K ö r t e
bekannt machte und gegen welche sich V o s z doch
auch erklärte. Starr, eigensinnig auch wohl eingebildet erscheint der V o s z noch in seiner eigenen
Darstellung, doch auch so weit es sich damit ver-
trägt recht- und wahrheitliebend. Ich wünsche,
dasz von der andern Seite ebenso ausführlich dar-

stellend, nur nicht polemisch geantwortet werde.
Für Sie musz die ganze Verhandlung in alle Wege
merkwürdig seyn.

Leben Sie wohl und seyn Sie von uns beiden
auf das herzlichste gegrüszt

der Ihrige
W. C. Grimm.

Noch eins: nach dem Buch von Böckh ist
schon mehrmals gefragt; es wäre mir lieb, wenn
Sie es zurückschicken könnten. Ich kann. es Ihnen
dann wieder einmal zukommen laszen.

Eine Stelle aus dem von Wilhelm gedachten
Briefe Savignys hatte ich Ihnen gleich damals
geglaubt zur Erbauung mittheilen zu müszen und
fügte glaube ich ein Heft von Göthes Kunst und
Alterthum bei. Sie haben es doch durch die Post
richtig empfangen. Das Gute scheint jetzo in
Preuszen etwas matt zu liegen, doch hoffe ich immer,
dasz der Staat die fatalen Erbrechungen aushält
und sich wieder curirt. Christian Brentano
soll neuerdings zu Frankfurt seyn. Herzl. Grusz.

J. Grimm.

35.
Jacob Grimm an Bang.

Caszel, 28. Juni 1820.

Lieber Herr und Freund. Sie haben lange
weder Brief noch Bücher empfangen. Hier folgt
wenigstens etwas: ein Heft von Göthes K. und A.
— Zoegas Leben (2 Bde.) Kraus Leben, Ritters

Vorhalle, Görres *Ferdussi* 1. Theil. Kraus ist
mehr mein Mann als Zoega, in dem das italienische
Blut steckt; am Königsberger gefällt mir die stille,
thätige, geistreiche Wiszbegier, seine Schriften sind
mir unbekannt, aber in den Untersuchungen über
Zigeunersprache und dem treffenden Urtheil über
Catharinens W. B. nähert er sich meinen Studien.
Sodann bekenne ich des Geredes über Kunst, Alterthum und Italien beinahe satt zu seyn, wozu mündliche Gespräche mit Mahlern, Architecten, die mir
noch bekannt geworden sind, das ihrige thun, Leuten,
die selten recht wiszen, woran sie sind und sich
viel einbilden; das Widerspiel von Naturforschern,
Astronomen u. ähnl. bei denen man gewöhnlich
heitere, ehrliche Zufriedenheit antrifft. Die Künstler
halten sich für schöpferischer und edler als andere
Menschen und stehen darum weiter ab von dem
einzigen und eigentlichen Schöpfer; zur Erzeugung
und Verehrung der alten Mahlerei gehört auch der
alte Catholicismus, einem Protestanten müszen
Madonnen, Christuskinder und Heilige als Heilig-
thum nicht recht seyn. Dennoch hat Göthe in
seiner Polemik gegen die neuen Künstler meiner
Meinung nach Unrecht, die weimarischen Kunst-
freunde giengen von dem noch leerern Princip griech.
Form und Composition aus, auch hat ihre Lehre
keine Frucht getragen. Es ist ihm von Fr. Schlegel
treffend, von Docen rechtschaffen geantwortet
worden (beides in den Wiener Jahrbüchern). Neulich
hat Dr. Schlegel Rohdes mythol. Untersuchungen,
gegen die sich Creuzer so bitter erklärt, un-

bändig gepriesen; eigentl. hat er Gelegenheit gesucht,
seine Ansicht vom alten Test. und zumahl der
Genesis auseinander zu setzen; eine, wie Sie denken
können, erzcatholische Ansicht, die sich gewagte
Sätze erlaubt, zwischenunter hübsche Bemerkungen.
Ritters Erdkunde hat er auch sehr gerühmt, ohne
sie vermuthl. ordentlich gelesen zu haben. (Die
Recension steht in den Wien. Jahrb. die wir nicht
halten.) Von diesem Ritter, der jetzt nach Berlin
geht, um den Rühs tüchtiger zu ersetzen, sende
ich die Vorhalle, wie mir vorkommt, doch ein
schwächeres Buch, als die Erdkunde selbst, in dem
Sie mancherlei über Herodot etc. interessiren
wird. Creuzers mythol. Behandlungsart gewinnt
täglich mehr Einflusz und Anerkenntnisz; allmählich
erheben sich gleichwohl einzelne Gegner. Ich habe
Ihnen heimlich schon einmal bekannt und das bleibt
unter uns, dasz auch meinem Gefühl und einigem,
was ich mir von deutscher Mythol. vorstellen musz,
die Creuzersche Bearbeitung nicht recht zusagt.
Ich ehre seine Gelehrsamkeit und streite ihr wichtige
Combinationen gewisz nicht ab, an Geist übertrifft
er mir Heynen weit, leidet aber etwas an der vagen
zu viel umfaszenden Manier, die Heyne ein-
geführt hat. Gründlich untersuchtes verbindet sich·
mit halbuntersuchtem und nimmt dieses mit in sich
auf. Ich meine, dasz man sicherer gehen könne,
nämlich langsamer gehen müsze. Es mag leichter
seyn, einzelnes zu bestreiten und aufzustellen, als
das Ganze, aber das rechte Ganze musz auch dem
Einzelnen Stich halten. In diesem Sinne soll

Lobek (Prof. zu Königsb.) gelehrte und scharf-
sinnige Programme wider Creuzersche Ideen schreiben
(man bekommt dergl. nicht zu lesen, doch die
Marburger sind eifrige Dissertationstauscher und
wenn Sie einmahl nach Marb. gehen, sehen Sie zu
dieser Programme habhaft zu werden und leihen
mir sie dann auch hierher, ich bin darauf neugierig
gemacht worden.)

Ihr Urtheil über Vosz gegen Stolberg freute
mich, letzterm bin ich in der Sache, ersterm in
der Form abgeneigt. Neulich ist Vosz im Hermes
hart recensiert worden, leider von einem Unrechten,
von Körte, der früher selbst mit Vosz in ge-
häsziger Fehde begriffen war und mir fatal ist.
Auch dieser Hermes wird nicht gehalten und also
selbst meinen Artikel wider Jean Paul vermag
ich Ihnen nicht zu schicken. J. Paul hat neulich
in einem eignen Buche (über die Doppelwörter)
geantwortet und so, dasz ich für mich zufrieden
seyn kann, in der Sache genügt er lange nicht.

Sie werden Neuigkeiten aus Preuszen hören
wollen. Dasz Savigny vor. Januar ein Sohn ge-
bohren worden ist, wiszen Sie ohne Zweifel, vielleicht nicht, dasz ich zu meiner Freude einer der
Mitgevatter war! Mündlich habe ich noch ganz
kürzlich mancherlei gehört. Leiblich ist S. dick
geworden, was ihm nicht so gut stehen soll. Er
sagt, dasz ihm die andern Arbeiten in Beendigung
der Rechtsgesch. hinderlich seyen. Es schien mir
vor einem Vierteljahre einmahl möglich, dasz er
gar ins Ministerium rückte; jetzt vernehme ich, dasz

sein Einflusz im Staatsrath abgenommen haben soll
und freue mich. Je gelehrter, unpolitischer, desto
vergnügter. Das politische Preuszen gefällt mir
auch immer nicht. Nicht einmahl haben sies über
sich bringen können, die alberne Verschwörungs-
geschichte durch Offenheit zu versöhnen, hundert-
tausend Briefe sind erbrochen worden, um ein
Paar Menschen in zweifelhaften Schein zu bringen.
Ihr überall vorbrechender Dünkel will lieber die
Form retten. Görres haben Sie doch gelesen?
er übertreibt, aber ganz seiner Weise nach und
verdient solch ein Mann das Herumirren in der
Fremde, Frau und Kinder zu Haus?

Den *Ferdussi* habe ich selbst noch nicht gelesen,
theils misfällt mir die Auszugsmanier, theils ist
die Einleitung mir zu bunt, ich müszte viel lernen,
um alles ordentl. zu faszen und lernte ichs, würde
ich mancherlei zu tadeln haben. Hammer mit
seiner zwar geistigen aber schrankenlosen Manier
verleidet mir auch das Orientalische, selbst Göthes
Divan ist noch ungekauft und ungelesen, worin doch
herrliche Sachen seyn sollen.

Wie gehts in Marburg? Vor einigen Monaten
war der Vicecanzler hier und soll viel verleumdet
haben, doch ohne Wirkung. Rommel hat, wie man
sagt, Lust von dort weg und sich hier zu intrudieren,
wozu ihm die heszische Geschichte doch nicht einmahl helfen wird, eher andere Verbindungen. Das
Buch in der gezierten Form unleidlich aber nicht
talentlos, hat innerlich weder Saft noch Gelehrsamkeit. Haben Sie ein jämmerliches Gedicht auf

seines Vaters Jubileum in der Zeitung gelesen? Es ist unbegreiflich, wie bei solcher Gemeinheit an Stil und Sprache noch solcher Unsinn des Inhalts bestehen kann (das seltne soll unter viel tausenden kaum einem gelingen, das noch seltnere unter ein Paar Superintendenten gleichwohl schon einigen!) Dergl. macht der Rector des hies. Lyceums und unsere Civilisten und Staatsleute erinnern sich dabei an Horaz. Die Inscription auf den Schloszgrundstein rührt, wie das gute Latein zeigt, nicht von diesem Dichter her, sondern von meinem gelehrten Collegen, dem man nur das mildere *incuria* in *perversitate* verwandelt hatte.

Welcher lat. Grammatik bedienen Sie sich? Der G r o t e f e n d i schen? Eine weit gelehrtere erscheint jetzt zu Berlin von L e o p. S c h n e i d e r, auf sieben Bände berechnet, davon 2 heraus sind (Buchst. und Declinationen) das Ganze mir überaus willkommen.

Gott befohlen! Mit meiner Gesundheit und Arbeitslust könnte es beszer stehen, auch des schlechten Sommers unerachtet, wenn ich im Gemüth recht gestimmt wäre. Der Himmel wirds schon wieder ins Geleise bringen. Wilhelm grüszt mit mir auf das herzlichste

der Ihrige

J a k o b G r i m m.

36.
Jakob und Wilhelm Grimm an Bang.

Caszel, 8. Oct. 1820.

liebster Freund

Der heute erst eingetroffene Gevatterbrief macht uns herzliche Freude und wir sehen darin einen neuen Beweis Ihrer uns schon lange wohlthuenden Zuneigung. Der Himmel segne und behüte unsern Pathen, bitten Sie Herrn W u r z e r, dasz er uns bei der Taufe mitvertrete, an ein Wegkommen von hier ist jetzt nicht zu denken, da gerade mein College V ö l k e l mit Urlaub verreist ist, sonst hätte ich sehr gern einmahl persönlich die Feierlichkeit verrichtet, bisher habe ich noch immer abwesend seyn müszen. Die Frau Gevatterin grüszen wir auch von Herzen. Die vollständigen Namen sind unterschrieben, nun wählen Sie; im C a r l treffen wir zusammen. Berichten Sie uns aber den Hergang, und namentlich den Tauftag. In dem Tag der Geburt hatten Sie Sich tüchtig verrechnet, da Sie im Julius so schnell von hier abreisten, weil Ihre Frau niederkommen wollte; dieser damahls etwas weit hergehohlte Grund soll Ihnen jetzt vergeben seyn, da Sies auf solche Weise gut zu machen wiszen.

Dasz S a v i g n y zu Frankfurt haust, haben wir bereits gehört und glauben, weil er uns nicht hincitiert hat, dasz er den Rückweg hier über nehmen wird und das musz bald, binnen 14 Tagen geschehen. Dann kriegen Sie ihn früher als wir zu Marburg

vor Augen. Nach Frankfurt hätten, wie obgemeldet,
wir auch nicht gekonnt.

Was ich zu Kraus und Zoega gesagt hatte.
weisz ich jetzt nicht genau mehr, ich meine blosz,
dasz mir jener lieber, als dieser wäre, nicht gerade,
dasz letzterer weniger. Beide stehen fast auszer Ver-
gleichungspunkten. Der Drang nach antiker Kunst
und Kunstgeschichte hat mir was unbehagliches und
unpractisches; dazu die italienische Unruhe in dem
Manne, seine Bücher über die Obelisken u. s. w.
reizen mich gar nicht und viel eher würde ich
Krauses Schriften vornehmen, aber noch lieber
andere, zu denen ich nicht einmahl gelangen kann.

Nicht am zweiten Theil der Grammatik,
sondern an einer zweiten ganz umgearbeiteten Aufl.
des ersten lasze ich drucken, dann solls gleich an
den zweiten gehen. Das Feld ist überreich an Auf-
schlüszen, so dasz man mit Fleisz und Arbeit weit
kommt, ohne viel Geist dazu zu brauchen. Vielleicht
geräths desto treuer und ich bin schon mit dem
Gefühl zufrieden, dasz die folgenden nicht neben
mich bauen, sondern auf mich bauen werden, wenn
sie auch so zubauen, dasz von mir nichts mehr zu
sehn seyn wird.

Der Brief soll nicht aufgeschoben werden, darum
für diesmahl nichts weiter als dasz die Freundschaft
zwischen Ihnen, Ihrer Frau, dem neugebohrnen
Kind und mir fort bestehen soll.

Jacob Ludwig Carl Grimm.

Ich unterschreibe nicht blos mit meinem vollständigen Namen Wilhelm Carl Grimm sondern auch von ganzem Herzen, was mein Bruder über diese nähere Verbindung zwischen uns gesagt und gewünscht hat. Gott lasze Sie an Ihren lieben Kindern Freude erleben, so kommt das Capital mit Intereszen zurück und die Lust ist neunfach, wie ietzt die Last. Damit wünsche ich Ihnen denn auch ein fröhliches Alter.

Ich sehe, dasz von Zoega die Rede war. Ich will nur zufügen, dasz Leute, die ihn persönlich gekannt und Verkehr mit ihm gehabt, mir erzählt, er sey viel angenehmer und zutraulicher gewesen, als er so hier in den Briefen erscheint. Er mag darin seinen Verdrusz und seine Unruhe groszentheils abgeladen haben, so dasz ihm für den Umgang mit Menschen das Beszere übrig blieb. Jene durchherrschende Gesinnung macht mir die Briefe etwas ängstlich, das Vorzügliche der Griechen jene Ebenmäszigkeit und lebendige Gleichmüthigkeit hat er auf keinen Fall erworben; es überrascht fatal, dasz er nach allen immer neu anhebenden Klagen, heimlich eine ziemlich grosze Summe gesammelt hat. Es fehlte ihm sichtlich eine christliche Beruhigung und dieser Mangel an inneren Halt, würde mich bei allem Respect vor der Kraft seines Geistes u. seiner Gelehrsamkeit auch seiner sonstigen trefflichen Anlagen, so von ihm entfernt haben, dasz ich schwerlich seinen Umgang gesucht hätte. In der Leichtigkeit, mit welcher er daran dachte, Frau u. Kinder in Rom zu laszen u. allein

nach Kiel zu gehen, so dasz ihm am Ende nur der
alte klaszische Boden zurückhielt, liegt eine italienische
Kälte der Seele, die nur auf den Vortheil sieht.
Doch er war auch ein Italiener durch Abstammung
u. verm. Angewöhnung. Sein Gesicht ist frei, doch
liegt mir etwas thierisch-geistreiches darin.

(Christians genaue Adresse weisz ich nicht,
am sichersten Sie schicken den Brief unter Umschlag
an Franz Brentano. [Randbemerkung v. J. G.])

37.
J. Grimm an Bang.

Cassel 22 Dec. 1820.

Lieber Freund und Gevatter, Sie haben uns die
gewünschte nähere Beschreibung von dem Taufactus
und den dabei sich zugetragenen Umständen bis
jetzt noch vorenthalten. Um Sie dazu anzuregen,
sende ich bei dem diesjährigen Bibliotheksbeschlusz
ein Paar Neuigkeiten

Voszens zweite Schrift

Göthes letztes Heft von Kunst

Aus Savignys Besuch im October war nichts
geworden, doch habe ich dafür einen groszen Brief
aus Berlin empfangen. Ausserdem hat uns vor drei
Wochen Arnim hier besucht, er kam über Westphalen her und hatte Clemens und Christian
wohl und zufrieden in Dülmen gefunden. Christian
will ein geistreiches religiöses Buch drucken laszen,
Erläuterungen aus den ersten Kirchenvätern; Arnim
rühmte es sehr

Gott befohlen, vergnügte Weihnacht und Neujahr

Grimm

38.

Wilhelm und Jacob Grimm an Bang.

Caszel, 14. Juni 1821.
beantwortet d. 29. Aug. Bücher retour.

Lieber Freund und Gevatter,

Werden Sie nicht bös darüber, dasz ich Ihnen so lange nicht geschrieben habe. Ich war während dieses Winters in einer vielfach ungewiszen und unruhigen Lage, die mir alles Briefschreiben, wo man sich doch gern bestimmt ausdrückt, verleidete. An Savigny und Arnim nach Berlin habe ich ietzt erst fast nach einem halbjährigen Schweigen geschrieben. Ich will nicht davon sagen, dasz ich seit dem November dem Kurprinzen Unterricht in der Geschichte geben musz, was mir besonders im Anfang viel Zeit wegnahm, da ich verschiedentlich mit dem Ton wechseln und den paszenden aufsuchen muszte; es war auch die Rede davon, dasz ich mit ihm auf Reisen gehen sollte und da war in meiner Lage vielerlei zu bedenken. Nun ist die Reise selbst aufgeschoben und so gut als gewisz, dasz ich nicht mitgehe und da sich auf diese Art meine Verhältnisze zu setzen scheinen, so fange ich auch an meine nach allen Seiten angewachsene Schuld im Briefschreiben abzutragen. Nur bleibt das bisher gesagte völlig unter uns.

In dem was bisher hier geschehen, ist guter Wille sichtbar und der verdient unbedingt Lob; auch ist

manchem wirklichen Bedürfnisz schon abgeholfen,
namentlich hat das Militär keine Ursache mehr zu
klagen. Überhaupt aber regt sich eine gewisze
Lebendigkeit, bei manchen auch wohl wirklicher
Eifer für das Gute und das thut einem schon in
der Erscheinung wohl. Sonst ist es die Neigung
der Zeit, die Verhältnisze mehr nach dem, was sich
der Verstand darüber ausdenkt, als nach dem was
die Erfahrung giebt, zu ordnen und diese Schule
will erst durchgemacht seyn. Mit einem guten
Willen und reinem Wohlwollen kommt man endlich
doch zum Rechten und diese Gesinnung schätze ich
in der Zeit der Experimente über alles. Zudem befindet sich Hessen in mehr als einer Hinsicht in
einer günstigen Lage und bei einem nicht groszen
Staate ist es leichter irgend einen Miszgriff gut zu
machen, weil er nicht so tiefe Spuren eindrückt.
Für die übrigen Branchen wird auch etwas geschehen,
wenigstens hat man alle Hoffnung, ich glaube auch
für die Wiszenschaften (man spricht von einem
Studiendirector); nur wird an diese nach der Welt-
lage die Reihe zuletzt kommen. — Gebaut wird an
vielen Ecken, aber das grosze Schlosz, das wir gemeinschaftlich besahen, ruht für die ersten Jahre
ganz; der verstorbene Kurfürst hatte dafür die Kräfte
gespart und alles andere in Verfall gerathen lassen.

Ich übersende Ihnen hier meine Abhandlung
über deutsche Runen, wenn Sie solche nicht
sehr wichtig finden, so denken Sie wie ich; nur
müszen Sie es gelten lassen, dasz darin ein paar
Alphabete aus sehr alten Hss. zu St. Gallen, Paris

und Wien zum erstenmal bekannt gemacht und erläutert sind: diese wird man als einen Beitrag zur Geschichte des Alphabeths betrachten müszen.

Auch lege ich ein paar Bücher aus der Bibliothek bei: die Geschichte des Preuszischen Staats ist von Manso in Breslau und von der Regierung nicht gut aufgenommen. Es ist Haltung darin, Styl und guter Wille, wer kann aber in dieser Zeit eine Geschichte schreiben, wo niemand so hoch steht, um den wahren Zusammenhang zu sehen und wo die Politiker von allen Parteien, wie Pilatus, fragen: was ist die Wahrheit? Man sollte blos Memoiren schreiben und in dieser Richtung beweisen die Franzosen wieder ihren Tact. Das Werk über Blücher scheint mir ehrlich und unbefangen geschrieben, sonst ist es roh und in einer modernen Manier gefaszt, die ich nicht liebe. Doch wird sich manches neue darin finden. Die Reisebeschreibung lege ich aus doppeltem Grunde bei, weil sie die Gegenden darstellt, die eben in dieser Zeit so grosze Theilnahme erregen und weil sie von einem Naturalisten herrührt, der sichtbar nicht für den Druck niederschrieb und dem man deshalb sein Triviales und auch Fades zu Gut hült. Manches hat er angemerkt und herausgesagt, was ein anderer verschweigt, weil er denkt, es störe die Composition oder den Eindruck, den er machen will. Vielleicht hat dieser Natürlichkeit das Buch die zweite Auflage zu danken.

Ich höre eben von einer gewaltigen, mit bittern Xenien und sonstigen Eigenthümlichkeiten ausgestatteten Recension, die Vosz aus Jena gegen

Kreuzer hat auslaufen laszen; zu Gesicht ist sie mir noch nicht gekommen.

Seyn Sie mit herzlicher Freundschaft gegrüszt
der Ihrige
W. C. Grimm.

(Die Geschichte von Preuszen bitte ich bald zurückzuschicken, da häufig darnach gefragt wird. [Randbemerkung.])

Der Wilh. wollte Ihnen längst seine Runen schicken, da habe ich mit schreiben wollen, heute finde ich Zeit und Raum zu diesem Postscript. Den Büchern füge ich noch Schweinichens Leben hinzu, worin köstliche Sachen aus dem 16. Jahrh. stehen. Gott stehe den Griechen bei, wenn etwas heiliges an der heil. Allianz ist, sollte man meinen, müszte sie ohne Nebenrücksichten helfen, zuschlagen und endlich Europa säubern. Ich grüsze Sie und unsern Pathen.

Ihr Grimm

Aus beiliegendem Bogen mögen Sie sehen, wie die neue Aufl. wird, es sind erst 100 Seiten über diesen Bogen fertig und der Band kommt nicht unter 900—1000 aus.

39.
Wilhelm Grimm an Bang.
Caszel, 16. Aug. 1821.

Lieber Freund, seyn Sie doch so gütig, Schweinichens Leben mit umgehender Post an mich mit

dem Zusatz für kurfürstl. Bibliothek im Museum
(unfrankirt) abzusenden. Unser Minister hat schon
dreimal darnach gefragt und ich habe endlich versprochen, es einzufordern.

Was sagen Sie zu der Voszischen Recension
von Creuzer in der Jena. Lr.-Ztg.? Das fatale,
hämische darin abgerechnet und das unsinnige über
theolog. Umtriebe und Heimlichkeiten Creuzers,
wäre es sonst gut, wenn die Mythologie auch einmal
in diesem Sinne dargestellt würde. Eigentlich sollte
man sich nur gegen Creuzers Schüler erklären, wenn
sie die Sache zu weit, oft ohne Geist und manchmal
völlig ins Blaue treiben. Creuzers Erwiderung wäre
wohl beszer unterblieben.

Heute dürfen es nur diese paar Worte seyn.
Herzliche Grüsze an Sie, Frau und Kind, lieber
Gevatter

W. C. Grimm.

40.
Wilhelm Grimm an Bang.

Caszel, 15. Octbr. 1821.

Lieber Gevattersmann, ich hätte Ihnen auf Ihren
Brief, den wir beide mit Vergnügen gelesen haben,
gerne mündlich geantwortet, welches recht gut an-
gegangen wäre, wenn Sie den 19. Septbr. um die
Mittagszeit in Marburg an der Diligence vorüber-
geschritten wären. Ich habe mich wirklich darnach
umgesehen, da sich ja wohl gröszere Zufälle in der

Welt ereignet; indessen erblickte ich niemand, auch
bei einem kurzen Gang nach dem Kirchplatz, zwar
die alten, wohlbekannten Häuser und die fernen
Berge, aber lauter wildfremde Gesichter. Von der
Universität sah ich nichts, als hernach einen jungen
Profeszor Namens Sartorius, der sich mit in den
Wagen setzte und etwas determinirtes und resolutes
in seinem Wesen hat. Bei der Rückkehr am 8. Octbr.
kam ich in der Nacht in Marburg an. Meine Reise
ging nur bis Frankfurt, wo sich von der Bren-
tanoischen Familie ein groszer Theil versammelt
hatte, zu der ich freundschaftlich eingeladen war.
Der erste, den ich traf, war Christian, ich fand
ihn wohl, heiter und milder gesinnt als je, das heiszt
gleichförmiger und ohne launenhafte Zwischenakte.
Da ich zwei Puncte nicht berührte, so kam ich gut
mit ihm aus, der eine ist der Fürst Hohenlohe, an
den er unbedingt glaubt, und doch scheinen mir
seine Wunder nicht wunderbarer, als alles andere,
was ein Mensch im Vertrauen auf Gott in ihm und
gestärkt von jener Liebe, welche das Wesen unserer
Religion ist, vollbringt. Sonst scheint in dem
Hohenlohe, über den ich andere, die nicht aus blinder
Leidenschaft urtheilten, hart habe reden hören, die
Eitelkeit, wenn auch versteckt, mitzuwirken. Der
andere anstöszige Punct bei Christian ist sein
Parteiwesen gegen die Protestanten, oder sein catho-
lischer Eifer. Er soll dort behauptet haben, in dem
Luther habe eigentlich der leibhafte Teufel ge-
steckt und wie aufgebracht er gegen Göthe z. B.
sich äuszert habe ich selbst mit angehört. Er nannte

ihn den deutschen V o l t a i r e und meinte, statt eines
Ehrentempels müsze man ihm eine Schandsäule er-
richten. Ich glaube, man musz die Zeit beklagen,
in welcher es möglich war, oder sogar erlaubt schien,
jeder Gesinnung oder Gedankenrichtung, die einmal in der Seele eines vom Geist hochgestellten
Menschen sich hervordrängte, eine Gestalt und
poetische Ausschmückung zu verleihen und es ist
betrübt, dasz G ö t h e Gedichte, wie die Diana von
Ephesus hat machen können oder sagen: im 30sten
Jahr wird der Schwärmer ans Kreuz genagelt. Aber
man hat Unrecht, so etwas für seine selbsteigene
Gesinnung zu halten oder ihn deshalb für einen
Ungläubigen und Heiden zu erklären. Der Faust
allein kann das widerlegen.

Sodann war zugegen die F r. v. S a v i g n y aus
Berlin nebst ihrer Tochter B e t t i n c h e n. Diese
ist grosz herangewachsen und gleicht dem S a v i g n y
sehr, hat dessen dunkle Augen und das ernste und
tiefe Wesen von ihm, so dasz sie fast ein Gegensatz
zu ihrer Mutter ist. Savigny konnte nicht mitkommen,
da er an dem 3. Bande seiner Rechts-Geschichte
arbeitet. Auch die F r a u v o n A r n i m mit ihrem
jüngsten Kinde war da, noch ziemlich unverändert
in ihrer eigenthümlichen, immer bewegten Natur.
Die Frau J o r d i s mit ihrem Manne aus Paris werden
Sie kaum kennen.

Ich musz aber Ihren Brief vornehmen und ordentlich beantworten. Der C a n d i d a t hat Ihre Empfehlung überbracht, ich kann aber nicht sagen,
dasz er mir gefallen. Er zeigte im Gespräch etwas

von jenem harten, eigensinnigen Wesen, das den
wahren Zustand der Dinge anzuerkennen sich weigert
und sich darüber zu täuschen, eine gewisze Absicht
hat. Ich glaube man ist verbunden, den G r i e c h e n
Beistand zu leisten, weil sie Christen und unsere
Brüder sind und weil ich mir eine barbarische Herrschaft von Nichtchristen, wie die der Türken ist,
nicht als eine legitime denken kann. Wollte man
untersuchen ob ihr gegenwärtiger sittlicher Zustand
eines solchen Beistandes würdig sey, so könnte man
leicht zweifeln; in mancher Hinsicht vielleicht sind
die Türken vorzüglicher: edler, tapferer und wahr-
haftiger. Jene Rücksicht aber müszte alle Gründe
der Politik überwiegen, gesetzt auch der Zustand
der Griechen unter den Türken, wäre leidlich, da
ein dauernder und natürlicher nur unter einem christ-
lichen Regenten möglich ist. sonst würde man ja
gerade auf das blos zufällige bauen. Das Zaudern
übrigens verdient nicht zusehr gescholten zu werden,
da sich leicht ein allgemeiner Krieg in Europa aus
jenem entwickeln könnte. Helfen aber kann den
Griechen nichts, als der Beistand einer groszen
Macht. Geld und Menschen brauchen sie nicht:
jenes namentlich haben sie mehr als wir.

In Ihrem Urtheile über V o s z. für den ich sonst
gewisz keine Vorliebe hege, überrascht mich doch,
dasz Sie nicht einen wahren Gedanken in seiner
Recension gefunden haben. Ein solcher scheint mir
doch zu seyn, wenn er auf eine Untersuchung über
die Geschichte des Weinbaus beim D i o n y s u s dringt
und ein Hindernisz seiner indischen Abkunft in dem

Mangel der Rebe in Indien findet. Ich glaube, ich habe Ihnen schon einmal bemerkt, es sei gegen Creuzers Lehre ein ungünstiges Zeichen, dasz sie, die der Urheber durch Geist und Originalität halte, bei den Schülern so sehr ausarte und ungenieszbare Früchte trage. Ein solcher ist Mone, den sie schon aus den Noten zu den ersten Bünden, deren Zierde sie eben nicht sind, kennen. Dieser soll nun laut der Vorrede zum letzten Band (in welcher ich auch die Anspielung auf das gebrachte Vivat wegwünsche) einen fünften Band über die nördlichen Mythen dazu schreiben, welcher nach meiner Überzeugung so gut wie gar nicht wird zu brauchen seyn. Und doch ist Mone fleiszig hat auch Geist und Gelehrsamkeit. Eben hat er ein altdeutsches Gedicht: Otnit herausgegeben, mit einer Einleitung, die das Maas voll macht. Ich getraue mir auf diese Art aus einem Steuerregister, Frachtbrief und Parolebefehl die Grundzüge der Druidischen Mysterien zu entwickeln.

Göthe hat in einem neuen Heft über Kunst und Alterthum das Ihnen, sobald es angeht, mit andern Büchern soll zugeschickt werden, zahme Xenien mitgetheilt, die schwerer zu verstehen sind als die wilden, aber doch deutlich seine gegenwärtige Gesinnung bezeichnen. Sonst wollte ich, statt dieser gereizten Stimmung wohnte ihm eine milde, die Gegenwart mit mehr Lust und Vertrauen beschauende bei; wir würden gewinnen, das ist klar, aber auch er. Achtung und Zuneigung genieszt er so viel, als ein Mensch sich wünschen mag, doch scheint

ihn eine gewisze Alterskrittelei zu beschleichen und
dasz er dabei dem Publicum mancherlei zumuthet,
kann man aus den neuen Wanderjahren sehen. Das
seltsame Erziehungswesen, der Bildungsbund, die
drei Ehrfurchten begreift kein ordentlicher Mensch
und so reizend die einzelnen Erzählungen, so unbedeutend das, was den eigentlichen Inhalt ausmachen
soll.

Hierbei kommt endlich Christians Bild, dessen
Ähnlichkeit ich aufs neue bestätigen kann, das
Ihnen geschenkte Exemplar war nicht aufzufinden
und ein anderes schwer zu haben, da nur erst Probe-
abdrücke gemacht waren und hier keine können
gemacht werden.

Leben Sie wohl, und seyn Sie und die Frau Gevatterin auf das Herzlichste von uns beiden gegrüszt.

Ihr

Wilhelm C. Grimm.

41.

Jacob und Wilhelm Grimm an Bang.

Cassel 14. Mai 1822.

Lieber Gevatter,

Die verlangten Schreiben gehen auf der Stelle
nach Frankfurt ab und zwar an Senator Thomas
und Senator Brentano, beide werden mit Guaita
reden. Hoffentlich thut es, wenn die Stellen noch
unbesetzt sind, Wirkung, denn wir sind mit diesen
Leuten recht freundschaftlich. Zwar ärgerts mich,
dasz Sie aus Hessen wegwollen und sonderbar, am
frankf. Gymnasium bleiben viele nicht lang; Doch

mit Ausnahmen und im Vaterland gefällt mirs seit
einiger Zeit auch immer weniger.

Dasz Ihnen unheimlich über unsere Saumseligkeit
im Briefschreiben wird, ist nicht recht; die liebsten
Briefe alle liegen seit einem halben Jahre vor mir
unbeantwortet; ich will mich zukünftig vor über-
häuften Arbeiten beszer hüten, vor Kummer und
Kränklichkeit wolle uns Gott behüten, dergleichen
ist im letzten Jahre zu viel an und über uns ver-
hängt gewesen. Näheres sobald ich aus Frankfurt
Antwort habe, dieses nur in Eile.

Ihr
Jacob Grimm

Lieber Gevatter, ich habe eben an Brentano,
auch noch an Guaita geschrieben und ich hoffe,
dasz ihre Antwort nicht lange ausbleibt. Da zum
Briefschreiben eine recht heitere und unbedrängte
Stimmung gehört, so habe ich den ganzen Winter
die Feder nicht gerne angesetzt. Meine Gesundheit
hat mir zu schaffen gemacht und mir oft 8—10 Tage
ganz geraubt und für noch längere Zeit mich verstimmt. Bücher wollte ich Ihnen ein paarmal
schicken, aber die, welche ich auswählte, wurden
von angesehenen Leuten beständig gefordert u. gelesen, dasz ich sie nicht wohl auf längere Zeit weg-
nehmen konnte. Savigny habe ich letzt einmal
geschrieben, als ich den 3. Band seiner Rechts-
geschichte gelesen u. zu dem darin entwickelten
Verhältnisz der Florentinisch. Hs. des *corpus j.* zu
der s. g. bolognes. Recension etwas anzumerken

hatte. Es sind sehr schöne Dinge in diesem Bande
und überall erfreut die Reinlichkeit und Nettigkeit
der Ausführung. Haben Sie die falschen Wander-
jahre Wilhelm Meisters gelesen und was sagen
Sie dazu? Schubert über Göthe kann ich, obgleich dieser es rühmt nicht vor mir behalten, die
Nachahmung ist mir zu widerlich. Wenn Sie wollen,
so kann ich Ihnen in einiger Zeit etwas zusenden,
auch die Memoiren von Casanova sollen Sie haben,
in welchen eine merkwürdige Individualität höchst
lebendig und wahr beschrieben wird, aber Sie müszen
das Buch verschlieszen. Raumers Vorlesungen
über die alte Geschichte ist frei und unbefangen
geschrieben und enthält schöne Dinge; ist überhaupt
beszer als man anfangs denkt. Ich habe es noch
nicht zu Ende. Von Savigny habe ich nichts
näheres seit 6 Wochen gehört, wo er schrieb und
zufrieden schien, ich glaube, er hat ietzt etwas mehr
Zeit für sich, als früher. Ein holländ. Gelehrter, der
lebendigste u. angenehmste, den ich noch gesehen,
Namens Thorbecke, der vor kurzem von Berlin
kam, war mit dem dortigen Geist nicht recht zufrieden. Von Christian weisz ich gar nichts,
nicht einmal, ob es wahr ist, wie die Zeitungen
melden, dass er nach Rom zum Papst gegangen ist.
Von meinem Aufenthalt in Frankfurt im Herbst
habe ich Ihnen ja geschrieben.

Seyn Sie herzlich gegrüszt lieber Gevatter, Frau
u. Patchen auch. Besuchen Sie doch den Suabedissen, es ist ein geistreicher, gelehrter Mann, von
mildem edeldenkendem Herzen, den ich recht lieb

habe. Gott sey mit Ihnen und lasze alles zu Ihrem
besten ausschlagen

Wilhelm C. Grimm.

An Herrn Pfarrer Bang zu Goszfelden bei Marburg.

42.

Jacob Grimm an Bang.

Cassel 11 Aug. 1822

Lieber Gevatter, endlich lauft Antwort von
Frankfurt ein, die ich im Original zu näherer Über-
legung hier beifüge. Zu rathen ist da schwer;
vieles musz Ihnen leid thun, das Aufgeben der lang-
gewohnten schönen Gegend, der Gang nach Marburg,
die alten Bekanntschaften. Mir für meine Gemüths-
art ist Frankfurt zu voll, unruhig, reich. Indessen
ists ein anderes, sich an einem Orte als bloszer Gast
zu versuchen und sich an ihm einzuwohnen. Das
Gute lernt sich erst allmählig erkennen.

Zur Erklärung einer Ihnen in Thomas Briefe
unverständlichen Stelle dient, dass meine Schwester
vorigen Monat den hiesigen Obergerichtsrath Hassenpflug, einen braven Mann, geheirathet hat.

Der mir neulich empfohlene Mertin oder
Martin war ein curioser Mensch, dessen Reise ich
nicht begreife, inzwischen habe ich seinetwegen an
den oestr. Legationssecretär geschrieben, der ihm
auch den Pasz visiert hat, und ihm eine kleine
Geldunterstützung zur Weiterreise auf sein Ansuchen
verabfolgt. Der Himmel führe ihn wieder heim,
wohin er zu gehören scheint; er sah mehr ungarisch
aus, als österreichisch.

Die Grammatik ist endlich fertig, liegt Ihnen an einem Ex. so solls mit Gelegenheit ankommen. Wenn Sie andere Bücher zum Lesen von unserer Bibl. empfangen wollen, so ists ein Zeichen, dasz Sie in Hessen bleiben, in der Ungewiszheit mögen wir nichts hinsenden. Creuzers Selbstbiographie in den Zeitgenossen werden Sie gelesen haben, sie ist ehrlich, aufrichtig, aber nicht besonders merk-würdig; eigentlich möchte ich in solcher brok-hausischen Gesellschaft mein Leben nicht gern zum Besten geben, was einem am heiszesten gemacht hat, kann man so doch nicht recht sagen.

Herzl. Grüsze an Ihre Frau und den Pathen. auch von Wilhelm.

Ihr

Jacob Grimm

Gelegentl. grüszen Sie doch Koch, der uns seine Programme freundlich zusendet und der meiner Gramm. auch in seiner Odyssee gedenkt. Haben Sie Suabedissen kennen gelernt? Fein von Ver-stand und gut von Herz, wie er ist, musz man ihm gut seyn, in seinen Mittheilungen dociert er mir zu sehr. Mit Wilhelm ist er viel genauer.

43.

Jacob Grimm an Bang.

Cassel 6 Sept. 1822

Lieber Gevatter,

gleich nach Empfang Ihres letzten Briefs habe ich alles, wie Sie es wünschen, und ausführlich nach Frankfurt geschrieben, seitdem aber von dort noch

nichts vernommen. Gestern war ein Mitbewerber
auf unserer Bibliothek, ein Enkel des berühmten
Harles, Sohn des bonner Mediciners, der mir zufällig erzählte, dasz er nach Frankfurt reise, um
sich für eine der offenen Stellen beim Gymnasium
zu melden. Ich sagte ihm, dem Vernehmen nach
sey schon alles besetzt. Dasz Sie nicht gern andere
Dinge, als *philologica* lehren wollen, ist ganz mein
Gefühl; ich besinne mich, wie unnütz zu meiner
Schulzeit Moral, Antologie, Logik, Naturgeschichte
des Menschen etc. getrieben wurde und gerade der
gute Philolog Ernesti hat in seine *initia* so viel
unlehrhaftes untereinander gemengt.

Hierbei folgt die Grammatik zum beliebigen Gebrauch; es ist darin keine Zeile der vorigen stehen
geblieben, buchstäblich genommen, und doch fordert
noch alles Nachsicht und neue Prüfung. Dies Fach
könnte recht lebendig getrieben werden, wenn sich
mehr Leute darum bekümmerten, so aber nehmen
die meisten Schulleute keine Notiz davon und jährlich erscheinen neue deutsche Sprachlehren für ihre
Kreise, ohne allen inneren Werth. Was halten Sie
von den S. 584 aufgestellten Sätzen? ich glaube sie
sind für die Etymologie von einigem Werth, wenn
auch noch manche Schranken beigefügt werden
müszen. Ein Dortmunder Rector, Namens Kuithan,
der auch früher Pindars Gesänge für Comödien erklärte, sonst ein nicht unbelesener Mann, ist neulich
mit einer caricaturmäszigen Ansicht über die Ver-
wandtschaft des Deutschen und Griech. vorgetreten,

nach welcher erst jetzo ein griech. Wörterbuch möglich werden soll.

Mögen Sie die *miscell. critica* lesen? ich lege das zweite Heft bei, es wird zu viel Mittelgut darin aufgenommen, die Redaction hat keinen festen, gesunden Plan, darum wirds bald wieder aufhören. Buttmann über νὺξ θοή ist recht annehmlich, aber nicht alle Artikel seines Lexilogus verdienen gleiches Lob; alles wo er Sachen zu erklären hat, gelingt ihm mehr, als wo es auf blosze Grammaticalien ankommt.

Creuzers Biographie kann ich Ihnen jetzt nicht schaffen; sie circuliert in Lesegesellschaften. Savigny schreibt mir darüber, wie folgt: „Cr. Leben ist factisch wahr, so weit ich es verfolgen kann, auszer insoferne der Totaleindruck durch willkürliches Auslaszen immer unwahr werden musz; aber daneben hat es doch manches gar curiose und geschraubte und schon die eigentliche Absicht (Polemik gegen Vosz, ohne ihn zu nennen) muszte ihm eine schiefe und befangene Richtung geben. Nichts kann schlechter motiviert seyn, als die schnelle Rückkehr aus Holland. Im Ganzen macht doch Cramer bei aller Eitelkeit und Burschikosität einen frischern und lebendigern Eindruck, gibt auch neben der Biogr. einen vollständigern Eindruck der Zeit und Umgebung, als Creuzer."

Auch ich war, gleich Ihnen, mit Savignys Schilderung von Bologna nicht so ganz zufrieden, er antwortet: „es ist mir merkwürdig, dasz das Capitel von den Universitäten, worauf ich eigentlich

am meisten Werth lege, Sie am wenigsten befriedigt
zu haben scheint. In demjenigen, was Sie darin
vermissen, haben Sie zwei starke Alliirte, meine
Frau und Arnim. Ich werde gewisz recht ernstlich
bedenken, wie viel sich davon nachholen läszt. Indessen hat die Sache ihre groszen Schwierigkeiten,
vieles ist nicht aufzufinden, z. B. die Frequenz,
auszer wenigen und sehr vagen Angaben, anderes
ist nicht klar und brauchbar zu machen, ohne
detaillirte Untersuchungen etc."

Ich mache Ihnen hier Auszüge aus lieben Briefen,
die ich keinem Menschen machte, doch Sie haben
alle diese Leute so lieb, wie ich und darum hats
nichts auf sich, sondern erbaut uns. Hiermit für
heute genug.

Ihr

Jacob Gr.

N. S.

Wie ich diesen Brief zwischen Buch und Titelblatt legen will, begegnet ein Unglück, ich reisze es
entzwei, weil der Buchbinder ungebührlich geleimt
hat und weisz nun nicht zu helfen, da ich kein Ex.
weiter habe.

44.

Jacob Grimm an Bang.

Donnerstag 21 Nov.

Lieber Gevatter,

hat Ihre Frau aus lauter Ungeduld, dasz nichts
aus der Sache würde, für diesen Winter noch Bohnen
und Kraut eingemacht? und doch können Sie über

ein Jahr frankfurter eszen müszen, die etwas zärter seyn
sollen. Der beifolgende Thomas brief besagt alles
nähere, ich habe kaum Zeit Grüsze beizuschreiben
und trage in aller Eile, τάχα, τάχιστα selbst zu Post,
dasz Ihr Rathschlag keinen Tag aufgehalten wird.

T. T. Grimm

Herrn Pfarrer Dr. Bang Hochwürden Goszfelden unweit
Marburg.

45.

Jacob Grimm an Bang.

Cassel 19 Dec 1822.

Diesmahl, lieber Gevatter, folgt schnellere Antwort, weil ich Ihnen noch vor dem jährigen
Biblioheksschlusz die gewünschten Bücher zusammen-
packen will. Die Kürze des vorigen Briefs entschuldigt mein Eifer, Ihnen die frankfurter Nachricht unverzögerlich zugehen zu laszen, die Rath-
losigkeit des Briefs rührte daher, dasz ich früher
schon herausgesagt hatte, was für und wider in mir
zu finden war, mich aber, der ich weder im Gosz-
felder Pfarrhaus, noch in der frankfurter Schule
lebendig genug stecke, scheute, bestimmter zu- oder
abzureden. Jetzt, nachdem Sie entschloszen sind,
den Ruf anzunehmen, melde ich dasz ich vorige
Woche an Creuzer geschrieben (der mich vor
6 Wochen um die Sache gefragt hatte): „ich an
Bangs Stelle gienge nach Frankfurt und versuchte's.“
Sie habens in Hessen genug versucht. Gott wird
weiter helfen; Useners 5000 Gulden sind lächerlich, er musz nicht wiszen, was mäszig und ordentlich wirtschaften heiszt und zu den 2200 erwerben

Sie durch Zöglinge und einige Privatlectionen ohne Zweifel einen erklecklichen Succurs. Was mehr werth ist, Seele, Muth und Gedanken werden Ihnen in der neuen Lebensweise gelüftet und wer weisz, welche Hoffnungen und Aussichten die nächsten Jahre öffnen. Haben die Frankfurter vor Ihren vielen Kindern Furcht, so geben Sie, wenn sie anwachsen, einige nach Hessen (wo Sie gewisz noch Anhang behalten) zurück und thun der alten schönen Zuneigung damit Genüge. Ich schreibe dieser Tage auch an Thomas, in Ihrem Sinn; fürchten Sie nicht durch eine Äuszerung Ihres Briefs, den ich ihm mitgetheilt, compromittirt zu werden. Von Schwencks Mitbewerbung wuszte ich noch nichts, er wohnte zuletzt in Bonn oder ist noch da, er will Vossen in der Übersetzung Homers überbieten und hat jüngst eine Probe der Odyssee gegeben, auch früher den Kallimachus steif übertragen und ganz frisch etymol. und myth. Andeutungen drucken laszen, die ich Ihnen hier mitsende. Sie gefallen mir nicht, wenigstens etymologisiert er leichtsinnig und etwas in Kannescher Art, ohne Kannes Combinationsgabe. Beszer, weit beszer sind Welckers Anhänge zum Buch. Mittlerweile ist ja nun auch an der Heidelberger Schule ein Platz leer geworden, durch den Tod des jüngern Vosz, (in der Jen. L. Z. stand eine Anzeige von Vater und Mutter, die mich gerührt hat) worum sich Schwenck bewerben kann, ich weisz zwar nicht, wie er sich mit Creuzer steht, habe aber diesem neulich meine Meinung von den „Andeutungen" geschrieben. Soviel sieht man jedoch aus dem Buche, dasz Schwenck ein Mann von Kopf ist, der etwa künftig anderes leisten wird.

Creuzern habe ich nie genau gekannt, (wo er unser in seiner Biographie erwähnt, ist auch ein Anachronismus) aber bei jeder Gelegenheit gefällig und freundlich gefunden; ein wenig zu höflich, was ich für Professorenmanier hielt. Seine weite und breite Gelehrsamkeit flöszte mir Respect ein und ohne dasz sich dieser verloren hat, ist mir hernach doch seine Methode bedenklich vorgekommen.

Cramer, dessen Lebensbeschreibung Ihnen gefallen hat, soll unklug geworden, wenigstens voriges Jahr gewesen seyn, wenn jetzt wieder ein *lucidum intervallum* eingetreten ist. Er muszte zu Kiel von allen Dienstgeschäften entbunden werden. Etwas schwärmerisch burschikoses hat er mit seinem Bruder, vielleicht auch dem Vater gemein und es bricht selbst an einigen Stellen jenes Buches hindurch.

Ich meinte nur: Ernesti, eigner Tüchtigkeit unbeschadet, möge der alten, strengen Schulmethode durch die *initia* geschadet haben, seitdem wollten immer mehr die Schulen Vorgeschmäcke von den einzelnen Universitätsdisciplinen geben. Hier in Cassel war zu meiner Zeit Richter ein tüchtiger Philolog Rector, zu Halle gebildet, in Latein und Griechisch stark, aber die Stunden Homers, griech. Geschichte und selbst Ciceros wurden aus Liebhaberei zu Logik, Metaphysik nach Ernesti oft beeinträchtigt und zwar wider die Neigung, soviel ich

mich erinnere, aller Mitschüler. Jetzt siehts mit
dem hiesigen Lyceum nicht gut aus, kein Lehrer ist
daran, der jenem Richter zu vergleichen wäre.
Das jetzige Ministerium, d. h. der Ministerialrath
Kraft, hat zwar den Gehalt erhöht (der Rector
steht über 1000 Thlr. und hat täglich wohl nur 2
Stunden) begünstigt aber die Realwissenschaften
über alle Gebühr, da scheint Mathematik, Physik,
Erdkunde, Statistik Hauptsache, kurz die französ.
westphälische Ansicht spukt auch in den Schulen.
In der Bürgerschule hat der Inspector Schmieder
neulich sogar Nosologie vorgetragen; das haben sie
ihm zwar gelegt, denn es sitzen im Schulrath noch
ein Paar Verständige. Aber der weltbürgerliche
Unfug bricht zu leicht durch und möchte lieber den
Primanern den untersten Freimaurergrad ertheilen,
als die alte ehrliche Burschicosität aufblühen laszen.
Alles dieses unerachtet hatte ich, als es mit der
frankfurter Vocation zu zögern schien, vor einigen
Monaten den Versuch gemacht, Ihrer zu gedenken,
allein meine Stimme geht nicht weit über den Stein-
wurf geschweige soweit als man einen rufen hört.

Sie erhalten hierbei: 1.) Genelli 2.) Pal. des
Scaurus (scheint mir unwichtig) 3.) Schlossers
Bildnisz. 4.) Dessen Weltgeschichte 4 Bände (ein
treffliches Buch, wiewohl ungleich und äuszerlich
oft nachlässig, aber der Mann hat studiert und
beobachtet.) 5.) Lachmann über griech. Metrik
(scharfsinnig und noch ungeprüft); ist Hermann zu
hochmüthig dazu? oder störts ihn in seinen Gewohnheiten? Ich weisz nicht, ob Sie die Metrik genug

interessiert; der Vf. hat auch für viel anderes Sinn,
sein Bruder hat neulich einen Göttinger Preis über
L i v i u s gewonnen, beide sind Braunschweiger)
6.) S c h w e n c k. 7.) *Misc. crit. particula III.* (worin
ich etwas gegen den eigensinnigen G r o t e f e n d geschrieben habe, der zwar bekritzelte Dachziegeln
alphabetisch würdigt, aber die klarsten Dinge an-
ficht; es stehen auch zwei L o b e k ische Programme
drin abgedruckt, gegen C r e u z e r sche Ideen.)
8.) S t i e g l i t z Arch. d. Unterhalt.

Meine „Gramm." betreffend. Die Vorrede u.
Einl. muszte wegbleiben, weil sie zu viel unreife
Dinge enthält, oder neu geschrieben werden, wozu
Zeit und Raum gebrach. Wegen der Dedication
habe ich mich lange bedacht, endlich überwog das
Bedenken, das mir e i n e r m e i n e r B r ü d e r (den
Sie nicht kennen, er ist zu Berlin in einer Buchhandlung) in die Seele gesetzt hatte, er schrieb mir
damahls, als ich ihm die erste Ausg. schickte: wie
magst Du so was von der seel. Mutter, von Dir und
uns unter fremde Leute hinaussagen? —

Dem jungen C r e u z e r will ich gern Bücher
schicken, die er aus der hies. Bibl. brauchen kann;
nur meine ich, einer der aus Heidelberg kommt,
sollte etwas aus den dortigen altd. Hss. zum Besten
geben, mit denen, seit dem sie aus Rom da sind,
blitzwenig ausgerichtet worden ist und sie enthalten
des Wichtigen in Menge; hier haben wir blosz
Wichtigkeiten der dritten, vierten Ordnung.

Senden Sie doch No. 4 (S c h l o s s e r, der von
einigen hier gebraucht wird) No. 6 (wegen nöthiger

Antwort auf Welkers angeklebten Brief) und
No. 7. früher als die andern zurück. Heerens
hist. Schriften und Eichhorns Jahrhund. sind zwar
auf der Bibl. allein theilweise ausgeliehen.

Sobald sich Ihre Sache entscheidet müszen Sies
gleich melden. Herzliche Grüsze von Wilhelm

- Ihr Jacob Grimm.

46.

Jacob Grimm an Bang.

Nachdem ich lange auf Neuigkeiten aus Frankfurt und Goszfelden geharrt habe, macht beifolgender
Brief der ganzen Sache ein Ende. Es thut mir
herzlich leid, dasz unsere Wünsche scheitern.

Die Bücher von vorigen Weihnachten werden
Sie empfangen haben nebst einem längern Brief,
als dieser werden kann, denn ich habe seit Anfang
d. M. auch Wilhelms Dienst mitzuversehen und
auszerdem Sorgen und Besuche über seine nicht un-
bedenklich gewesene Krankheit auszustehen, und
komme Tag und Nacht wenig zu mir. Es war ein
heftiges Fieber, wenn auch kein Nervenfieber, doch
äuszerst abmattend und niederschlagend. Seit fünf
Tagen ist Gottlob keine Gefahr mehr, aber er liegt
noch und gewinnt kaum die Eszlust wieder.

Ihr treuer Freund Grimm

d. 19 Febr. [1823]

Herrn Pfarrer Dr. Bang Hochehrw. Goszfelden bei Marburg.

47.
Jacob Grimm an Bang.

Cassel 26 Febr. 23

Lieber Freund

ich bestätige Ihnen mit Freuden, gleich auf den Empfang Ihres Briefes, Wilhelms Genesung; er ist nur noch schwach, niedergeschlagen und etwas krittelig, wie es seyn soll, wenn die Nerven gelitten haben.

Auf das Weitere antworte ich mit den Büchern. Von dem jungen Osterhausen weisz ich nichts, glaube aber gehört zu haben, dasz ihn die bisherige Erziehung nicht verzärtelt hat. Er wird wohl bei Collmann gewesen seyn und nicht sehr viel gelernt haben.

Ihr Grimm

Herrn Pfarrer Bang Goszfelden b Marburg

48.
Jacob Grimm an Bang.

Cassel 5 Jan 1824

Lieber Herr Gevatter,

ein kurzer Brief nach langem Schweigen kann es nur mit Familienneuigkeiten zuthun haben, deren ich zwei zu melden habe:

1.) heute morgen ist die Schwester von einem gesunden Knaben entbunden worden.
2.) Conradi ist Bräutigam. Die Tochter des Philosophen Schulze hat ihn so schnell erobert.

Ein gesegnetes Neujahr! bedürfen Sie denn gar
keiner Bibliotheksbücher mehr? Von uns herzliche
Grüsze

Jacob Grimm.

49.
Jacob Grimm an Bang.

*Mihi non ullam moram spatiumque indulget
Deus*, Sie mögen nun denken was Sie wollen und
mich auf falschem Wege wandelnd glauben, ich
schreibe bogenweise den zweiten Theil meiner
deutschen Gr. in die Presse, habe im letzten Vierteljahr eine kleine „serbische Gramm." bearbeitet, soll
eine schon gewonnene aber noch nicht fertige Preis-
schrift über die deutschen Adjectiva liefern und
werde gekränkt und bekümmert daneben. Doch
mein guter Muth läszt mich selten. Hierbei Eichhorn 6 Bände, Heeren 6, Augusti 4, Casanova 4,
letzteres ein sündliches, verbotenes Buch, das wohl
ungedruckt hätte bleiben sollen, zwar lebendig, aber
doch halb erlogen ist. Wilh. grüszt herzlich und
will von Marburgs glänzenden Cirkeln nichts wissen,
blosz bei Schenk habe er einmahl gegessen und
bei Suabedissen seyen nur die üblichen Lichter
Abends gebrannt worden. Ich verbleibe Ihr treuer
Freund und Gevatter

Grimm

Am 14 Jan 1824.

50.
Wilhelm Grimm an Bang.

Caszel 10. März 1825.

Lieber Freund und Gevatter,
ich melde Ihnen feierlich, dasz ich seit kurzem versprochen bin und in diesem Frühjahr heirathen
werde. Meine Braut heiszt Dorothea, wie meine
selige Mutter, ihr Familien Name aber ist Wild.
Sie ist meine älteste und liebste Freundin, ich habe
sie schon als Kind gekannt und wir Geschwister,
keinen ausgenommen, lieben sie längst wie eine
Schwester; wenn jemand zu uns und unserm Wesen
paszt, so ist sie es. Das soll nun gerade kein Lob-
spruch seyn, aber auch in anderer Hinsicht können
Sie mir mit gutem Gewiszen Glück wünschen. Ich
nehme alles an, nur keine Anspielung auf die
Namen Grimm u. Wild, ich habe sie schon so
oft gehört, dasz der Witz keinen Eindruck mehr
auf mich macht, zumal sind wir beide längst brod-
eszende Menschen, leidlig zahm und sanftmüthig.

Ich weisz nicht, ob es sich schickt in einem
solchen Brief auch von andern Dingen zu reden.
Sie haben doch die Bücher abholen lassen? die
Antisymbolik von Vosz biete ich Ihnen nicht an,
weil sie wahrscheinlich längst in Ihren Händen ist.
Nun ist ja offener Krieg zwischen den Parteien,
Welker ist in der Leipz. Lit.-Ztg. mitgenommen
worden, doch mit Anstand und billigen Artigkeiten,
dagegen ist Schloszer gegen den Götting. Müller
gewaltig ins Zeug gegangen. Von diesem gefällt
mir die Art, wie er den Vosz in den Götting.

Blättern so eben angezeigt hat, sehr wohl, diese
Manier paszt allein. Polemisch ist der V o s z fast
immer trefflich, dazu paszt auch seine eigene, beides
gewandte u. steifstellige Art sich auszudrücken, soll
er aber nun selbst etwas vorbringen, so gibts auch
wunderliches Zeug. Wiszen Sie wohl, dasz uns beide
die Göttinger zu Weihnachten in ihre S o c i e t ä t
d e r   W i s s e n s c h a f t e n aufgenommen haben, auch
deshalb nehmen wir Gratulation an. Dafür haben
wir auch treffliche Recensionen in die Anzeigen geliefert, wie sie sagen; wenn dies Wohlgefallen an
uns nur lange dauert, weil wir dergleichen eigentlich
nur nach Lust und Gefallen schmieden, nicht aber
auf Bestellung.

Könnte ich Ihnen doch gute Nachricht von
S a v i g n y geben! die neuesten (vom 4. März) sind gar
nicht beruhigend, das Nervenübel durch Verkältung
gereizt, hat sich wieder eingestellt, nun ists einen Tag
leidlich, den andern desto schlimmer und er liegt den
Tag über mismuthig auf dem Canapee. Andere, (sehr
ordentliche) Leute, Freunde von ihm und mir, klagen
darüber, dasz der Verf. der Schrift von dem Beruf
zur Gesetzgebung, selbst stark an der Abfaszung
einer Menge neuer Gesetze sich abarbeite. Das
kann ich nicht beurtheilen, doch scheint mir, als
wenn das ausschlieszlich gelehrte Leben seinem
Charakter und Würde angemeszener gewesen wäre
und für ihn in jedem Falle glücklicher, als ein
solches, welches freilich, wenn er leben bleibt zum
Minister führen kann, aber doch sein Herz schwerlich ausfüllen. Ich glaube, dasz die F r a u in diesen

Dingen mehr Einflusz auf ihn hat, als er selbst
denkt.

Hier ist alle Welt mit der bevorstehenden Vermählung der Prinzeszin beschäftigt, die so glänzend
als möglich werden soll. Heute sind vor meinem
Fenster die Laternenstöcke ausgegraben worden,
damit die 100 u. mehr Wagen nicht davon gehindert
werden. Nun musz z. B. ausgerechnet werden, wie
viel Minuten jeder Wagen zum Vorfahren nöthig
hat u. wie viel Stunden vorher also der erste an
der Stelle seyn musz. Wenn Sie kommen wollen,
sollen Sie den ganzen Zug aus meinem Fenster mit
ansehen. Ich wünsche der Princeszin das beste
Glück, sie ist, wenn gerade nicht regelmäszig schön,
doch sehr angenehm und freundlich und von einem
trefflichen Herzen; ich kann das sagen, da ich sie
öfter bei der Kurfürstin gesehen und gesprochen
habe. Auch der Herzog scheint von wohlwollender
Gesinnung zu seyn und einen schönen Ernst für
seinen Beruf zu haben.

Nun leben Sie wohl, lieber Freund und Gevatter,
der Gratulations Brief wird Ihnen nicht erlaszen,
wir sämmtlich grüszen Sie auf das herzlichste.

Wilhelm Grimm.

51.

Jacob Grimm an Bang.

Cassel 23 febr 1826.

Lieber gevatter, hier haben Sie den zweiten
theil meiner „grammatik“, worin Sie gutes und un-
reifes untereinander finden werden, hinten ist auch

was über die griech. zusammensetzungsweise gesagt
und sogar ein futurum I. imperativi nachzuweisen
versucht worden. Hinterher sehe ich, dasz die griech.
grammatiker (ich meine die alten, nicht die heutigen)
auch eine σύνθεσις und παράθεσις gründlich zu unterscheiden wiszen, was ganz in meinen kram past.
Wir wollen sehen, was kleben bleiben wird. Haben
Sie den zweiten theil von Buttmanns *lexilogus*
gelesen? Der mann weisz erstaunlich viel und geht
aufrichtig, grade zu werke; sein etymologisieren
scheint mir gleichwohl zu vag und aus keiner mitte
ausgehend, nur stellenweisze anklopfend. Widrig
unterhaltend sind mir Riemers ausfälle in fast
jedem artikel seines wörterbuchs. (Jena 1825) gegen
die verschiedensten leute, z. b. Vofs, Creuzer,
Lobeck; und Passow hat ihn in der vorr. zu
seiner neusten ausg., dünkt mich, wohl abgefertigt.
Im *promptuario*, wenns noch herauskommt, werde
ich schwerlich leer ausgehen. Bloch (der Däne)
hat eben, gegen fast alle deutschen philologen, die
reuchlinische aussprache in einer besonderen
schrift (Altona Hammerich 1826.) umständlich ver-
theidigt. Ich glaube und hoffe aber doch, dasz er
unrecht hat. Interessiert Sie das buch? ich denke
Sie lehren Ihre schüler kein *ita* sprechen.

Savigny hat seit einem halben jahr nicht geschrieben, ich höre aber seine gesundheit steht
beszer und die frau ist wohler als je. Diese frau
hat gewis auf sein leben einen groszen einflusz gehabt durch ihr unruhiges unaufhörliches treiben und
planmachen, das allen Brentanos eigen ist. Der

sohn soll jetzt zu Bonn ordentlicher studien und die
eltern nur dadurch dasz er keine briefe schreibt,
quälen. Die tochter ist nachdem es ihr freigestellt
worden, in die protestantische kirche getreten, was
der mutter sicher unlieb war. Clemens haust zu
Coblenz, soll aber, wenn Görres nach Aschaffen-
burg zieht, auch dahin wollen; neulich schrieb er
uns, bei irgend einem anlasz, unerwartet und auf
einen besuch deutend, den ich mir nicht wünsche:
in ihn, als ein gebrechliches gefäsz, sei so viel
wichtiges gegoszen worden, er suche es in andere
auszuschütten und zu sichern. Was es ist, weisz ich
ungefähr, es sind die revelationen der dülmner nonne.
Sein bruder George erzählte uns neulich auf der
durchreise: Clemens habe die nonne gefragt, was
der herr Christus in der langen zeit bis zum
dreiszigsten jahr gethan und erfahren hätte; das
wäre ihm nun von der nonne allmählig haarklein
offenbart worden und er hätte ganze bücher davon
vollgeschrieben. Wer möchte die schwärmereien
oder nur einen theil davon anhören! Die proselyten-
macherei ist mir bis in den tod verhaszt, sie ist der
ärgste diebstahl den einer am andern verüben kann.
   Von Creuzers vocation nach Berlin habe ich
auch gehört. Altenstein, der von Hegel ab-
hängt, also Hegel möchte ihn hinziehen; andere
(Niebuhr etc.) sind dawider. Ich meine, er sollte
ruhig zu Heidelberg bleiben, da er hinlängliches
auskommen hat und dem ab- oder zunehmenden
äuszern ruhm im vertrauen auf das gute, was sein
eigen ist, gleichmüthig zusehen. (im zweiten Heft

des Hermes von 1826 steht auch wieder eine
heftige, misbilligende, aber wenig neues sagende
recension der *Symbolik*. [Zusatz am Rand.])

Näher liegt uns hier seines neffen geschick, den
wir oft sehen, von dem ich aber wenig erfreuliches
melden kann. Er bleibt in dem angetretenen posten
nicht, und tritt ostern heraus. Das verdenke ich
ihm an sich keineswegs; die jungen sollen faul und
ungezogen sein; das ganze haus hat nichts anziehendes, freundliches. Aber wenn sich nur
C r e u z e r nicht selbst wieder um das brächte, was
er durch die stelle erlangen wollte, wenn er nur
seine eltern nicht dadurch betrübte! Er ist ein ehrlicher guter mensch, das sieht man ihm an und ich
traue ihm auch kenntnisse zu, aber wenig geschick,
sie zu brauchen und anzuwenden. Er hat eine
merkwürdige unentschloszenheit und unfertigkeit,
die sich bis in phrasen und unbeholfne ausdrücke
über die gewöhnlichsten dinge zeigt. Mit rührender
offenherzigkeit klagt er sich selbst seiner fehler
und schwächen an, aber er scheint zu keinem ding
rechten muth zu haben. Ihm müszen leute helfen,
die ihn lieb haben und helfen können. Das können
wir hier in unsrer lage, die ohne allen einflusz ist,
zwar nicht, wollen ihm aber zu rathen suchen, so
lange er noch hier ist. Er hat gewünscht, dasz wir
Ihnen unsre meinung über ihn schrieben. Auf einer
bibliothek würde er sich nicht uneben gebrauchen
laszen; aber da ist hier nichts abzusehen wo wir
selbst fast schon zu viel scheinen.

Das bücher auswärts leihen haben uns die m a r -
b u r g e r herren fast verdorben. Warum gönnt uns
keiner ein vernünftiges wort, statt uns beim ministerio
officiell zu verklagen, dasz wir (instructionsmäszig)
ein kupferwerk zu verabfolgen uns weigerten! Den
erfolg hätte ich voraus sagen wollen. Sie sind ab-
schlägig beschieden worden und wir müszen uns
noch strenger in acht nehmen. Bis sich das wieder
setzt, lege ich mittlerweile aus meiner sammlung
ein bändchen T i e k ischer novellen bei, die, wie er
pflegt, sehr anmuthig erzählt sind, aber die ent-
wicklungen scheinen mir oft den eingängen nicht
gleich zu sein. Wir grüszen herzlich, ich hätte bald
vergeszen zu melden, dasz D o r t c h e n guter Hofnung
ist und allem anschein nach in einigen monaten entbunden werden wird. Der himmel stehe uns allen
bei.

Ihr treuer freund
J a c o b G r i m m.

52.

J a c o b G r i m m a n B a n g.

C a s s e l 27 Febr 1826

Nachtrag zum vorigen brief. K r a f t, in ungnade ·
gefallen, ist unerwartet als obergerichtsdirector nach
Marburg versetzt worden. C r e u z e r s eltern kann
also der gedanke beruhigen, einmahl dasz durch das
aufkündigen der informatorstelle keine connexion
verscherzt worden ist, zweitens dasz K r a f t in der
neuen lage doch dem C r e u z e r aufgesagt haben
würde. Jener wird noch vor diesem dort eintreffen

und es läszt sich alles von frischem überlegen, ohne
dasz Creuzern die schuld eines gebrochnen verhältnisses trifft. Wer wird nun curator der universität? ich denke ministerialrath Ries.

Da sich Platens schöne, natürliche ode schwerlich nach Marburg verirrt hat, schicke ich sie zum
lesen.

Vale

Grimm.

53.

Wilhelm Grimm an Bang.

[Cassel, April 1826.]

Lieber Freund und Gevatter, ich melde Ihnen,
dasz am 3. d. M. Nachmittags zwei Uhr meine Frau
von einem gesunden und hübschen Knaben glücklich
ist entbunden worden. Sie hat freilich grosze
Schmerzen ausgestanden, doch nicht sehr lang und
da es ietzt, nachdem die critische Zeit vorüber ist,
fortwährend gut und recht gut geht, so kann ich
und wir alle uns mit mehr Ruhe und Vertrauen der
Freude überlaszen. Vorigen Sonntag den 16. ist
der Kleine schon getauft worden und hat nur einen
Pathen und den einzigen Namen Jacob erhalten.

Wenig Stunden, nachdem das Kind auf der Welt
war, hatte ich noch eine andere grosze Freude,
Savigny nämlich langte unerwartet an. Vier Tage
ist er bei uns geblieben, den Freitag haben wir beide
ihn bis Münden zurückbegleitet. Seit 9 Jahren hatte
ich ihn nicht gesehen, er ist stark geworden, doch
nicht so sehr als ich mir nach den Beschreibungen

anderer dachte, immer aber macht seine ietzige Gestalt einen Gegensatz zu der hagern, in welcher Sie
ihn früher gekannt haben. Befand er sich wohl,
da war er heiter, belebt und geistreich, wie sonst
und man merkte keinen Unterschied, aber leider
überfällt ihn oft sein Übel und auch während seines
Hierseyns hat er viel daran gelitten. Es ist ein
empfindlicher, alle Geistesthätigkeit hemmender, ganz
fieberloser Kopfschmerz, wenn er kommt musz er
sich horizontal auf ein Sopha niederlegen und sich
ganz still halten, die geringste Bewegung mit dem
Kopf macht den Schmerz unerträglich. Die Abende
hat er auf diese Art bei uns zugebracht, aber auch
Morgens stellt sich das Übel manchmal ein u. wir
muszten einmal plötzlich bei einem kleinen Spaziergang umkehren u. den kürzesten Weg nach Haus
suchen. Er trägt sein Leiden mit Geduld, obgleich
es ihn dann auch geistig drückt, er hat mehrmals
geglaubt sich von allen Arbeiten zurückziehen zu
müszen und es war ihm zweifelhaft, ob er in diesem
Sommerhalbenjahr Vorlesungen halten könnte.
Sonst habe ich in seinem Wesen wenig Veränderung
gefunden, keine Spur einer besondern, einseitigen
Richtung, von der andere erzählt haben, seine Theilnahme an allem Lebendigen und Belebenden hat
sich nicht vermindert, im Gegentheil sie ist durch
gröszern Überblick u. reichere Vergleichungspuncte,
die ihm seine Stellung gegeben, wohl noch aus-
gedehnter. In der Betrachtung der Welt und der
Beurtheilung dieselbe Milde, Klahrheit u. Geist.
Wir haben, versteht sich mit eingelegtem Scherz u.

Spasz, mancherlei besprochen und es hat uns un-
endlich wohl gethan, einmal offen u. unbefangen
reden zu können, wozu hier die Leute selten Kraft
u. Willen haben. Mit dem ältesten Sohn Franz, der
eben in Bonn studiert, scheint er nicht durchaus zufrieden die andern Kinder lobt er sehr, und das
Mädchen hat viel von seiner Natur. Während seiner
Anwesenheit kam Ihr Brief u. wir weissagten ihm
daraus, dasz er einen von Ihnen in Berlin vorfinden
werde; er klagte bei dieser Gelegenheit, dasz dies
seit fünf Jahren der erste sey.

Creuzer ist hoffentlich längst hergestellt. Theilen
Sie ihm doch so bald Sie ihn sehen, meine Neuigkeit mit und die besten Grüsze von uns allen. In
der Regel war er Sonnabends bei uns und wir haben
ihn wegen seines natürlichen und ehrlichen Wesens
immer gern gesehen. Die Offenheit mit welcher er
mir einmal von sich selbst gesprochen, hat mich an
sich gerührt und ist mir achtungswerth erschienen,
ob mich gleich eine gewisze hartnäckige, gleichsam
entschloszene Muthloszigkeit erschreckt hat. Ich
bat ihn sich an irgend einen Punct fest und mit
Neigung zu hängen, weil er sich von da ausbreiten
u. die Wurzeln tiefer schlagen könne, er schien aber
jeden Vorschlag mit Ängstlichkeit abzuweisen und
ich sehe, dasz es äuszerst schwer ist, ihm zu rathen.
Überhaupt verbindet er auf eine eigene Art entgegengesetzte Eigensch[aften] er ist durchaus bescheiden und doch zu schnellem Urtheil geneigt und
eing[ebildet,] er beobachtet mit natürlichem Blick,
nicht ohne Scharfsinn und mag [auch] gern vor

einem Gegenstand mit Wohlbehagen verweilen. Die
Natur reizt [und er]müdet ihn zugleich. Um in der
Welt sein Glück zu machen fehlt ihm eine [gewisze]
Behendigkeit der Gedanken; Tact im Betragen würde
er schon eher erwerben, ob er ihm gleich in seinem
Verhältnisz hier, soweit ich es beurtheilen konnte,
scheint gefehlt zu haben, allein das wird auch das
einzige seyn, was man ihm dabei vorwerfen könnte.
Auf keinen Fall paszte er in dieses Haus, das habe
ich gleich anfangs gemerkt.

Sie beurtheilen mir diesen Staatsmann in Ihrem
Brief im Ganzen zu günstig. Wenn Leute dieser
Art, die alles u. jedes mit dem Verstand durchsetzen
wollen und die in irgend einer Branche der Ad-
ministration z. B. beim Wegebau, den er eine Zeit
lang geleitet hat, sehr an ihrer Stelle sind, wenn
diese einmal an [einen] Punct gelangen, wo das
seltsame und unbegreifliche Wesen, das man die
m[enschliche] Natur nennt, sich auf die Hinterbeine
setzt und gegen alles üb[ermäszig] verstandsgemäsze
Behandlen wehrt, so stehen sie wie die Ochsen am
Berg und [machen] ein dummes Gesicht. Ich erinnere mich vor Jahren gehört zu haben, er rüh[me
sich] damit, dasz seine Kinder mit dem reinen Verstande sollten auferzogen we[rden] und ietzt nachdem das Experiment verunglückt ist, hatte er den
klugen Ei[nfall] der Prediger solle kommen und dem
bösen, hinterlistigen Buben seine Pflich[ten] vor-
halten. Die Sprache ist ihm nichts anders als ein
1 mal 1 damit s[eine] Gedanken auszurechnen und
auszudrücken und sollte er in der Sprache [u. im]

Leben, etwas Unerforschliches anders anerkennen,
als eine alte dunkle [Rumpel]kammer, in welche
man den zerbrochnen Hausrath wirft, so müszte er
sich selbst aufgeben.

Die Copie von Jacobs Bild zeigt von viel Fleisz,
ob wirkliches Talent vorhanden ist würde sich erst
beurtheilen laszen, wenn der junge Mensch etwas
nach der Natur gezeichnet hätte, ich meine, eine
Blume, ein Blatt, ein paar Baumstämme oder was
es sonst wäre; es würde sich dann ausweisen ob er
einen eignen Blick hat. Dieses Copieren von
Köpfen kann zu nichts führen und da er, selbst
wenn er Anlagen hätte, doch schon zu alt ist und
seine Hand zu verwöhnt um ordentliche Kenntnisze
zu erwerben, so wäre mein Rath, er übte sich in
der Abbildung natürlicher Gegenstände, wie eben
Blumen, Kräuter etc. etc. sind um zur Decorations-
mahlerei, die doch in der Welt ietzt mehr gilt, als
billig ist, tauglich zu werden.

Nun leben Sie wohl lieber Gevatter u. scyn Sie
und die Ihrigen auf das herzlichste gegrüszt

Wilh. Grimm.

54.
Wilhelm Grimm an Bang.
Cassel 15. Septbr. 1826

Lieber Freund und Gevatter, hierbei folgen
Rumohr über die Kochkunst und Canitz über
die Reiterei, freilich nicht so bald als ich beim Versprechen dachte, aber Sie müszen bedenken, dasz
ein Bibliothekar nicht immer Herr seiner Bücher

ist. Gefallen werden Ihnen wahrscheinlich beide
sehr verschiedenartige Stücke, die sich aber in geistreicher Auffassung gleichen, und in dem Spasz, den
es unser einem macht, dergleichen mit einem gewiszen Wohlbehagen zu durchlaufen, ohne Verbind-
lichkeit, es gründlich zu kennen u. zu verstehen.
Ob dieses Kochbuch Gnade vor den Augen der Frau
Gevatterin finden u. Sie geneigt seyn wird, Ihnen daraus
den homerischen Braten zu bereiten, so dasz Sie
sich geistig u. leiblich an demselben Tag auf
griechische Weise nähren könnten, lasze ich dahin
gestellt seyn; den Frauen, die es hier gelesen haben,
ist das Buch doch nicht practisch genug abgefaszt.

Den Sommer haben wir alle wohl überstanden,
ohngeachtet wir seine Last u. Hitze empfunden, bin
ich doch mit ihm zufrieden gewesen. Denn solche
warme Tage heilen uns sitzende Stadtleute von den
Rheumatismen u. andern neckenden Unpaszlichkeiten
der Art u. ich habe einen Begriff erhalten, wie man
in Italien, Spanien u. den african. Küstenländern
sich wohl befinden u. einiges Behagen an der Faul-
heit spüren kann.

Von Savigny hatten wir Anfangs gute Nachrichten, er schrieb, dasz er ein Jahr lang in Italien
bleiben und den Winter in Neapel zubringen wolle,
mit der Hoffnung, dasz die ital. Luft oder die ital.
Bäder, oder das Nichtsthun oder endlich alles zusammen ihn heilen werde. Dabei bemerkte Arnim,
dasz es allen Anschein zu einer gründlichen Beszerung
habe. Bis zum 18. August wollte er im Carlsbad
bleiben u. dahin haben wir ihm geschrieben. Neuern

Nachrichten zufolge, die der gutmüthige Mephi-
stophiles H u g o vorgestern mündlich mittheilte, ist
das Carlsbad aber nicht von sonderlicher Wirkung
gewesen, S a v i g n y hat nur den schwächsten Brunnen
vertragen u. ist gegenwärtig wohl schon in Genua
angelangt. Die Frau, die erst mit der Tochter nach
Paris wollte, hat ihn nun selbst begleitet, ich
wollte die Tochter wäre es allein, die er bei
sich hätte, denn die ewige unruhige Beweglich-
keit der Frau kann ihm nicht zuträglich seyn.
Andere Berliner haben mir erzählt, sie habe den
geheimen Plan, den zweiten Knaben katholisch zu
machen und er solle deshalb in Paris erzogen werden,
sie locke ihm so und so u. stufenweis die Einwilligung
dazu ab.

In diesen Monaten streichen die Profeszoren wie
die Zugvögel. W e l k e r aus Bonn war vorgestern
hier u. wuszte manches zu erzählen. C l e m e n s ist
öfter dort bei W i n d i s c h m a n n u. sollte man es
wohl denken, G ö r r e s, bei dem er war, ist von ihm
zu dem Glauben an die Offenbarungen der Dülmer
Nonne bewogen worden u. hat neulich auseinander
gesetzt, dasz die alte Geographie von Palästina ietzt
erst an den Tag komme. Die Nonne hat nämlich jedes
Haus, das dort gestanden, jeden Weg gesehen u.
beschrieben. Ich lese den Katholik von G ö r r e s
nicht, aber es sollen starke Dinge darin stehen.

Ich höre, dasz man in M a r b u r g viel von der
Versetzung der Universität hierher spricht. Nun
ist freilich die Rede davon gewesen, scheint aber
schon wieder vergeszen zu seyn und ich denke, dasz

es niemals recht ernstlich gemeint war. Auf den
zukünftigen Beschlusz folgt erst die Ausführung u.
da würde es an allen Enden happern. Zunächst war
wohl nur die Idee den Glanz der Residenz, nach
dem Beispiel von Berlin u. München zu vermehren
u. der projectirten neuen u. prächtigen Wilhelms-
stadt gleich Bewohner zu geben. Indessen musz diese
doch erst gebaut seyn u. bis ietzt ist noch nichts
geschehen, als dasz mit hohen Stangen die zukünftigen
Straszen in den Gärten abgesteckt sind.

Die schönsten Grüsze an Sie u. die Ihrigen von
hier aus. Auch an Creuzer einen Grusz, wie geht
es ihm dort u. läszt er etwas von den Plänen ab?
Mit herzlicher Freundschaft und Liebe

Wilh. Grimm.

55.

Jacob Grimm an Bang.

Lieber gevatter,

auf Ihren brief vom 16. habe ich sogleich einen
an Senator Thomas geschrieben, der mit heutiger
post nach Frankfurt abgeht. Andern weisz ich Sie
nicht zu empfehlen, kann aber nicht einmal sagen,
ob jener unmittelbar oder mittelbar auf die erledigte
stelle einflusz hat. Brentanos sind catholisch und
vermögen nichts dabei. Ich habe Thomas gemeldet, welchen tag Sie dort zu gast predigen, und
Sie würden vorher oder nachher bei ihm vorsprechen,
das müszen Sie nun auch thun. Falls der mystiker
die stelle bekäme, würde dadurch nicht wieder ein

platz an der schule leer? Sie werden sehen und
hören und gehört werden
 In eile, wir grüszen alle

Jac. Grimm.

18 Jnr. 1827.

56.

Wilhelm Grimm an Bang.

Caszel 24. Febr. 1828.

Lieber Freund und Gevatter, Sie haben lange
nichts von uns gehört, dafür sollen Sie aber auch
diesmal einen Brief mit regelmäszigen Nachrichten
erhalten. Also zuerst das beste. Am 6ten Jan.
Morgens 11 Uhr, als Sie wahrscheinlich auf der
Kanzel standen und für uns, wie für alle gute
Christen gebetet haben, ist die Dortchen von einem
gesunden Knaben entbunden worden und zwar ziemlich leicht und glücklich. Wir hätten gerne das
Kind zwei Tage vorher gehabt, weil da auch Jacobs
Geburtstag war. Auch hernach ging alles nach
Wunsch, die critischen Tage vorüber und den 10.
konnte die Dortchen schon wieder aufstehen, und
dasz sie, da sie Nahrung genug hat, das Kind selbst
stillt, werden Sie sich wohl vorstellen. Am 27. ist
däs Kind getauft worden und hat vom Jacob, der
der einzige Pathe ist, den Namen Hermann Friedrich erhalten, nach den beiden Groszvätern. Ich
denke ja nicht dasz Bökh ihm das nachtragen wird,
wenn seine erste Dissertation auch von den In-
scriptionen handelte.
 Ich, der ich gewöhnlich voran bin, wenn der
Doctor etwas bei uns verdienen soll, habe mich bis

dahin tapfer gehalten, aber Jacob leidet schon seit
drei Monaten an einem hartnäckigen Catarrh, der
zwar ein paarmal auf dem Rückzug war, aber sich
immer wieder festgesetzt hat. Es beszert sich auch
eben ietzt wieder, aber er ist durch das lange Ein-
sitzen, an das er gar nicht gewöhnt ist, so empfindlich gegen die Luft geworden, dasz ihn die geringste
Berührung damit wieder zurücksetzt. Ich hoffe mit
dem Eintritt des wärmern Wetters wird sich alles
geben.

Mein Bruder Louis war zwei Monate in Münster.
aber in dem flachen halb holländischen Lande hat
es ihm nicht sonderlich gefallen, und Pumpernikel.
so gut er ist, kann man doch nicht beständig kauen.

Ich glaube er hat im Sinn, diesen Sommer eine
Composition in Öhl auszuführen, und da stehe ich
nicht dafür, dasz er nicht einmal unversehens bei
Ihnen erscheint, um in der dortigen Gegend Studien
dazu zu machen.

Ich habe 10 alte Pergamentblätter, die ich von
Celle erhielt durch ein chemisches Mittel wieder
lesbar gemacht, und da wies sich aus, dasz es
Bruchstücke eines Gedichts aus Barbarossas Zeit
waren, das sich noch obendrein auszeichnete. Diese
habe ich eben unter dem Titel Graf Rudolf edirt.
ich würde das Buch beilegen, wenn ich dächte, dasz
Sie dergleichen interresziren könnte, zumal viel
trockenes und wie man sagt, gelehrtes Zeug darin
ist. Gegeben wird es von Herzen gerne.

Die neusten Nachrichten von Savigny sind
folgende: „Berlin 17ten Febr. Savignys Befinden ist

übrigens so: Morgens liest er seine Kollegien und
mit Vergnügen. Mittags (alle zwei Tage nach dem
Russischen Bade) liegt er einige Stunden auf dem
Sofa und hat da meistens starke Kopfschmerzen.
Nachmittags und Abends ist er freyer davon, hat
Abends gern Gesellschaft bei sich und geht auch
in andere. Zu uns auf den Cassationshof (der Brief
ist von einem seiner Collegen an mich) ist er noch
nicht wieder gekommen, und der Arbeiten im Staats-
rathe enthält er sich auch noch." — „Von Savigny
meinte er (Arnim), dasz derselbe doch viel kränker
zurückgekehrt, als weggegangen sey." — Ich habe
selbst Savigny vor kurzem geschrieben, aber noch
keine Antwort erhalten.

Sie sehen ja öfter Fremde und Reisende unerwartet
bei sich eintreffen, haben Sie noch keinen gesprochen,
der über die Münchner Universität etwas zusammenhängendes zu erzählen wuszte? Ich habe keine
rechte Vorstellung davon, wie es dort zugeht.
Schelling soll so viel Zuhörer haben, dasz kein
Saal grosz genug für ihn ist, dagegen tadelt man
an Görres sein undeutliches in den Bart reden.

Ich habe nicht viel Neues gelesen, einiges fran-
zösische und da musz ich sagen, dasz mir die fran-
zösische Litteratur in lebendiger Bewegung und
im Fortschreiten erscheint. Sie haben die alten
Schranken, die vom besten Holz waren, in welches
jedoch der Wurm gekommen ist, zerbrochen und
benutzen mit Geist und Geschick, was sie bei uns
gelernt haben. Über einige Dinge bin ich erstaunt
und sie haben mich ungemein angezogen z. B.

Oeuvres de Cte Xavier de Maistre. Walter Scotts
Napoleon haben wir in einer französ. Übersetzung,
aber das Werk ist weit unter der Erwartung, acht
dicke Octavbände heiszt aber auch zusetzen. Wer
hat Zeit dazu? Zwei habe ich aus der Mitte heraus-
geholt, (das ist so bibliothecarische Unsitte und mit
nichts zu vertheidigen, als der Nothwendigkeit); das
Werk ist nicht unverständig und mit achtungswürdiger
Gesinnung geschrieben, aber der wahre Napoleon
steckt nicht in diesen dicken Büchern. — Haben Sie
den Witt. Dörring gelesen, ich meine seine Selbstbiographie? er ist neuerdings, merkwürdig genug,
Vertheidiger des Herzogs von Braunschweig geworden. Ich möchte Ihnen die Bücher gerne senden,
aber ich kann nicht, gerade solche Dinge werden
bei uns unabläszig begehrt u. wandern aus einer
Hand in die Andere.

An Sie, Frau, u. Kinder die herzlichsten Grüsze
von uns allen, Dortchen lädt Sie zu einem Besuche
ein, sie hätte Ihnen noch vieles von Bekannten
zu erzählen. Mit alter Liebe und Freundschaft
Ihr
Wilh. Grimm.

57.
Jacob Grimm an Bang.
Lieber gevatter,

freilich wars unrecht, dasz ich Ihnen das im
September fertig gewordne buch nicht gleich auf
der stelle schickte; ich wollte es thun, da wurde
gerade hier congrefs gehalten und ich muste ein

paar aufgesparte freiexemplare mehr als ich gedacht
hatte austheilen, so dasz keins übrig blieb. Begnügen
Sie Sich also mit dem hierbei folgenden schon etwas
gebrauchten exemplar; Sie können es immer dem
angehenden germanisten mit herzlichem grusz von
mir in die hand geben, wenn ihm auch sein professor nicht dazu rathen sollte. Denn ich hoffe es
spricht vaterlandsliebe daraus und die wurzelt in
jungen leuten am schönsten. Ich selbst bin erst auf
umwegen, das heiszt zufällig, wieder zum deutschen
recht gerathen, und funfzig meines gleichen hütten
es für immer aufgegeben. Als ich zu Marburg
studierte, war mir neben Savignys belebendem
vortrag des römischen rechts das *germanicum* bei
Bauer ein wahrer eckel. Ein buch, nur halb so
gut wie meins, das damit gar nicht gelobt sein soll,
hätte mich damals schon entzündet, aber selbst
Savigny rieth mir den Hufeland nachzulesen,
den ich noch jetzt sehr mittelmäszig finde und er
wollte mir nicht behagen. Erst die deutsche poesie
hat mich lange hernach wieder aufs altdeutsche
recht geführt.

Aber weder vor anderthalb jahren beim anfangen
des buchs noch vorigen herbst beim fertigwerden
hoffte ich, dasz es die juristen gut aufnehmen würden; den germanisten fürchtete ich würde es un-
bequem und den romanisten unlieb sein, da ich mich
in der vorrede über das verhältnis des röm. zum
deutschen recht anders geäuszert habe, als es zu
geschehen pflegt. Beinahe scheint es jedoch, diese
furcht war eitel; es haben mich schon viele briefe

deshalb beruhigt und die **Berliner facultät** hat
mir am 18 oct. das beifolgende diplom ausgefertigt.
Gelangt mein werk je zu einer umarbeitung, so soll
es dieser auszeichnung viel würdiger erscheinen, denn
ich habe theils nicht alles gegeben, was ich weisz,
theils mit groszer lust nachgesammelt und thue es
fortwährend.

Ganz umsonst bekommt ihr auch das buch diesmal nicht, ich lege euch auf, vater oder sohn, die
ihr solche dialoge führt, mir nun die **statute***)
der oberhessischen wuhrewarte zu schaffen und
andere ungedruckte **dorfweisthümer****) aufzu-
treiben. Das alles interessiert mich doppelt. p. 965
citiere ich das wetterauer wassergerichtsweisthum;
ähnliches aus Ihrer gegend oder aus dem Nassauischen
wäre mir lieb.

Ein glück dasz meine promotion noch im vorigen
jahr erfolgt ist, jetzt erfolgte sie vielleicht nicht
mehr. Die ganze Berliner juristenfacultät scheint
sich zu sprengen, nähere nachrichten fehlen mir
noch, aber was ich weisz betrübt mich genug. Der
minister (d. i. **Altenstein**, der **Hegelianer**)
statt den impertinenten **Gans** etwa nach Breslau
oder Königsberg zu versetzen, hat wirklich in blinder
verkennung der groszen verdienste **Savignys** um
die ganze universität den abtrünnigen juden zum
ordinarius ernennen laszen. Darauf sind **Savigny**
und **Holweg** gleich aus der facultät getreten,

---

*) und gewohnheiten
**) aus amtsrepositturen

letzterer geht nach Bonn mit einer ehrenprofessur. Die übrigen professoren werden wohl auch protestieren. Wie tief es aber Savignyn schmerzen musz! Seine gesundheit beszerte sich fortwährend, auch ist wieder ein heft der zeitschrift (des sechsten bandes erstes) mit zwei aufsätzen von ihm und einem mir sehr wohl gefallenden von Klenze (über cognaten und affinen) heraus. Wen sie nun nach Berlin berufen? vielleicht den Hefter aus Bonn, doch der ist auch niebuhrisch und Hegel soll öffentlich von Niebuhrs röm. gesch. als einem auskehricht sprechen. — Wiszen Sie dasz auch Eichhorn Göttingen verläszt? er zieht sich ganz aus dem dienst zurück auf sein gut bei Stuttgart.

Von Creuzer hätte ich mehr hören mögen, unter andern, ob er auch seiner *symbolik* gedacht hat und ob er sie wieder aufnehmen will? Sein *Plotinus* soll in England gedruckt werden.

Thomas war drei monate oder länger hier; er rühmte, wie sehr ihm und andern Ihre predigt gefallen hätte, es wäre aber zu spät und von der andern partei alles schon abgemacht gewesen. Sie thun übrigens recht auf keine weiteren vorschläge jetzt einzugehen.

Es geht uns hier wie sonst und was die hauptsache ist, das kleine Hermännchen gedeiht zu unserer freude. Ich grüsze alle von den zwölfen, die meiner gedenken, den pathen auch unbekannterweise.

Ihr treuer freund und gevatter
Jac. Grimm.

Cassel 19. jan 1829.

58.
Wilhelm Grimm an Bang.

Göttingen 15. März 1830

Lieber Freund und Gevatter, haben Sie vielleicht
Lust, auf mich zu schelten, dasz ich Ihnen aus dem
neuen Wohnsitze noch nicht geschrieben, so rathe
ich es nicht zu thun, denn es ist im Vertrauen auf
Ihre Freundschaft und Liebe geschehen. Ich war
in einer Stimmung, die mich zum Briefschreiben
nicht aufmunterte und die unumgänglich nöthigen
Schreibereien drückten mich wie eine Last. Es war
nicht blosz äuszerlich ein harter Winter für mich,
und fast kein Tag war ohne eine Bedrängnisz. Der
Abschied von Cassel war an sich schon schmerzlich, wer kann einen Ort, wo er 29 Jahre, also den
gröszten Theil des Lebens zugebracht, ohne Bewegung verlassen und ich hatte so manches dort
erfahren! Mutter, Kind, andere nah verwandte geliebte Menschen liegen dort begraben. Zwei Tage
vorher ward die Frau krank u. ich muszte sie zu-
rücklassen, schon aller Häuslichkeit und Bequemlichkeit entbehrend, nicht sehr fern von ihrer
Niederkunft. Als sie sich erholte, erkrankte das
Kind bis auf den Tod; noch schwach, unter groszer
Vorsicht, in einem künstlich erwärmten Glaswagen
brachte ich es nach 4 Wochen hierher. Dann wurde
die Frau wieder bettlägrig, dann die Leute, das beste
Zimmer einer kleinen Wohnung liesz sich bei der
furchtbaren Kälte nicht heizen, nun kamen neue
Sorgen von Cassel: Louis, der als Bräutigam dort
zurück geblieben war (er ist mit der Tochter unserer

Hauswirthin, der Wittwe des Prof. Böttners, einem guten, lieben Mädchen versprochen) wurde von einer höchst bedenklichen Brustkrankheit angegriffen, alle Kinder meiner Schwester lagen an den Masern, kurz, ich weisz wenig so trübe Monate in meinem Leben. Dazu ein neues Amt, neue und ungewohnte Verhältnisse, die wie ein neuer Rock immer etwas geniren.

Seit drei Wochen fängt es an besser zu gehen hier und in Cassel und nach dem glücklichen Ereignisz am letzten März scheint sich eine mildere Zeit anzukündigen. Hilft Gott weiter, so soll auch bald wieder die gewohnte Heiterkeit zurückkehren. Dortchen nämlich ist an jenem Tage von einem Knaben entbunden worden, leicht und schnell u. hat sich, da sie nicht viel Kräfte hat zusetzen müszen, auch bald wieder erholt. Der Knabe ist gesund und stark, gleicht etwas dem Jacob, wenigstens schlägt er in unsere Familie, wofür er den Namen aus der Familie meiner Frau erhalten soll, der Urgroszvater hat nämlich den Namen Rudolf aus der Schweiz mitgebracht, so hat der Groszvater und Vater geheiszen und der Bruder heiszt noch so.

Wie es mir hier gefällt, weisz ich noch nicht so recht zu sagen. Mir thut die freie Luft hier wohl, nachdem ich von der, die in Cassel herrscht, mich oft gedrückt fühlte. Wir sind auf das beste empfangen worden und alte Freunde habe ich schon vorgefunden. Conradis Theilnahme und Beistand kann ich nicht genug rühmen, wir haben aufs neue seinen Werth kennen gelernt, er ist ein äuszerst

thätiger redlicher, tüchtiger Mann, der Universität
von groszem Nutzen. Unter den neuen Bekannten
gefällt mir Dahlmann der Historiker, der kurz
vor uns aus Kiel anlangte, und Göschen am
meisten; auch Lücke aus Bonn erregt Zutrauen.
Otfried Müller wird in diesen Tagen, wo wir aus-
ziehen, unser Hausgenosz und vereinigt grosze Gelehrsamkeit mit einem frischen und freien Sinn.
Mit Hugo stehen wir gut, es ist ein eigenthüm-
licher, selbst in seiner Wunderlichkeit geistreicher
Mann, der mehr aus Spasz als Ernst zuweilen etwas
boshaft scheint u. doch auch gutmüthig und theilnehmend ist; über eine gewisse Pedanterie, die ihm
anhängt, weisz er selbst zu schertzen. Blumenbach wird sehr alt, aber sein Humor verläszt ihn
nicht, man könnte sagen, er geht in Späszen unter.

Die Bibliothek ist schön, die Arbeit darauf ein
wenig stark (sie nimmt täglich sechs Stunden weg);
eins und das andere läszt sich vielleicht in der Folge
noch besser einrichten. Jacob hat Rechtsalter-
thümer angekündigt, ob sie zu Stande kommen, weisz
ich noch nicht. Auch hier, wie aller Orten, werden
nur Brodcollegia gehört und zwar mit Fleisz, aber
das Ziel der Studien ist nicht mehr eine geistige
Ausbildung, sondern der glücklich überstandene
Examen. Einzelne allerdings machen Ausnahme u.
mögen ausgezeichneter seyn als je, aber die Masse
ist geistlos, so wie ihre Lebensweise und das eigentliche Studentenleben ist auf dem Wege unterzu-
gehen.

Leben Sie wohl, liebster Freund, seyn Sie und das ganze Haus von uns aufs schönste gegrüszt. Von der Frau soll ich noch einen besonderen Grusz bestellen.

Wilhelm Grimm.

59.
Jacob Grimm an Bang.

Göttingen 22 febr 1831.

Was hilfts lieber gevattersmann, dasz ich schreiben darf was ich will, wenn ich vor geschäft und arbeit nicht dazu komme? mir wäre für meine person heilsamer als alle preſsfreiheit, wenn mich irgend eine, aber versteht sich eine deutsche, regierung so setzte, dasz ich die arbeiten, die ich im kopfe trage und wozu ich zwanzig jahre lang studien gemacht habe, ehrlich, vergnügt und ruhig und auch wohl dem vaterland zu einigem nutzen vollführen könnte, ohne dasz ich meine beste tagszeit auf einen dienst, den ich gleichgültig und ohne lust versehe, den aber zwanzig andere eben so tüchtig versehen würden, zu wenden brauchte. Dann dürfte ich auch mir, meinen freunden und verwandten leben. Ich habe mich vorigen sommer hier ärger abgehetzt, als jemals irgendwo. Diese bibliothek ist ein stets umlaufendes rad, oder ein stets hungriges thier. Von der idealischen ruhe eines wolfenbüttler bibliothecars ist hier kein gedanke. Unsere bibliothek kostet im sommer täglich, täglich sechs stunden, im winter fünf oder wenigstens viere; in diesen stunden musz immer eingetragen, controlliert, catalog geschrieben,

aufgesucht oder reponiert werden; zu halbstündigem
oder stundenlangem leseñ, wie es auf der Casseler
bibl. wohl thunlich war, gelangt hier kein mensch.
Rechnen Sie dazu noch, dasz mir eine stunde vorlesung etwas neues war und vorbereitung kostete,
dasz ich den dritten theil meiner grammatik beginnen sollte (es sind mit genauer noth heute erst
464 seiten davon gedruckt), eine menge bücher lesen
und nebenarbeiten z. b. recensionen, antrittsrede und
programm (ich kann kein exempl. mehr davon finden,
sonst folgte es anbei) zu verrichten hatte, so spüren
Sie, wie es dem angehenden professor zu muthe war,
der sich hundertmal in die hessische einsamkeit
zurückgesehnt und den Rommel verwünscht hat, der
uns unschuldige menschen aus dem gewohnten und
ehrlich besessenen nest jagen muste. Zum professor-
leben, sagt man, musz man sich vom doctor auf
anschicken und bilden, später hin schmeckts nicht
recht mehr. Aber die übrigen professoren sind auch
besser dran, als unser einer, sie lesen zwei, höchstens
drei stunden (manche gar nicht), haben das bald an
der schnur und dürfen dann frei arbeiten und können
die bibl. nutzen, wir die wir sie verwalten, müszen
unsre zeit darauf wenden und können sie wenig
benutzen.

Von unsrer widerwärtigen revolution kein wort.
Sie hatte jedoch dem Wilhelm durch erkältung
eine gefährliche krankheit zugezogen, eine lungenentzündung, von welcher er durch Gottes gnade und
Conradis beistand seit drei wochen wieder hergestellt ist. Er fühlt sich aber noch sehr abgemattet

und musz diesen, wohl auch den nächsten monat
das haus hüten. Dieser tage traf aus Hannover die
nachricht ein, dasz ihn der könig zum professor
gemacht hat.

Sonst leben wir mit allen collegen auf bestem
fusz und es ist uns eben in Wilhelms krankheit
viel herzliche freundschaft erwiesen worden. Am
meisten um gehen wir mit Dahlmann.

Arnims plötzlicher tod hat uns sehr betrübt;
er starb sechs tage vor seinem 50 geburtstag ohne
schmerz, in einer gesellschaft bekannter, von der
familie war niemand zugegen. Bettine schreibt
ruhig und gefaszt, und voll der stärksten liebe zu
dem verstorbnen.

Savigny ist mit seiner gesundheit zufrieden;
in zeit von vierzehn tagen wurde er vormund von
Niebuhrs und Arnims kindern. Ostern wird sein
sechster band fertig. Geht Savigny wieder einmal
nach Marburg, so soll uns nichts hier halten; aber
wie sollte er Berlin je verlassen?

Durch die hess. constitution sind unleugbar
manche landesübel geheilt worden, aber die fürst-
liche würde wird sich unter dem jetzigen herrn (das
projectierte standbild klingt wie parodie) nicht
wieder erheben. Zum andern gehört vor allem zeit.
Mit Schenks popularität soll es schon am ende
sein; man klagt, er erschwere den zutritt und die
(wie mir auch scheint unpassende oder unnöthige)
drohphrase am schlusz seiner bekanntmachung hat
den aufstrebenden bürgern misfallen. Man musz
jetzt schonender als je in worten sein.

Da Sie doch die artikel im Justi gelesen haben, so beauftrage ich Sie, ihn in meinem namen zu bitten, er möge doch in dem hoffentlich noch nicht fertig gedruckten buch hinten ausdrücklich bemerken, dasz mein aufsatz im juli v. j. eingesandt worden sei. Nachdem er uns jahrelang mit dem beitrag gequält und ich ihm endlich versprochen hatte, er solle mich dann, wann der druck des buchst. G. beginne, darum mahnen und ich wolle ihn mit umgehender post zufrieden stellen; traf diese mahnung etwa mitte vorigen julis ein und ich habe wort gehalten und in ein paar abendstunden das geforderte aufgeschrieben, eigentlich ungern, aber hernach doch froh, dasz es geschehen war, als der heisze Schlusz des juli über uns alle hereinbrach, aus dessen unabsehbaren verwirrungen uns und das liebe vaterland der himmel frei und geläutert hervorgehen lasse. Ich bleibe unter allen umständen

Ihr treuer freund Jakob Grimm.

Wilhelm und Dortchen grüszen herzlich.

60.

Jacob Grimm an Bang.

Göttingen 9 jul 1833.

Lieber freund und gevatter,

ich beantworte Ihren freundschaftlichen brief ohne allen aufschub. Dortchen ist, gott sei dank, uns erhalten und beinahe ganz genesen. Sie war zum besuch meiner schwester im mai nach Cassel gereist, aber diese gleich einige tage darauf an einer lungenentzündung gefährlich erkrankt. Durch un-

ablässige pflege bei tag und nacht, durch angst und
sorge zog sich Dortchen einige wochen später dieselbe krankheit zu und lag auch auf den tod da-
nieder. Wilhelm brachte fast die ganze zeit dort
zu, und ich reiste dreimal hin, sobald die gefahren
wuchsen. Bei meiner letzten ankunft war die liebe
Lotte schon einen halben tag todt. Zu ihrem übel
war noch eine frühzeitige entbindung getreten. Das
kind lebt und scheint zu gedeihen. Ihr brief hat
meinen schmerz nicht aufgefrischt, er wacht ohnehin und ich nähre ihn gern durch gedanken und
erinnerung. Meine schwester war überaus rechtschaffen und liebevoll, auch dabei recht verständig;
sie schlofs sich nur näheren bekannten auf, an uns
geschwistern hieng sie fest, und es war ihr und uns
ein grofser trost, dafs sie uns, einen ausgenommen,
noch unmittelbar vor ihrem tod, auf den sie gefafst
und bereitet war, gesehen hat. Wilhelm muste
Dortchen in der pflege ablösen und wechselsweise
frau und schwester aufs treuste besorgen. Als für
Lotte die letzte gefahr eintrat, war Dortchen schon
gerettet, obgleich noch niederliegend. Erst anfangs
voriger woche hat sie zurückreisen können.

Als Sie Ihren brief schrieben, war Wilhelm
gerade in Marburg. er geht nach Wisbaden, das
ihm sein altes proteusartiges, seit vorigem herbst
aber wieder gesteigertes übel austreiben soll. Gott
verleihe es! Er wird zu Marburg blofs bei dem
armen duldenden Suabedissen gewesen sein, zu
Ihnen hinaus zu kommen hätte ihn übermäfsig an-

gestrengt. Vielleicht auf dem rückweg, wenn dieser wieder durch oberhessen führt.

Auf den ausgang, den die gegen meinen schwager anhängige klage nehmen wird, bin ich gespannt. Er ist ein durchaus redlicher mann, den ich aber nicht von einseitigkeit und überspannung freispreche. In der andern partei gibt es manchen nüchternen liberalen, den ich weniger mag, als seinesgleichen.

Die universitäten haben viel feinde, die jetzt ihr haupt erheben werden. Savignys trefflicher aufsatz gieng den letzten ereignissen vorher, jetzt bedürfen wir fast noch wärmere rede (ich hatte, ohne davon zu wissen, meine stimme vorher erhoben Gött. anz. 1833. No. 12. [Randbemerkung.]) Sie beurtheilen Savignys wirksamkeit richtig, seine wissenschaftliche stockt hin und wieder; an einem andern ort, als der grofsen vornehmen weltstadt, und in andern verhältnissen, würde sie sich noch ganz anders fruchtbar und reich erwiesen haben.

Hier haben wir an Dahlmann einen treuen wahren freund gefunden. An die übrigen hindernisse gewöhnt man sich, wenn man sie auch nicht gut heifst.

Herzlichen grusz.

Ihr Jacob Grimm.

Herrn Pfarrer Bang Gofsfelden bei Marburg in Hessen.

61.
Jacob Grimm an Bang.

Cassel 20 Jan 1839.

Lieber Freund und Gevatter,

Nach so langem Zwischenraum des Schweigens einen Brief, und auf Ihr herzliche Theilnahme ausdrückendes Schreiben vom letzten Sommer erst heute Antwort! Es langte gerade in Tagen an, wo ich verreisen muste, und ich hatte kaum Zeit Ihnen ein Exemplar meiner damals erschienenen kleinen Schrift, ohne ein Wort Begleitung zugehn zu lassen. Ihrer Theilnahme und Ihrer Billigung eines Schrittes, der allerdings für unser noch übriges Leben bedeutsam werden muste, waren wir im voraus sicher. Auch bei solchen, die uns nicht zustimmen, selbst abgeneigt sind, wird uns die Zeit rechtfertigen.

Seit Ende October leben wir drei Brüder wieder wie sonst hier vereint unter dem Dach des jüngsten; nicht ohne neue Prüfungen und Leiden. Eben erst hat Dortchen sechs Wochen lang eine schwere Krankheit ausgehalten, das war kein glücklicher Einzug. Und doch bedürften wir in unsrer Lage und Stimmung nichts mehr als Gesundheit. Ich kann auch mit der meinigen seit einem halben Jahr nicht recht zufrieden sein.

Das Übel unsrer Verjagung aus Göttingen und der hartnäckigen Schwierigkeit aller Wiederanstellungen trägt uns vielleicht eine gute Frucht. Wir haben uns einer Sache unterfangen, die sonst wahrscheinlich gar nicht in uns aufgekommen wäre, eines grofsen „deutschen Wörterbuchs" von Luther

bis auf Göthe, worin alle Schriftsteller der drei
Jahrhunderte sorgsam sollen eingetragen werden.
Wie wäre es, wenn Sie Lust bezeigten für die Her-
beischaffung des Materials mit anzustehn? wir haben
schon einige dreißig Mitarbeiter geworben (in Marburg Vilmar und Blackert). Möchten Sie uns
auf einzelne Sedezblättchen aus einigen Schrift-
stellern die wichtigen Wörter und Phrasen ziehen
helfen? etwa aus einigen Bänden Luther (nach
der jen. Ausgabe), aus Brockes und Kant? Im
Falle des Wollens läßt sichs näher besprechen, und
für einen Philologen wie Sie bedarfs kaum der Verständigung. Daß Sie Muße haben wissen wir, denn
auch in der Zeit, wo wir nicht schrieben, pflegten
wir uns doch immer fleißig nach Ihnen zu erkundigen.

Da Sie aber neben dem Excerpieren und Ihren
übrigen Geschäften auch spazieren gehn, schaffen
Sie mir doch einige wenn auch, wie zu befürchten,
negative Auskunft von dem Ihnen ganz nah liegenden Kaldern, welches ein alter, wichtiger Ort ist,
bestimmt in der deutschen Mythologie eine Art Rolle
zu spielen. Sie wissen aus Wenk, dass er ehdem
Calantra hieß, und ein altes Kloster hatte. Die zu
stellenden Fragen lauten so: 1. gibts in der Umgegend einen Berg, Hügel, ein Feld des Namens
Gnifsberg, Nifsberg, Nufsberg, Gnitberg,
Gnitheide, Gnifsheide oder was ungefähr so
klingt? 2. weiß das Volk, die alten Leute
nichts zu erzählen von einem Wurm, Drachen, Ungeheuer, und dessen Erlegung?

Wir leben sonst getrost, mutig, arbeitsam, empfangen auch von allen Seiten erhebende Beweise von Wohlwollen und Liebe. Savigny ist voller Freundschaft, auch der heidelberger Creuzer hat sich wacker verwendet. Ein leipziger Comité sichert uns unsre Gehälter, und unser Procefs geht seinen Gang.

Sein Sie herzlich gegrüfst.

Jacob Grimm.

Herrn Pfarrer Dr. Bang Hochwürden Gofsfelden bei Marburg.

XII. Dreizehn Briefe von Jacob und Wilhelm Grimm an Prof. Gerling in Marburg.

62.

Jacob Grimm an Gerling.

Caszel den 17 Juni 1817.

Lieber Gerling

es trägt sich zu, dasz ich Ihnen am ersten schreibe, wie wohl eilig. Görres sendet mir hundert Loose (wovon in den Beilagen umständlicher) und schreibt: geben Sie diese denen, die in Caszel mich kennen und etwas auf mich halten, wenn ich Sie bitte, so werden sies wohl gerne thun. Marburg und Göttingen kann auch einige nehmen."

Die einliegenden 10 Loose (2561—2570.) werden Sie ohne Zweifel in Marburg vertreiben, besonders wenn Sie die Hälfte mit meiner Empfehlung Hrn. Reg. Rath von Hanstein übermachen wollen, der

dort viele Bekannte hat. Das Geld (25 albus p. Loos)
schicken Sie mir gelegentlich zu.

Herzliche Grüsze von uns an Sie und Ihre Frau,
wir beide sind gesund, aber mit der Schwester will
es leider nicht recht, welches Gott beszern wolle.

Ihr aufrichtig ergebener Freund
Jacob Grimm.

63.
Wilhelm Grimm an Gerling.
Caszel 24. Juli 1817

Liebster Gerling, ich danke Ihnen herzlich für
Ihren freundschaftlichen Brief und die näheren Nachrichten über Ihr dortiges Leben, dasz es Ihnen im
Ganzen betrachtet beszer geht, als hier freut mich
u. ist die Erfüllung meiner gleich gehegten Hoffnung. Das Unbequeme wird sich allmählig auch
verlieren. Dasz Ihre Frau, die wir insgesammt
herzlich zu grüszen bitten, noch an Cassel zurück-
denkt, gefällt mir recht wohl, weil es natürlich ist,
dasz man eine Zuneigung zu einem Ort hat, wo
man eine Zeitlang doch zufrieden zugebracht, u.
wenn wir daran denken, dasz wir auch zu Caszel
gehören, so freut es uns noch mehr. Dasz Sie nicht
mehr hier sind, thut mir gewisz leid, ich musz nun
die Freude dafür rechnen, Sie einmal besuchen zu
können, woraus nur leider dieses Jahr nichts werden
kann. Hier, wenigstens bei uns, würden Sie wenig
Veränderung finden, meine Schwester kränkelt leider

noch immer und das macht mir manchmal Sorgen
Ich wollte mit H u m m e l, seiner Frau u. der Räthin
P f e i f f e r den Meisner besuchen, wir bekamen aber
so viel Regen, dasz wir uns begnügten zwei Tage
in Glimmerode, einem Gute der Frau v o n M a l s -
b u r g, welches am Fusz des Berges liegt, zu bleiben,
wo wir uns ganz wohl vergnügten u. dann wieder
heim fuhren. Die K u r p r i n z e s s i n ist vor ein
paar Tagen wieder gekommen, wird aber in ganz
kurzen nach Hanau reisen, da haben Sie wohl Gelegenheit, sie in Marburg zu sprechen.

Sie erwähnen unter Ihren Bekannten noch nicht
den Pfarrer B a n g e; ich hoffe aber dasz Sie sich
noch finden werden. Es ist ein sehr braver, gesunder u. kenntniszreicher Mann.

G ö r r e s hat, wie Sie vielleicht gelesen haben,
schon an 40 000 fr. zusammen; er hat geschrieben,
dasz er jedem danken läszt, der Theil an der Sache
genommen; Die höchste Noth wäre doch nun
vorüber.

Nun leben Sie wohl lieber G e r l i n g u. seyn Sie
sämmtlich, das liebe Kind mit eingeschloszen, herzlich von uns allen gegrüszt. Von S u a b e d i s s e n
habe ich seither nichts gehört, hoffe aber, dasz er
wohl ist. Mit treuer Freundschaft

Ihr

W i l h e l m C. G r i m m.

Das Geld hat mir S c h o t t e n richtig ausbezahlt,
hierbei erfolgt Ihr unnöthig ausgestellter Schein.

An Herrn Profeszor Gerling in Marburg.

64.

Wilhelm Grimm an Gerling.

Hierbei erhalten Sie, lieber Gerling, das verlangte Buch, wenn Sie noch mehr wollen, so stehen wir zu Dienst. Wenn Sie es zurückschicken, so machen Sie die Adresze: an kurfürstl. grosze Bibliothek im Museum. Diese hat Portofreiheit u. ich glaube, dasz es recht u. erlaubt ist, solche auf ihren Gebrauch anzuwenden.

Wir sind gottlob beide gesund, meine Schwester ziemlich u. grüszen Sie beide sammt der Emma tausendmal. Ihr Bruder soll mir willkommen seyn. Heute nur diese paar Zeilen. Von Suabedissen haben Sie ietzt durch mich einen Brief erhalten. d. h. den ich auf die Post gegeben. Mit alter Liebe und Freundschaft

Ihr

W. C. Grimm

Caszel, am 15. August 1817.

65.

Wilhelm Grimm an Gerling.

Caszel, am 5. Nov. 1817.

Liebster Gerling, Ihren Bruder haben wir leider nur wenig gesehen, er war sosehr an seinen Begleiter gebunden oder band sich aus Freundschaft an ihn, dasz er keine von unsern Einladungen annahm. In den wenigen Stunden, wo wir ihn gesprochen, hat er uns allen sehr wohl gefallen.

Heute komme ich mit einer Bitte. Nämlich die
beiliegenden Ankündigungen so vortheilhaft als
möglich zu vertheilen um Subscribenten für das
Werk zu sammeln. Es ist uns sehr viel daran gelegen, dasz es zu Stand kommt und da die darin
abgedruckten Quellen ihren Werth behalten, so
wird niemand sein Geld wegwerfen, sondern etwas
Gutes befördern, selbst wenn er uns auch nicht
geneigt wäre. Justi der Dichter u. Arnoldi der
Sprachforscher, auch Wagner sollte ja wohl einiges
Interesze für diesen Gegenstand haben, auch gibts
vielleicht einige altdeutsche Studenten. Ich wünsche
die Namen sobald als möglich, noch vor Neujahr
zu haben.

Was kann ich Ihnen von hier Neues schreiben?
Mein jüngster Bruder ist wieder angekommen, und
bleibt vielleicht. Bei Ramus ist es noch wie
sonst, Bauer hat noch immer nicht promovirt.
Zu Ihrem zweiten Töchterlein wünschen wir viel
Glück; was wird die Emma grosz geworden sein!
Meine Schwester ist gottlob beszer, wir viere grüszen
Sie Frau und Kind aufs herzlichste.

Ihr treuer Freund

W. C. Grimm.

bitte um Besorgung der Einlage.

An Herrn Professzor Gerling in Marburg.

66.

Wilhelm Grimm an Gerling.

Caszel am 26 Nov 1817.

Liebster Gerling, hätte ich nicht zugleich die Versicherung Ihrer Wiederherstellung von Ihrer eigenen Hand gelesen, so hätte mich die Nachricht von Ihrer Krankheit recht erschreckt. Gottlob, dasz es vorüber ist, hüten Sie sich vor zu groszer Anstrengung in Arbeiten. Ihre Freunde u. ihre Wünsche habe ich soweit es mir möglich war gefördert, sowohl der alte bescheidene Mann, als der Studiosus haben mir wohlgefallen; von letzterm habe ich mir den ganzen Hergang der neulichen Begebenheit erzählen lassen u. bin dadurch in meinem Urtheil darüber bestärkt worden; ich zweifle nicht, dasz Sie auf der Seite des Rechts gewesen sind. Uns geht es hier ganz leidlich, dasz mein Bruder Ludwig nun bei uns ist, habe ich Ihnen wohl schon gemeldet, mit meiner Schwester geht es nur langsam beszer, doch ist keine Gefahr dabei. Genaue Nachricht von der Lotterie habe ich nicht, mag auch darum nicht anfragen, inzwischen sobald ich etwas höre, will ich es Ihnen melden. Ich bin der Meinung, dasz man solchen, die hier noch Zweifel an Redlichkeit hegen, diesen laszen musz und sich nicht darum bekümmern: wie will man sonst fertig werden auf der Welt.

Heute musz ich mich mit diesen wenigen Zeilen begnügen. Herzliche Grüsze von uns allen an Sie, Frau u. Kind.

Ganz Ihr W. C. Grimm.

67.

Wilhelm Grimm an Gerling.

Caszel am 20. Jan. 1818

Herzliche Grüsze zum neuen Jahr, lieber Gerling, Gott erhalte Sie und die Ihrigen bei Gesundheit und Frohsinn so wird sich das übrige von selbst
finden. Ich schicke Ihnen hier eine Anzeige von
Görres Armenvorlesung, dadurch werden ja eines
jeden Zweiflers Bedenklichkeiten gestillt werden.
Sodann bitte ich Sie mir einen erneuerten Schein
von Schuberts Astronomie, die Sie von der Bibl.
haben zuzuschicken. Endlich erhalten Sie anbei
einen Haufen Bibliotheks-Bücher für den Pfarrer
Bange, der sie bei Ihnen wird abholen laszen;
direct konnte ich sie nicht gut abschicken, weil
einige Unsicherheit dabei ist, und da es Ihnen weiter
keine Mühe macht, so werden Sie mir diese Freiheit
nicht übel nehmen.

Wir viere grüszen Sie mit dem Wunsche, Sie
einmal zu sehen, kommen Sie nicht, so wird
wenigstens einer von uns künftigen Sommer bei
Ihnen erscheinen. Meiner Schwester geht es leidlich
Suabedissen hat mir vor kurzem geschrieben und
mir eine schöne Rede von sich zur Reformationsfeier geschickt; er scheint auch heiter. Lesen Sie
doch des Mathesius Predigten, die Arnim wieder
herausgegeben hat, es ist eine herrliche Lebensbeschreibung von Luther.

Harnier ist noch in Darmstadt u. wird wohl
sobald nicht kommen, da er nach Berlin will.

Dr. B a u e r ist noch immer dick und lustig, macht aber noch nicht Anstalt ein Mann im Staat und Haus zu werden.

Nun noch die Grüsze an die E m m a, die ganz ordentlich das Wort führen wird. Von Herzen der Ihrige

W. C. Grimm.

68.

Wilhelm Grimm an Gerling.

Caszel, 9. Nov. 1818

Liebster G e r l i n g, ich danke herzlich für Ihr freundschaftliches Andenken u. den Brief, der mir einige authentische Nachrichten von Ihnen mittheilt. Ich habe mich seither bei jedem Marburger, den ich gesprochen, nach Ihnen erkundigt und einige Grüsze müszen Ihnen auch auf diesem Wege zugekommen seyn. Ich freue mich nun die Bestätigung Ihres Wohlseyns von Ihnen selbst zu hören; ihre liebe Frau hoffe ich wird sich auch beszern, ich habe an meiner Schwester mit Freude erlebt, wie man sich von angegriffenen schwachen Nerven erholen kann. Ich wäre wohl gerne diesen Sommer gekommen, meine dortigen Freunde zu besuchen, aber Sie glauben kaum, wie schwer es fällt, auf ein paar Tage frei zu werden; indeszen hatte ich nicht allein gehofft, Sie würden nachdem es voriges Jahr nicht geschehen war, in diesem herkommen.

Denken Sie, sechs bis acht Wochen sind wir Geschwister sämmtlich 6. an der Zahl zusammen-

gewesen, mein Bruder aus Bordeaux kam und bald
darauf auch unerwartet der Berliner; so haben wir
manchen vergnügten Abend zugebracht u. manchen
alten Spasz wieder hervorgesucht.

Von Bauer kann ich Ihnen auch nur einiges
melden. Ich habe von seinen Plänen nichts gewuszt
u. bin selbst durch das Resultat überrascht worden.
Ich gestehe dasz es mir nicht ganz gefällt, zumal
da er sonst ein braver und gescheidter Mensch ist,
bei einem andern könnte man leichter die Sache
nehmen. Dasz er etwas im Schilde führte, habe
ich gemerkt, seit er sich zu Jena das Doctordiplom
holte. Den 21. Octbr. haben wir seine Hochzeit
mit einem Ball gefeiert, wo es ganz lustig war; ich
wünsche beiden von Herzen Glück, man wird ja
sehen wie es geht; Vorgestern ist er mit seiner
Frau nach Würzburg abgereist u. zwar über Fulda,
er will dort das Clinicum besuchen u. dann das
noch gröszere zu Wien, welches den Mangel an
Praxis ersetzen soll; in einem Jahr gedenkt er
wieder hier zu seyn. Es kommt mir doch nicht vor,
als habe er so recht die Absicht academischer
Lehrer zu werden, ob mich gleich keine Äuszerung
von ihm dazu berechtigt, aber so aus den Anstalten
scheint es mir hervorzugehen.

Von Suabedissen habe ich lange nichts gehört, ob ich ihm gleich vor 8 Wochen einen recht
groszen Brief geschrieben, ich freue mich sehr ihn
Ostern hier zu sehen, wo der Prinz confirmirt
wird. Wollen Sie denn da nicht herkommen?

Wer hier recht vornehm ist, ist krank und hat
die Rötheln und Masern (dasz wir daher alle gesund
sind, brauche ich nicht ausdrücklich zu sagen) der
Prinz ist ordentlich krank gewesen, gestern aber
wieder ausgefahren, auch die Princesz Marie hat
sie gehabt u. ihr Gesicht ist noch ganz roth davon.
Neues wüsst ich Ihnen sonst nichts zu schreiben,
ob es gleich, wenn wir zusammen wären genug zu
sprechen gäbe; dasz die Königskrone sollte gehoben
werden, und schon ganz nah war, aber wieder tief
versunken ist, werden Sie wohl gehört haben. —
Das Schlosz wird nach einem groszen Plan gebaut,
das alte steckt schon ganz als Fundament in der
Erde und noch mehr dazu; es ist doch eine Wohlthat für die armen Leute, die dabei Arbeit u. Brot
finden.

Bei Ihren Freunden, lieber Gerling, stehen Sie
hier im besten Andenken, Gott lasse es Ihnen immer
wohl ergehen. Mein ältester Bruder ist fleiszig an
einer histor. deutschen Grammatik, die andern Geschwister grüszen mit ihm Sie beide herzlich und
das thut auch Ihr treuer Freund

W. C. Grimm.

An Herrn Professor Gerling in Marburg

69.

Wilhelm Grimm an Gerling.

Liebster Gerling, unserer Verabredung gemäsz,
schicke ich Ihnen hier ein Paket Bücher für unsern
Freund Bange nach Goszfelden, seyn Sie doch so
gut, und befördern Sie es sobald als möglich. Jetzt

da die Feiertage vorüber sind, wird er gern sich
darüber machen.

Hier ist noch alles, wie Sie es verlaszen haben.
Ich wünsche Ihnen, Ihrer lieben Frau und Kindern
auf das herzlichste Glück zu dem Neuen Jahr, Gott
behalte Sie in seinem Schutz. Wir grüszen Sie alle
herzlich. Mit unveränderter Freundschaft

ganz Ihr

W. C. Grimm.

Caszel am 3. Jan. 1819.

70.

Jacob Grimm an Gerling.

Caszel 3 Sept 1819

Eine kleine Bitte, lieber Gerling. Die Marburger
Bibliothek soll, wie man mir in der Kriegerschen
Buchhandlung versichert, eine seit 1818 erscheinende
Zeitschrift: Eos, herausgeg. von Mann zu München
halten. In derselben (vermuthl. im Jahrg. 1818)
findet sich ein Aufsatz von Docen: über die Zu-
sammensetzung der deutschen Doppelwörter gegen
Jean Paul; Inhaltsanzeigen weisen vermuthlich
leicht aus, in welchem Heft er stehe. Ich bedarf
seiner zu einer ähnlichen Ausarbeitung und Sie
können wohl vermitteln, dasz er mir auf ganz kurze
Zeit hierher geliehen wird?

Wir sind alle gesund und die Lotte dieses Jahr
sogar mehr, wie vorher. Von Suabedissen hören
wir lange nichts. Werden Sie denn diesen Herbst
nicht ausreiszen? denn Ihre Ferien stehen vor der

Thür. Wir haben leider keinen Urlaub und müszen das schönste Wetter vorübergehen sehen, höchstens genieszen wirs in längeren Spaziergängen. Herzliche Grüsze an Frau und Kinder, die erfreuliche Ankunft des letzten Kinds ist uns zu seiner Zeit richtig gemeldet worden

Stets Ihr aufricht. Freund Jacob Grimm.

Herrn Profeszor Gerling Wohlgeboren zu Marburg

71.
Wilhelm Grimm an Gerling.

Caszel, 25. Octbr. 1819.

Lieber Gerling, ihr Brief hat mir doppeltes Vergnügen gemacht, weil er mir Nachricht von Ihnen gegeben und zugleich die Bekanntschaft Ihres Bruders verschafft hat. Nun kenne ich doch Ihre ganze Familie, wogegen Sie, wo ich nicht irre, meinen Bruder in Berlin noch nicht gesehen haben.

Es freut mich herzlich, dasz Sie sich sämmtlich wohl befinden, nach einer Reise in die gesegneten Rhein u. Maingegenden, (die ich, so oft ich sie erblicke, doch nicht ohne eine gewisse Erregung und das Gefühl, dasz sie mein eigentliches Vaterland sind, ansehen kann), musz man sich neu belebt fühlen.

Auch uns geht es gottlob wohl, so viel auch zu wünschen übrig bleibt. Wir müssen uns mit dem begnügen, was uns Gott verleiht, wer einmal, wie wir, eine so gewaltige alles verzehrende Zeit erlebt hat, der ist empfänglich für das Gute das hier und da stehen geblieben ist. Trösten Sie sich über das Misztrauen, das Ihnen wohl mit Recht weh thut, durch den Gedanken, dasz alle reine u. gutgesinnte Menschen in jeder Art von Bedrängnisz sich näher gerückt fühlen.

Von Suabedissen habe ich lange nichts gehört, ich hoffe aber, dasz er gesund u. heiter lebt. Mein ältester Bruder war vor kurzem einen Tag in Melsungen u. hat auch Ihre Schwiegermutter besucht, Ihre Schwägerin Carolinchen war aber nicht dort u. wahrscheinlich schon bei Ihnen. Seyn Sie alle grosz u. klein von uns, meine Schwester eingeschloszen auf das herzlichste gegrüszt

Ihr Wilhelm C. Grimm.

Bauer hat, so viel ich weisz, nicht viel von sich hören lassen, wann er zurückkommt weisz ich nicht, ich glaube aber bald. Übrigens bleibe ich bei meiner alten Meinung, dasz er eigentlich nicht an die Universität will, es wird sich bald zeigen, ob ich hierin scharfsinnig war.

An Herrn Profeszor D. Gerling Marburg.

72.
Wilhelm Grimm an Gerling.
Caszel 1. Juni 1820.

Lieber Gerling, ich danke Ihnen für Ihren Brief und die Nachrichten von den Ihrigen, seyn Sie versichert, dasz ich auch ohne Schreiben, an allem was Sie betrifft, herzlichen und freundschaftlichen

Antheil nehme. Von den meinigen kann ich Ihnen
wenig neues melden, wir sind gesund, nur meine
Schwester kränkelt von Zeit zu Zeit, ohne doch
eigentlich krank zu seyn. Carl ist noch immer bei
uns und hofft auf beszere Zeiten, sein Stand wird,
weil er am meisten aus allen natürlichen Verhältniszen gerückt war, ietzt auch am meisten gedrückt;
ich glaube, dasz der Handel eine andere und im
Ganzen bescheidenere Stellung einnehmen wird, aber
es wird noch Zeit darauf gehen, bis sich alles dabei
setzt und in Ordnung kommt. Der Mahler, war in
Frankfurt, Hanau, Birstein, seit Septbr. voriges
Jahrs und ist eben erst vor ein paar Tagen zurückgekehrt; er ist insofern der glücklichste, als er am
wenigsten Sorgen hat oder sich Sorgen macht.
Jacob arbeitet fleiszig an der neuen Auflage seiner
Grammatik.

Bauer sehe ich wenig, Sie haben ganz recht in
dem, was Sie über ihn bemerken. Er hat eine
schon früher sichtbare Neigung zur Weltklugheit
weiter entwickelt und das ist, insofern man diese
oben anstellt, nicht meine Sache; ferner hat er sein
rhetorisches Wesen ausgebildet, und dafür bin ich
auch ohne Sinn, so dasz es gut ist, wenn unsere
Wege nicht dieselben sind. Etwas gutmüthiges ist
bei ihm dazwischen immer sichtbar, er wäre viel
beszer geworden, wenn er sich nicht zu aller Zeit
seinen Willen gethan hätte; die Einbildung der
jungen Leute unserer Zeit, dasz in ihnen ein Genie,
oder doch so ein Stück davon liege, das man nicht
anrühren dürfe, hat viele zu Grund gerichtet.

Sie thun ganz recht, lieber Gerling, dasz Sie
alles Geschwätz für das ansehen, was es ist und mit
einem guten Gewiszen freudig auf ihrem Weg fort-
schreiten. Es freut mich, dasz sich die Anzahl Ihrer
Zuhörer vergröszert mithin auch die Freude an Ihrer
Arbeit zunimmt. Glauben Sie mir, dasz die redlichen
Menschen hier ein solches Geschrei zu achten wiszen
und ich kann Ihnen im Vertrauen sagen, dasz der
Minister Witzleben, der ein gerader ehrlicher
Mann ist, eben jenem, den Sie mir bezeichnet, bei
Tisch in Gesellschaft anderer Vorwürfe gemacht hat
und ihm gesagt, dasz er nicht begreife, wie er solche
Berichte habe einsenden und dadurch die Universi-
täten überhaupt, deren eigenthümliche Natur von
so groszem Werthe sey, habe gefährden können.
Ich habe auch sonst bemerkt, dasz man hier nicht
furchtsam ist und von einem blinden Lärm sich
nicht schrecken läszt.

Ich freue mich Suabedissen hier zu sehen.
Zu einer Reise nach Marburg darf ich mir keine
Hoffnung machen, wenigstens nicht in diesem Jahr.
Leben Sie wohl, seyn Sie, Ihre Frau und die
Kinderchen aufs herzlichste von uns allen gegrüszt.

Ihr
W. C. Grimm.

73.

Wilhelm Grimm an Gerling.

Caszel 2. Mai 1821

Liebster Gerling, weder einen Globus von Wilhelm IV noch einen aus seiner Zeit besitzt die Bibliothek; den Nachfragen zufolge, die Völkel angestellt, auch nicht die Sternwarte oder das Museum. Wir haben nichts als die bekannte, kupferne Kugel von Landgraf Carl mit den Sternbildern, die Sie selbst werden gesehen haben. Also könnte der ihrige wohl der ächte seyn, ich schicke Ihnen zu weiterm Nachforschen die verlangten Bücher, lege aber noch eins zu, worin der verstorb. Matsko Nachricht giebt, von den astronom. Mss. Wilhelm IV, die noch auf unserer Bibliothek verwahrt werden. Finden Sie etwas darin, das für Ihren Zweck paszt, so könnte ja auch eine Mittheilung derselben eingeleitet werden. Sie erhalten demnach:

1. Weberi Schediasma
2. Bergmann Verdienste Wilh. IV.
3. Treutleri oratio historica
4. Nachricht vom Collegio Carol. worin das Programm von Matsko in fine.

Ich würde mich recht gefreut haben, Sie einmal wieder zu sehen, lieber Gerling, doch ist es hoffentl. nur aufgeschoben nicht aufgehoben. Grüszen Sie Ihre liebe Frau Gott lasse Sie u. das kleine recht gesund weiter leben.

Suabedissen hat mir vor etwa 14 [Tagen] von Leipzig aus geschrieben, eben ietzt wird er in Bremen angelangt seyn, wo er Pathenstelle bei dem Söhnchen seines Bruders vertreten will, das 6—8 Wochen auf ihn wartet. Sein kleines Schriftchen „Geschichte und Philosophie" werden Sie erhalten haben; es ist ein guter Geist darin.

Alles was bisher hier geschehen ist, erregt die besten Erwartungen. und unbedingt löblich ist der gute Wille, der sich in allem zeigt. Manchem dringenden Bedürfnisz ist abgeholfen, ich glaube auch, dasz die Zeit kommt, wo für die Universitäten und überhaupt für die Lehranstalten wird gesorgt werden. Nur auf einmal kann nicht alles geschehen und dasz dergleichen nicht vorangeht, liegt in der Zeit. Übrigens ist die Rede des Prof. Wagner so, dasz man nicht glaubt, der Univ. sey noch etwas zu wünschen übrig.

Als Neuigkeit melde ich, dasz unser sanfter Freund der Hofrath Harnier ein Bräutigam ist und seine Braut die Tochter des hanöv. Ministers Ruhmann. Ich kenne sie nicht, habe aber gehört, dasz sie, obgleich nicht schön, doch angenehm sey. Insofern als sie 37 Jahr alt ist, scheint mir die Verbindung passend. Er selbst hat es mir nicht gesagt, unsere ohnehin nicht sehr stark betriebene Bekanntschaft ist fast gänzlich abgebrochen.

Below ist weggegangen, weil er, wie ich vermuthe, in preuszischem Dienste hat bleiben wollen. Sein Pflegetöchterchen ist ein allerliebstes Kind.

Leben Sie wohl, lieber Freund, nochmalige Grüsze
von uns' an die Ihrigen, auch an Ihre Schwägerin
Caroline, die sich unser wohl noch erinnert. Mein
Bruder Carl ist vor 14 Tagen nach Hamburg, sonst
sind wir noch beisammen.

Von Herzen Ihr
W. C. Grimm.

74.

Wilhelm Grimm an Gerling.

Cassel 12. Aug. 1822.

Liebster Gerling. Heute melde ich Ihnen nur
mit wenigen Worten, dasz wir das Werk von Laplace, welches Sie wünschen, nicht besitzen. Ich
sehe aus Brunet *Manuel*, dass davon eine 3. Ausg.
Paris 1820 erschienen ist, welche 25 fr. kostet. Wir
haben von Laplace ein *memoire sur les approxi-
mations des formules qui sont fonctions de très grands
nombres et sur leur application aux probabilités*, welches
sich in den Schriften des National Instituts befindet;
damit wird Ihnen aber nicht gedient seyn.

Die Meinigen grüszen Sie herzlich, seit dem
22 Juli ist meine Schwester verheirathet mit dem
Hassenpflug u. gottlob gesund u. vergnügt.
Grüszen Sie mir auch Ihre Frau u. Suabedissen.

Der Ihrige
W. C. Grimm.

Die Scheine über die zurückgegeb. Bücher sind
gelöscht. (Randbemerkung.)

XIII. Zwei Briefe von Jacob Grimm an Hofrath Prof. Suabedissen in Leipzig, Melsungen und Marburg.

75.

Durch die Gefälligkeit des Hrn. Hofr. Harnier übersende ich Ihnen, verehrter Freund, meine deutsche Grammatik. Den darauf (vielleicht zu sichtbar) verwandten Fleisz werden Sie schon ein bischen loben; was sonst dem Buche fehlt, sehe ich zum Theil selbst ein. Die allgemeineren Folgerungen und Ansichten sind mir dabei nicht das schwerste geworden und nur mit eingegeben, ich leide daher, dasz man ihnen zuthut oder abschneidet, oder sie verändert, wie ich selbst, wenn ich im Studium weiter komme, die Absicht habe, sie erst eigentlich auszuarbeiten. Jetzt war meine gröszte Noth, selbst erst so viel unbekannte Dinge zu lernen und andere eben dazu anzuregen. Es soll mir sehr lieb seyn, wenn Ihnen doch eins und das andere gefällt. Ich wünsche, dasz Krug diese Grammatik bald recensiren läszt.

Wir hatten uns seit den letzten Monaten fast gewisze Rechnung darauf gemacht, Sie hier ankommen zu sehen und Ihre Gesundheit wieder völlig hergestellt. Das letzte ist denn doch eingetroffen und ich denke mir, dasz es Ihnen noch fast angenehmer sein musz, während der Abwesenheit des

Prinzen recht ruhig und zwanglos in Leipzig zu
bleiben. Wilhelm hat den Prinzen besucht, und
gesprochen: ich nicht, weil ich ihm eigentlich gar
nicht bekannt bin.

Mit herzlicher Hochachtung
Jacob Grimm.

76.

Cassel 12 Nov 1821

Verehrter Freund, vorigen Freitag kam der
melsunger Bote in unser Haus, während ich auf der
Bibliothek war und Wilhelm hat ihn auf Dienstag
wieder bestellt. Wollen Sie ihm sagen, dasz er
künftig jedesmahl zwischen 10—1 Uhr auf die Bibliothek kommt, so geht es bequemer. Dies mahl
habe ich Ihnen zus. gepackt:

Gött. Anz. 105—168
Heidelb. Jahrb. Jun. Jul. Aug. Sept.
Hall. L.-Z. — — — —

Mehr halten wir nicht. Mögen Sie des Paulus
Sophronizon? den besitzen wir vollständig. — Mit
Wilhelm gehts beszer, doch noch nicht so recht,
was ich der Pillen Cur zuschreibe, die er begonnen
hat und woran sich seyn Magen erst gewöhnen
musz. Ich denke er schreibt Ihnen selbst, ob er
in dieser Zeit noch die Reise wagen will. Herzliche
Grüsze

Grimm

Herrn Hofrath Suabedissen wohlgeb. Melsungen.

XIV. Dreiundfünfzig Briefe von Wilhelm Grimm an Suabedissen.

77.

Caszel 15. Dec. 1815.

Herzlichen Dank, mein liebster Freund, für Ihr Andenken selbst in lästigen und gestörten Stunden; ich weisz aus Erfahrung, wie einem zu Muthe ist und ich hoffe, dasz Sie sich, wann dieser Brief anlangt, beszer befinden. Ihre Lage dort kann ich mir so ziemlich denken, zum Glück kommt das Unbequeme, wie an einem neuen Rock, gewöhnlich zuerst und allmälig legt sichs etwas nach dem Leib. Wie oft ich Ihnen die beste gewünscht, will ich nicht sagen, wohl aber mein Vertrauen, dasz sie noch kommt. Mir geht es wie sonst, nur noch einsamer und ich habe niemanden mehr, zu dem ich vertraulich reden könnte oder wollte; der brave Gerling ist der einzige, zu dem ich zuweilen mit Vergnügen gehe. Jeden Tag werde ich an Ihre Abwesenheit erinnert, wenn ich auf die Bibliothek gehe und die hellen ungefrornen Scheiben und eine zerbrochene Scheibe in Ihrer Wohnung sehe. So bin ich wohl schon durch die Stadt gegangen und habe betrachtet, wie an den Orten, wo sonst liebe Menschen bei denen ich oft vergnügt war, wohnten, ietzt fremde und widerwärtige Gesichter herausgucken; es ist eine der schmerzlichsten Empfindungen von der Welt, die einem wie ein Meszer durch die Seele schneidet. Selbst an unserer alten Wohnung bin ich so vorbeigegangen, wo wir noch zusammen mit unserer lieben Mutter waren. Das Leben einer

Wittwe mit ihren Kindern hat etwas sehr schönes
und zutrauliches und ich weisz noch recht gut, wie
bei dem Tode meines Vaters mich dieser Gedanke
von einem festeren Zusammenleben getröstet hat.
Eigentlich gedeihen wir hier in Caszel nicht, vor
zehn Jahren war ich noch vielmehr zu Haus und
wir sind wie eine Pflanze, welcher in diesem Erd-
reich die Wurzeln allmälig absterben.   Auf der
andern Seite hat diese Einsamkeit wieder ihr Gutes
und erhält die Gedanken an die abwesenden Freunde
lebendiger.   Übrigens scheint mir unser Schicksal
zu schwanken, da ich wohl sehe, dasz mein Bruder,
den ich in kurzem erwarte, sich gefaszt halten musz,
seinen Abschied zu fordern, nachdem er sich bei
dieser Stelle geweigert.   Wie es gehen wird, will
ich Gott überlaszen.   ˉ

Das öffentliche Leben kann einem wenig Lust
machen, die Einsamkeit zu verlaszen.   Sie werden
Schmalzens Schrift und Niebuhrs Antwort gelesen haben; die letztere zeigt die Unbehilflichkeit
des Reichthums in der Darstellung, aber wie leuchtet
wohlthuend die Redlichkeit überall durch und wie
hat er den Gegner getroffen.   Schmalzens Erwiderung
ist gerade so elend, wie sie seyn muszte, wenn er
nicht schweigen wollte.   Das traurigste bei der Sache
ist, dasz eine grosze Anzahl Menschen seine Partei
nehmen und sie betreiben, theils aus schlechter Absicht, theils aus philisterhafter Dummheit.   So liegt
ein Nebel über dem deutschen Wesen, in dem schwer
zu athmen ist, kaum hier u. da ist er zerrissen und
gestattet den blauen Himmel zu sehen, doch das

soll der Trost seyn, dasz dieser höher und unvergänglich steht. Wie seelig sind die in den Schlachten von Leipzig bis Montmartre gestorben, in dem festen Glauben an eine wiedergewonnene reine Freiheit.

Was soll ich Ihnen von hier schreiben? ich denke es geht alles in gewohnter Langeweile fort, die manchmal in Hochmuth, Eitelkeit u. drgl. ehrbaren Untugenden sich einen Schein von Leben gibt. Eine gute Gesellschaft ist in der Gemählde-Sammlung angelangt, an der ich mich schon einmal erfreut, bis mich die bittere Kälte hinausgejagt, wenn es Sommer u. sie zugänglicher geworden, denke ich mir manche angenehme Stunde damit zu machen. Es sind viele schöne Bilder da und wenn ich nicht wüszte, dasz die besten fehlten und ich sie [nie dort] gesehen hatte, würde ich mit dem vorhandenen zufrieden seyn·

Ich habe schon einmal meine Landkarte aufgelegt [und] den Weg überdacht, den ich nehmen will, wenn ich Sie besuche. [Erst nach] Leipzig, dann nach Halle, weiter nach Dahme ins Ländchen [Bernwalde,] wo Arnim sein Gut hat, endlich nach Berlin. Wann es [kann aus]geführt werden musz ich nun Gott überlaszen, der Willen ist gut. Grüszen Sie Ihre Frau und die lieben Kinder, das Theehanchen, das Lachtäubchen, meine Line u. den kleinen Brummbasz, alle aufs herzlichste und behalten Sie mich lieb

W. C. Grimm.

Ich bitte die Einlage an Below zu geben und den andern Brief auf der Post auflegen zu laszen.

An Herrn Profeszor Suabedisfen. Bei dem Prinzen Friedrich von Hessen in Leipzig

78.

Liebster Freund, ich hatte gleichfalls, wie die
Nachricht von dem Verbot des „Merkurs" kam, den
Gedanken, unsern Becher auszuführen und besprach
mich mit Henschel. Wir wurden endlich einig,
gleichsam ein Gestell von durchbrochener und leichter
Kunstarbeit gieszen zu laszen, wo möglich ganz von
Eisen und falls dies noch nicht so gehandhabt werden könnte, dasz es schön u. rein ausfällt, die
gothischen Bogen daran mit dem Laubwerk in Bronze
ausführen zu laszen, die kleinen Figuren aber in
diesen Nischen aus Eisen, was vielleicht einen noch
prächtigern und reichern Eindruck gewährt. Der
Figuren sollten viere seyn, eine Mutter Gottes mit
dem Kinde, auf dem halben Mond stehend, ein
deutscher Kaiser, ein Landwehrmann mit dem Kreuz
und ein Rhein. Jene drei ersten wären mir genug
gewesen, sie sollten auf das göttliche und menschliche deuten, von dem diese Zeit bewegt und getrieben worden; allein die runde Form verlangt noch
ein viertes Bild, da weisz ich nichts beszeres als den
Rhein, in dem der alte Hort versenkt liegt, weil
er der deutsche Flusz vor allen ist und die
lebendigste Ader Deutschlands, dem er sein Blut
nun wieder zuströmt. Nur fühlt man in solchen
Fällen den Mangel alles Sinnbildlichen bei uns und
es bleibt nichts übrig als nach einsamer Ansicht und
Meinung von dem schicklichen und verständlichen
eine Figur zu dichten, und zwar eine bekleidete,

denn ein antiker Fluszgott würde wenig dazu paszen.
Der Stengel steigt schlank aus Pflanzen-Verzierungen
auf, am Fusz unten sollen in halb erhabener Arbeit
zwei Darstellungen angebracht werden. Erstlich der
„Schwanritter", eine alte Rheinsage, von der ich
nicht weisz, ob sie Ihnen bekannt ist. Es kam einmal ein Nachen auf dem Rhein herab, ohne Fähr-
mann und Segel von einem Schwan an einer goldenen
Kette gezogen; darin lag ein junger Ritter, schlafend
auf seinem Schild. Der Schwan landete nach verschiedenen Sagen an verschiedenen Orten des Nieder
Rheins, der Ritter erwacht, steigt aus, befreit eine
junge Fürstin von einem Feind und heirathet sie,
verbietet ihr aber, nach seiner Herkunft zu fragen.
Sie bezähmt ein paar glückliche Jahre ihre Neu-
gierde, verlangt aber dann einmal für die ihm ge-
borenen Kinder Namen und Herkunft des Vaters zu
wiszen. Nun ruft er, sein Schicksal beklagend, den
Schwan, der ihn wieder fortzieht und niemand weisz,
woher er kam und wohin er gegangen. Doch ist
ein herrliches Geschlecht (Grafen von Cleve) aus
ihm gesproszen. Es soll dargestellt werden, wie der
Schwan den Ritter auf dem Rheine zieht. Der
Schwan ist nach den altdeutschen Mythen ein Geist.
Ein reiner Geist soll eine beszere Zeit bringen, er
kommt von Gott und kehrt zu ihm zurück. Wer
die Sage kennt, wird auch die Lehre ersehen, ihn
nicht mit zeitlichen Dingen fortzutreiben, eh sein
Werk vollbracht ist. Dabei ist der zufällige Umstand erwünscht, dasz Görres diese Sage in einem
altdeutschen Gedicht einmal herausgegeben. Zum

Gegenstück wird dann der Untergang des Bösen in
dem Bischoff Hatto, den die Mäuse bis in den Rhein-
thurm bei Bingen verfolgen dargestellt. Ich will
mir keine Anspielung erlauben, als einen Kaiser-
Mantel, den das Ungeziefer schon gepackt hat.

In diesem Gestell ruht nun weit überragend,
gleichsam als die Blüthe, eine Schale von edlem
Erz, nicht weit vom Rand eine Verzierung aus zu-
sammengeschlungenen Händen, jedes Paar ist getrennt oder verbunden mit einem Eichenblatt, auf
jedem ein Buchstab seines Namens, oben und unten
zwei Sprüche: „Treue Hand geht durch alle Land"
und: „Gottes Gnade erfreut alle Welt." Inwendig
der Becher vergoldet; auszen, wo die Figuren in
gothischen Bogen stehen, auch Gold; oben darüber
Silber. Das Ganze hat Henschel überaus schön
zusammengestellt und hatte sogar unter verschiedenen
Formen eine Wahl zugelaszen. Die Zeichnung
müszten Sie nun sehen, aus der Beschreibung wird
(sie) Ihnen nichts deutlich werden, als der gute Wille;
ich habe sie aber deshalb gemacht, damit Sie uns
Bemerkungen und Erinnerungen mittheilen. Vielleicht fällt Ihnen ein beszerer Spruch aus der
Bibel bei.

Nun kommt noch ein Umstand. Henschel ist
ein vortrefflicher Mensch, treu, wahr, bescheiden,
geistreich u. geschickt, wie ein Deutscher aber auch
darin ein Deutscher, dasz er sehr bedächtig d. h.
oft sehr langsam ist. Zwei Monate hat er sich für
die mühsamen Modelle bedungen. Nun ist eben die
Kurprincessin zurückgekehrt, er hatte dieser für die

Königin von Holland die Ausführung einer schönen
Erfindung im Groszen versprochen, aber auch noch
nichts gethan, so dasz diese verwundert war und
billig verlangt zur Ankunft der Königin in ein paar
Monaten etwas noch aufzustellen. Also ruht unser
Becher. Was ist hier zu thun? Mein Bruder meint
ein einfaches blos durch seinen Werth ausgezeichnetes Trinkgeschirr machen zu laszen bei
einem Goldschmied. Nun wäre es freilich schön,
wenn der Becher gerade ietzt könnte geschickt
werden, dennoch bin ich entgegengesetzter Meinung
und glaube es müsze auch ein Kunstwerk seyn,
weil es doch sonst immer geringen Werth hätte und
in keine andere dritte Hand gelangen würde, als
die es wieder in Geld umsetzte. Lieber will ich
noch warten. Was halten Sie davon?

Unsere Lage ist noch immer ungewisz. Mein
Bruder ist nicht wieder angestellt, aber auch nicht
entlaszen, da man ihm seine Besoldung noch zahlt.
Er ist eben auf ein paar Tage nach Göttingen. Ich
gebe nicht gern mein gegenwärtiges, ruhiges und
von allem Druck freies, persönlich angenehmes Verhältnisz auf, doch musz ich ja wohl thun, was Gott
will. Wir arbeiten indesz fleiszig und werden zu
Ostern einen Band „deutscher Sagen" herausgeben;
wenn ich wüszte, dasz Sie es von selbst zu lesen
Lust hätten, wollte ich Ihnen das Buch gern schicken.
Es freut mich recht, dasz Sie mit der „Edda" zufrieden sind; für die folg. Bände haben wir schon
viel gethan und der gröszte Theil des nächsten ist

ausgearbeitet, ich warte aber noch auf einiges aus
Dänemark und das verzögert den Druck.

Haben Sie Kannes Leben erweckter Protestanten
mit seiner eigenen Geschichte gelesen? Es ist ein
merkwürdiges Buch. Wahrheit ist darin, aber da
ich nicht weisz ob durchaus, so hat es mir etwas
ängstliches. Schon die Scheu vor der Wiszenschaft
ist für ein gesundes Gemüth unnatürlich, wir suchen
ja eben Gott darin.

Von politischem Wesen will ich Ihnen nichts
schreiben, und für den Brief an Below, den ich
abzugeben bitte, versparen. Sie werden nicht sehr
verschieden von mir denken. An der Hoffnung halt
ich fest. Die Constitution, die, wenn sie so ist,
wie sie einige wollen gelesen haben, Gutes wirken
könnte, soll, wie es heiszt hier nur gegeben werden,
wenn die Landstände einen Theil der Forderungen
bewilligen, wozu sie sich nicht anschicken. Die
Bauern vom Diemelstrom haben eine sehr auf die
Sache dringende rückhaltslose Vorstellung eingereicht
u. die andern wollen folgen. Es ist eine Commission
ernannt, die Beschwerden zu untersuchen und den
Verfasser auszumitteln, als welcher, wie es heiszt,
ein unterdeszen verstorbener Schulmeister angegeben
wird.

Mein, Bruder in München hat die Zeichnung
von mir auf Stein gebracht, davon schicke ich Ihnen
einen Abdruck; ich weisz nicht ob das Bild noch
ähnlich ist, vielleicht ist es dadurch an sich beszer
geworden. Auf jeden Fall wird es eine Erinnerung
an mich seyn und die dürfen Sie mir nicht versagen.

Grüszen Sie Ihre Frau und die Kinder und nicht in
Bausch und Bogen, sondern jedes ganz besonders,
an Marie werde ich oft durch Ihre Schwester erinnert. Leben Sie wohl, liebster Suabedissen und
behalten Sie mich lieb.

Ihr treuer Freund
W. C. Grimm.

79.

Cassel am 10. Mai 1816.

Liebster Freund, als Sie mich am Ende Ihres
Briefes noch fragten, ob die Reiselust nicht in mir
erwache, haben Sie wohl nicht gedacht, dasz ich
gerade so bald würde die Antwort bringen, wie
dann doch geschehen soll. Wäre nur die Veranlaszung erfreulicher. Mein lieber Freund Arnim
ist krank geworden und hat mir schreiben laszen
und dringend bitten, zu ihm zu kommen. Er hat
eine Brustentzündung gehabt mit heftigem Fieber
und auf den Tod gelegen, die Krankheit hat sich
zwar eben an dem entscheidenden Tag gebrochen,
aber die Genesung wird langsam gehen u. da wünscht
er, dasz ich bei ihm wäre. Wollen Sie mich nun
einen Tag oder zwei bei sich aufnehmen? Sagen
Sie Ihrer Frau, ich hielte mir dafür, dasz ich
so geradezu mit der Bitte komme, ohne Einladung
abzuwarten, aus, dasz ich in kein Spiegelzimmer
sondern in ein kleines, bescheidenes geführt werde.
Arnims Gut ist Wippersdorf im Ländchen Bern-
walde bei Dahme, ich habe hingeschrieben ob sie

mich können mit ihrem Wagen dort abholen laszen.
Es wird ein Brief an mich bei Ihnen deshalb an-
langen oder ich will ihn erwarten. Hätten Sie zufällig Gelegenheit Erkundigung über die Weise, wie
man nach Wippersdorf am besten reist, einzuziehen,
so wär das gut für mich, falls kein Wagen mich
abholen kann.

Morgen den 10ten reise ich mit einem Zauderer
oder Hauderer ab, der seine 4 Tage braucht, ich
weisz nun nicht ob ich erst Dienstag Morgen oder
schon Montag Abend eintreffe.

Nun heiszts wieder einmal, das weitere mündlich,
bis dahin sind Sie u. das ganze Haus herzlich von
uns beiden gegrüszt

Ihr W. C. G r i m m

An Herrn Profeszor Suabedissen, Erzieher des Prinzen
F r i e d r i c h v o n H e s s e n Leipzig

80.

Caszel am 3 July 1816

Liebster Freund, ich habe nicht eher als ietzt
Ruhe gefunden, Ihnen meine glückliche Ankunft zu
melden und für so viele Liebe und Freundschaft zu
danken. Bis Kösen war mein Weg leidlich und
manchmal, wenn die heiteren Viertelstunden mit
schönen Gegenden zusammentrafen, recht angenehm.
Da fing es an fein zu regnen, und wir konnten
denselben (den zweiten) Tag schon nicht mehr
Weimar erreichen. Die ganze Nacht regnete es so,

als hätte es in diesem Fach noch gar nichts geleistet,
und da der Wind nun das Wetter gerade zu mir
hereintrieb kam ich Morgens (Mittwochen) nasz in
Weimar an und konnte es nicht wagen, weiter zu
gehen. Ich verliesz also die Judenbraut u. stieg
im Elephanten ab, ziemlich mismuthig, weil ich nun
doch zu einem Aufenthalt gezwungen war, den ich
lieber bei Ihnen gehabt. In Kösen hatte ich schon
gehört, dasz vor kurzem Göthes Frau gestorben
sey, ich wuszte also nicht, ob er jemand schon
sehen wolle, indeszen konnte er mich ja abweisen
u. ich machte den Versuch. Er nahm mich aber
an und ich habe ihn nie so heiter, freundlich und
wohlwollend gesehen. Er sprach über vieles u. wenn
er in seinem Buche von der Kunst in den Rhein-
u. Main Gegenden gegen den heil. Geist, den Herrn
Christus u. die Heiligen eine gewisze kalte und
humane Artigkeit äuszert, so sprach er hier recht
schön u. warm über das neuerwachte religiöse Gefühl, das nicht wieder untergehen werde, weil man
empfunden dasz man ohne das nicht leben könnte, und
es war wohl zu sehen, dasz er in jenem Buche nur
aus einer gewiszen Opposition so gesprochen. Gegen
die neuen Bekehrer, den Hr. Adam Müller u. Fried.
Schlegel sprach er sehr bestimmt, sie wollen uns
nehmen, was wir uns erworben haben und ein
rechter Katholik will nichts anders, als ein
Protestant. Mit Vergnügen erzählte er vom Prinz
Anton in Sachsen, dasz er durch ein paar wild-
lederne Hosen seine Reitknechte zu bekehren suche,
die nur ein katholischer über das Gewöhnliche er-

halte und die schon manchen verführt habe. Erst
den Freitag konnte ich von Weimar abreisen, da
man wegen der ausgetretenen Bäche den Donnerstag
nicht nach Erfurt kommen konnte. Sonntag den
23. Mittags, nachdem ich die Nacht durch gefahren
kam ich endlich gesund hier wieder an. Gerling
mit Mutter Frau und Kind habe ich gesund gefunden,
Ihre Schwester hat eine Reise nach Melsungen,
Spangenberg etc. gemacht u. scheint davon gestärkt
und vergnügt. Vorgestern hat uns Gerling mit der
Nachricht überrascht, dasz aus seinem Rufe nach
Stralsund deshalb nichts geworden, weil Schuck-
mann überhaupt die Stelle zu besetzen keine Lust
habe. Das thut mir nun leid, weil er sich wahrscheinl. auf das geordnete und ruhige Leben dort
gefreut, sonst ist es mir lieb, ihn noch hier zu behalten. Harnier war eben im Begriff nach Pyrmont zu reisen, gestern erzählte mir sein Bruder,
der nächstens als Ehemann die Welt betrachten
wird, dasz er schon geschrieben, glücklich angekommen und viel neue Bekanntschaften gemacht
habe, was ihm doch endlich auch etwas altes werden
musz. Mein Bruder Ludwig macht mit einem
frankfurt. Brentano eine Reise nach Italien bis
Neapel u. wird im Herbst erst wieder kommen.
Von Bologna hat er uns geschrieben und schon viel
herrliches an Kunstwerken gesehen. Es wird sich
nun bestimmen, ob ein längerer Aufenthalt in Rom
dann noch nöthig ist, es ist zu bedenken, dasz er
ihm auch eine gewisze deutsche Eigenthümlichkeit
rauben könnte.

Nun leben Sie wohl, seyn Sie mit Frau und Kindern tausendmal gegrüszt, mit herzlicher Liebe u. Freundschaft

Ihr W. C. Grimm.

Auch mein Bruder grüszt vielmals

Die Einlage bitte ich auf die Post tragen zu laszen.

Noch eins: Die deutsche Sprachgesellschaft zu Berlin hat uns ein Diplom für Sie als Mitglied zugeschickt, ich werde es bei erster Gelegenheit Ihnen senden.

81.
Caszel 10. Nov. 1816.

Liebster Freund, seyn Sie und die Ihrigen tausendmal gegrüszt, ich hoffe, dasz Sie sämmtlich gesund sind und es Ihnen ziemlich wohl ergeht. So oft ich an Sie denke, fällt mir auch das Lästige ein, das Sie ertragen und das nicht ganz sich wird abheben laszen, doch trösten mich auch manche Dinge, die ich aus Baden höre darüber dasz Sie nicht nach Heidelberg gekommen sind. Hier theilen sich doch zuweilen ein paar Wolken und laszen ein Licht durchfallen, wenn sie auch noch nicht fortziehen. Am 19. Octbr., wo wir zur Feier des 18. zu einem Gastmahl u. auch Tanz versammelt waren, habe ich mit Ihrer Schwester und Ihrem Schwager auf Ihr Wohlseyn herzlich angestoszen und wenn es Ihnen

nicht an der günstigen Seite im Ohr geklingelt
hat, so weisz ich nicht, was ich dazu sagen soll.
Der 18. ward recht schön gefeiert, wiewohl es
immer dazu eines Anstoszes bedarf, nicht wegen
der Gesinnung der Menschen, sondern weil öffentliche
Feste schon aus unserm Leben u. unsern Sitten aus-
getreten sind. Vielleicht erhält es sich dauernder
in Dörfern u. kleinen Städten, als in Residenzen.

Ich schicke Ihnen hier, wie Sie es wünschten,
ein Lied und die Melodie dabei. Brentano hat
es, nach der wahren Begebenheit gedichtet und auch
die recht paszende Weise dazu componirt. Es gefällt mir gar gut und ist, etwa den zweiten Vers
ausgenommen, wo die epigrammatische Spitze und
das obgleich biblische, doch zu künstliche Gleichnisz
nicht recht paszen, auch volksmäszig, allgemein ver-
ständlich und eindringlich. Ferner schicke ich Ihnen
ein paar Blätter von meinem Bruder Ludwig, die
Zwehrner Mürchenfrau, die sich die Kinder betrachten können und einen charakteristischen Juden,
wovon sie vielleicht die Zeichnung hier schon gesehen haben, welche sich treu an die Natur gehalten
hat. Das andere Exemplar der Bilder bitte ich
sammt dem Brief Below zukommen und die übrige
Rolle auf die Post tragen zu laszen.

Wir arbeiten nun so fort, mit dem besten Willen
und nach unsern Kräften. Gott gebe, dasz es etwas
Ganzes und brauchbares zusammen aus macht. So
oft etwas allgemein menschliches darin vorkommt,
werde ich mir die Freude machen, es Ihnen zuzuschicken, von den Vorarbeiten will ich Ihnen aber

nicht reden. Göthe habe ich einen Plan zu einer
Gesellschaft für altdeutsche Literatur, Poesie und
Alterthümer zugeschickt, da er mir die Ehre angethan, mir deshalb zu schreiben und sich freundlich und theilnehmend zu zeigen. Ein Hauptstück
darin ist zu zeigen wie gewisze Arbeiten nur gemeinschaftlich vollbracht werden können, im übrigen
aber die gröszte Freiheit herrschen musz und niemand durch Theilnahme beschränkt werden dürfe.
Der neue Band seines Lebens ist in den Beschreibungen
wieder meisterhaft, man meint man könnte überall
da herum spatziren gehen. Sonst habe ich noch
gelesen die *Memoires* der Marquise de la Roche
Jaquelein, die Sie ja nicht übergehen dürfen. Hier
bekommt man wieder vor einem Theil der Franzosen
Achtung, was für grosze Thaten sind da geschehen
und wie wahr ohne Verschönerungssucht ist es erzählt. Viel ähnliches mit dem Tirolerkrieg. Könnte
ich einen Abend bei Ihnen zu bringen, so machte
ich Ihnen, nach den ersten Gedanken, die jenes
Buch erweckt, einen Spasz, indem ich Ihnen ein
handschriftl. Lustspiel von Brentano auf den
Schmalz vorläse. Es heiszt „der Geheime Rath
Schnaps" und ist eine Fortsetzung des Göthischen
„Bürger Generals"; es ist voll Witz und guter Einfälle, gedruckt kann es nicht wohl werden.
    Harnier ist vor kurzem von Leist wohlbe-
halten zurückgekehrt und wohnt ietzt bei den jungen
Eheleuten, ist aber ietzt, nachdem er nicht auszu-
gehen das Amt hat, noch weniger bei sich anzutreffen.
Trost ist etwa um dieselbe Zeit seinem neuen

Schicksal entgegen gegangen und hat noch ein paar
junge Leute von hier mitgenommen. Gerling, der
diesen traurigen Entschlusz, mit denselben Augen
betrachtete wie ich, hat noch einen Versuch gemacht,
ihn abzuhalten, aber bei dem Charakter von Trost
war der Erfolg vorauszusehen. Zu uns ist er nicht
weiter gekommen, als einmal kurz nach seiner Ankunft. Ich halte die Frau im Verdacht, dasz sie
Schuld an dem Entschlusz hat, aber die schwarze
Majestät zu Haiti kann ihr noch furchtbar genug
werden.

Ihre Schwester wollte einen Brief schicken, wenn
er noch anlangt, lege ich ihn bei; sonst kann ich
versichern, dasz sie beide wohl sind, das Kind gleicht
an Gerling oder vielmehr ganz entschieden Gerlings
Mutter.

Grüszen Sie Ihre Frau, den Hans, das Täubchen,
den kleinen Brummbasz und die Lehne recht herzlich und behalten Sie lieb Ihren treuen Freund

W. C. Grimm.

NB. Wie ich einpacken will, sehe ich dasz die
Exemplare von dem Juden, über die ich verfügen
kann, schon verschenkt sind. Ich will aber neue
in München bestellen. Dafür lege ich zwei Mäuschen
bei ein weiszes u. schwarzes gleichfalls nach der
Natur, die werden den Kindern Freude machen.

82.

Caszel am 12. Dec. 1816.

Liebster Freund, Ihr Brief ist mir doppelt werth gewesen, weil wir, ohne Ursache, wie das pflegt, uns eingebildet hatten, Sie befänden sich nicht wohl und das wäre Grund Ihres Stillschweigens.

Ich schreibe sogleich, um eine Gelegenheit nicht zu versäumen, durch welche ich Ihnen die Gesetzurkunde der B. Gesellsch. für deutsche Sprache senden kann. Ihr Exemplar habe ich so gut aufgehoben, dasz ich es im Augenblick nicht finden kann, ich gebe also das meinige; auf dem Ihrigen stand blos Ihr Name. Es ist ein Gesetz darin, wornach der, welcher binnen einem Jahr nicht antwortet d. h. nicht Beiträge einschickt, wieder als ausgeschloszen betrachtet wird. Ihnen, die Sie mir es nicht misdeuten u. wohl wiszen, dasz ich das Gute in der Absicht wohl zn schätzen weisz, will ich gestehen, dasz ich mir jenes Gesetz zu Nutz machen will. Es ist mir allzuviel Fachwerk u. geradheraus Philisterei in dieser Gesellschaft, die nimmermehr lebendigen Einflusz u. gottlob! auf die Sprache haben u. wahrscheinl. am Ende in eine recht gute Zusammenkunft zu einem fröhlichen Mahl sich bilden wird.

Wegen des jungen l'Estocq habe ich die nöthige Anfrage gethan und werde binnen 8 Tagen Antwort bekommen, die ich Ihnen sogleich mittheilen will.

Harnier ist so glücklich mit Leist nach Italien
zu gehen u. so unglücklich im Juli wieder hier
seyn zu müszen, ich weisz nicht, was ich in dem
Fall thäte. Welch wunderliches Schicksal, dasz ein
westphäl. Staats Rath an den Pabst geschickt wird,
geistliche Verhältnisze zu bestimmen! nach diesem
Maasstab könnte ich einmal Inspector der Bergwerke
u. Gewäszer werden.

Leben Sie wohl, liebster Freund, Gott erhalte
Sie gesund, grüszen Sie das ganze Haus

Ihr W. C. Grimm.

83.

Caszel 23. Dec. 1816.

Liebster Freund, ich schreibe Ihnen sogleich,
was ich wegen des jungen l'Estocq zur Antwort
erhalten. Ist es ein Sohn von dem General, der
nicht aus militärischen Vergehen, sondern andern
bösen Anklagen sitzt, so will man ihn nicht aufnehmen. Ist aber der Vater ein anderer, so wird
gefragt, ob der junge Mann Vermögen hat, um
etwas zusetzen zu können. Binnen 3—4 Jahren ist
keine Hoffnung, dasz ein Junker, da alle Stellen der
Art im Überflusz besetzt sind, befördert werde u.
er wird also grösztentheils von dem seinigen leben
müszen. Kann er das aber, so könnte er sich mit
einer Vorstellung unmittelbar an den Kurfürsten
wenden, welche dann wahrscheinl. wieder zum Bericht an den G. Thümmel geht, von welchem
obige Auskunft herrührt.

Harniers Reise nach Italien wahr sehr zweifelhaft geworden, da die Hanöv. Gesandtschaft an den
Pabst durch den Vorschlag Östreichs, gemeinschaftlich mit diesem die kirchl. Angelegenheiten zu
ordnen einen Aufschub erlitten. Es soll eine neue
Diöcesan-Eintheilung von Deutschl. stattfinden. Das
erzählte mir H. selbst vor zwei Tagen, nun höre
ich eben, dasz er doch nach Italien zu der Herzogin von Anhalt, die sich in Pisa befindet, u.
zwar in ganz kurzem abreisen wird.

Der Kurfürst hatte einen Rückfall bekommen,
der ein paar Tage bedenklich war, indeszen befand
er sich gestern beszer u. war wieder bei Laune.

Gerling mit Frau u. Kind sind wohl, ich habe
beide vorgestern gesehen.

Tausend Grüsze u. die herzlichste Liebe

W. C. Grimm.

Ich bin wieder mit einer Einlage da.

----- --- ---

Ein Neujahrwunsch

Ich schau hinaus, vor meinem Fenster thut sichs auf,
die Wolken ziehen fort in stillem Lauf,
das Himmelsauge blicket wieder
blau, unvergänglich, mild auf uns hernieder;
Und neben mir hat sich die Blume aufgethan,
schneeweisz und duftend, schaut zur Sonnenbahn,
und durch die Winternächte und die kalten Stunden
hat sich das Leben froh und hell gefunden.

O Gott und Herr, bescheer all deinen Kindern
solch einen Blick in kalten Wintern
und die dich lieben, all den Deinen
lasz du dein Licht, da wo sie trauern, scheinen.

84.

Caszel am zweiten Ostertage 1817.

Liebster Freund, da die ganze Natur Lust bezeigt den kalten und grauen Regenmantel abzu-
werfen und sich mit etwas heiterem Angesicht her-
vorzuthun, so will ich mich auch wieder einmal
regen und ein paar Papierblätter Ihnen in die Hand
bringen, während Sie die grünen vor den Augen
haben, damit Sie auch jene mit ähnlichem Wohlgefallen betrachten. In der That hat der seltsame
Winter, mit dem fürchterlichen Wind, der etliche
Mal meine Fenster zu zersprengen drohte, durch
seine starre Unabänderlichkeit einen ängstlich gemacht und ich bin durch diese schönen Wochen
ganz besonders. erfreut, weil ich sehe, dasz der
Himmel seine alte Weise nicht vergeszen hat. Meine
Altane habe ich aufs beste bestellt, Sonnenblumen,
Wicken, Winden sollen Sie, wann Sie herkommen
in schönster Vollkommenheit sehen und Goldlack
blüht schon in einer Pracht. Ich wollte die Marie
und das Hannchen wären bei mir und müszten mir
für das Begieszen sorgen helfen, sie sollten sich
dann auch mitfreuen.

Zu einem solchen Wunsch habe ich eben ietzt besonderen Antrieb, da ich seit 14 Tagen ganz allein u. so eine Art von Strohwittwer bin; mein B r u d e r ist auf sechs Wochen nach Heidelberg zu den altdeutschen Handschriften aus Rom und meine Schwester ist nebst R a m ü s und dem Hn. B a u e r, der noch immer blos proleptisch Doctor heiszt, nach Frankfurt zu Verwandten und Freunden. Die Einsamkeit hat auch ihr angenehmes, aber nicht zu allen Stunden besonders nicht Abends und mit dem besonderen Fleisz wills auch nicht fort, weil mich ein kleiner Rheumatismus plagt u. wie der Schneider im Märchen, der nicht zu fangen ist, in mir herumspringt. G e r l i n g seh ich zuweilen doch nicht zu oft, er geht Abends nicht gern aus, weil Ihre Schwester ein wenig kränklich war und sich darüber mehr Gedanken und Sorge macht, als nöthig ist. Sie kann recht heiter werden, wie ich sie ein oder zweimal im Theater gesprochen habe, aber ich glaube, es gehört bei ihr ein kleiner Entschlusz dazu? Das Kind ist gesund und wächst, schlägt aber ganz in die gerlingische Natur.

Von unserm öffentlichen Leben, so unbedeutend es in der Ferne aussehen mag, läszt sich immer mehr sagen als auf dies Papier geht. Die Angelegenheit mit dem Bundestag von dem S m i d, als er von Bremen zurückkam, mit einigen Erwartungen sprach, hat viel Aufsehen gemacht; hier hat man sich mit dem Mann verglichen, indeszen kann sich doch manches dabei entwickeln und wenn etwas gesundes und rechtliches zu Stand kommt, so

wird man Recht haben zu sagen, so muszte etwas
geschehen und den Anstosz geben. Vielleicht wirkt
auch der neue preusz. Staatsrath gut; vor allem ist
das für die Rheinländer zu wünschen; Görres ist
ziemlich erbittert, Smid sagte, man habe vor ihn
nach Würtemberg zu berufen, sonst wird man ihm
wohl eine Stelle an der Universität, die nun entschieden nach Bonn kommt, anbieten. Sie wiszen
wohl nicht, dasz er ietzt ganz ohne Stelle ist und
zwar durch folgenden Hergang. Der König hatte
zu Aachen versprochen, dasz alle Beamten ihre
Stelle behalten sollte[n]; da man aber zu viele Lit-
thauen und rothnaszige Preuszen (welches die schlimme
Sorte ist, die guten wandern natürlich nicht) her-
ausgeschickt hatte, so war jenes Versprechen nicht
zu erfüllen; man unterschied also zwischen denen,
welche von den Franzosen her ihr Amt hatten, und
denen, welche im Provisorium es erhalten und wollte
nur eine Clasze bestehen laszen. Statt aber die zu
wählen, welche die natürlichsten Ansprüche hatte,
wo man sich in der zweideutigen Zeit mit ent-
schiedener Gesinnung ausgesetzt, entschied man sich
für die andern und zeigte wieder jenes eigenthümliche Miszgeschick in der Beurtheilung fremder Verhältnisze bei sonst guter Gesinnung; freilich will
ich auch nicht dafür stehen, dasz vielleicht ohne sich
deszen klar bewuszt zu seyn, die alte Idee mit-
gewirkt, die andere Clasze habe eben durch das
Hervortreten zu viel eigenen Willen gezeigt. Damit
war Görres auch abgesetzt; er hat mir das nicht
selbst geschrieben, aber doch, dasz er viel Ärger

sich während zwei Monaten auf den Bergen ver-
laufen, darnach sey er nach Heidelberg gegangen,
wo er zwei Bücher aus den altd. Hss. geschrieben.
Von der Censur Commission musz ich doch auch
ein paar Worte melden; sie hat bis ietzt eigentlich
noch kein einziges Buch censirt, jedoch sind auf
unmittelbaren, ausdrücklichen Befehl des Kurfürsten
zwei Bücher verboten worden, das eine angeblich
von einem gewiszen Scheffer in Paris heraus-
gekommene und das [andere] in einer wirklich unrechten und unanständigen Form von Berlepsch
geschriebene; über die Sache selbst darin habe ich
kein Urtheil, manches soll unwahr seyn.

Leben Sie wohl, liebster Freund, grüszen Sie die
Ihrigen sämmtlich tausendmal, bald ist es ein Jahr,
dasz ich bei Ihnen war, mit unveränderter, herzlicher Liebe

Ihr
W. C. G.

Der Kurfürst ist wieder ziemlich wohl, doch
schwankt es seit längerer Zeit hin und her und
darum scheint mir seine Gesundheit bedenklich; er
ist viel schwächer als sonst.

85.

Caszel 24. Juni 1817.

Werden Sie nicht bös auf mich, liebster Freund,
dasz ich anscheinend Ihre Aufträge so schlecht besorge und doch habe ich nichts versäumt, freilich
nichts ausgerichtet, aber das ist auch allein Ursache,

dasz ich davon nichts in meinem Brief geschrieben. Wellentreters Ankündigung sammt den späterhin durch Gerling erhaltenen Zetteln, habe ich nach meiner besten Einsicht vertheilt, aber es hat sich niemand gemeldet, worunter ich freilich auch gehöre u. das hätte ich allein zu verantworten; aber wer kauft zur Zeit Gedichte? Den Hausbedarf schaft sich jeder leicht an, hat in der Nähe oder bei einem guten Bekannten eine Maschine, wo so etwas gegoszen wird. Das hat auch seine gute Seite, denn das wirklich neue wird wieder ebenso einsam stehen, wie früherhin jedes Gedicht eines anerkannten Dichters, von dem alle Welt sprach u. das bisher in dem Strom oft hat mitschwimmen müszen, ohne erkannt zu seyn. Was die Fasanen betrifft, so bin ich sehr gründlich zu Werk gegangen; der Brief an den Gärtner Schwarzkopf schien in Verbindung mit dem Auftrag, da indeszen Ihr Schreiben, aus Mangel an Umsicht, nichts davon sprach und bei meinen Erkundigungen sich ergab, dasz dieser Mann nichts mit den Fasanen zu thun hatte, schien mir das natürlichste, ihn ohne Weiteres blos abgeben zu laszen. Hierauf ging ich in der Aue spaziren und mittelte genau aus, wo der Fasanenhof sey und wie der ietzige Verwalter heisze. Da ich ihn gar nicht kannte, so suchte ich jemand von Gewicht, der dort Eingang u. Localkenntnisz besasz, ich fand diesen endlich in der Person des Raths u. Stadt Directors Burchardi, den ich bei einem Besuch präparirte u. ihn bat, mir zu erlauben, ihn bei heiterem und das Vorhaben begünstigendem Himmel

zu einem Gang dahin abzuholen. Vor wenigen Tagen
ist dieser vollbracht und das Resultat folgendes: in
den zwei letzten naszen Jahren sind die sämmtlichen
Goldfasanen umgekommen u. man ist deshalb genöthigt gewesen dieses Jahr Eier aus Ludwigslust
in Würtemberg kommen zu laszen, welche soeben
von welschen Hühnern ausgebrütet werden. Von
Silberfasanen hat sich noch etwas erhalten und liefen
auch verschiedene Exemplare davon herum, doch
waren es nach der Versicherung des Fasanenmeisters
nicht viel und er wuszte nicht, ob man davon ein
paar verkaufen würde; deshalb aber ist sich an
einen Geheimen oder Ober Jäger Meister zu wenden,
da er nichts darüber entscheiden darf. Zu diesem
zu gehen habe ich noch Bedenken genommen, u.
ich werde also schwerlich behilflich seyn können,
das galante Sachsen mit dem schönen Federvieh zu
bevölkern.

Meine Hoffnung dieses Jahr zu Ihnen zu kommen,
ist sehr gering, ich würde schwerlich Urlaub erhalten u. das wenige, was wir zu Reisen verwenden
dürfen, hat mein Bruder zu einer nach den Heidelberg. Mss. gebraucht. Woher Reimer die gute
Meinung hat, weisz ich nicht; indeszen fügt sich ja
manches über Nacht und unverhofft kommt oft, damit musz ich mich trösten; denn dasz es mir eine
herzliche Freude seyn würde, Sie wiederzusehen,
können Sie denken. Harnier reist diesen Abend
nach Pyrmont, er war kaum ein paar Wochen hier
u. hatte sich mit der Herzogin oder ihrentwegen

in Frankfurt aufgehalten, dieses Verhältnisz hat ihm
allerlei Aufträge und Verbindungen erweckt, gegen
seinen Vorsatz, doch weniger gegen Neigung hat
er immer eine diplomatische Beimischung in seinem
Treiben. Italien hat ihm gut, die Italiäner schlecht
gefallen, ein wenig Ungerechtigkeit mag da mit
unterlaufen, der halbe Naturzustand, in welchem die
Menschen dort leben, wird auch seine guten u.
lebendigen Seiten haben, die er nicht so gesehen
hat; bei einer gewissen Liebe oder Gewohnheit zu
unserer gesellschaftlichen Eleganz ist sein Auge
nicht darauf eingerichtet. Äuszerlich ist ihm die
Reise gut bekommen, nur sind seine Haare ein
wenig mehr gebleicht. Wir haben ihn öfter gesehen u. ich bin ihm für seine Freundschaftlichkeit
recht dankbar, womit er meine seit einem halben
Jahr kränkelnde Schwester besucht, ich hoffe, dasz
sie sich nach seinen Anordnungen wieder herstellt.
Doctor Bauer schwankt noch immer in seinem
Entschlusz u. weisz nicht, welchen Weg er einschlagen soll, es geht ihm wie dem Hn. v. Schel-
mufsky bei seinem Auszug der nicht wuszte ob es
beszer war, nach Sonnen Aufgang oder Untergang
zu wandern, so weitläuftig kam ihm die Welt vor.
Es fängt mir an für ihn und seine Braut leid zu
thun, zu rathen ist ihm nicht, er gibt einem sogleich
recht, thuts aber doch nicht.

    Göthe hat sich in dem zweiten Heft über die
Kunst am Rhein u. Main ziemlich stark gegen die
Gesinnung der neuen Mahler ausgelaszen, er hat
Recht, dasz die Übertreibungen und Überschätzungen

nicht taugen, aber das wäre von selbst gefallen u.
er thut gewisz hier vielen weh. Dasz er die Nachahmung der griechisch. Welt als die zuträglichste
preiszt, halte ich für falsch zumal in der Mahlerei,
die Berücksichtigung der altdeutschen ist viel natürlicher, weil das Leben, das sie darstellt doch noch
vielfach in uns fortlebt. So ruhig er sich im Ausdruck hält u. von dem bewuszten heiteren und an-
muthigen Wesen spricht, so sieht man ihm doch
eine innere Bewegung und eine Art Ärgernisz an.
Von Arnim ist ein neuer Roman „die Kronen-
wächter" erschienen, mir ist die Eigenthümlichkeit
des Dichters so lieb u. werth, ich glaube aber dasz
das viele Treffliche darin auch einem andern ein-
leuchten wird.

Grüszen Sie mir Ihre Frau und die lieben Kinder
tausendmal, sie sollten mich nicht vergeszen; auch
Belows bitte ich zu grüszen, er wird mir bald einmal schreiben müszen. Behalten Sie lieb

Ihren treuen Freund
W. C. Grimm.

Damit Sie nichts voraus haben, findet sich auch
eine Einlage von mir, die um Besorgung bittet.

An Herrn Profeszor Suabedissen. Erzieher des Prinzen
Friedrich von Heszen zu Leipzig. Vor dem Grimmaischen
Thore. Quergasze.

86.

Liebster Freund, vor einigen Tagen habe ich den zweiten Bogen von ihrem Buch corrigirt, womit der sechste fertig geworden, zwei nämlich haben Sie dorthin erhalten, darauf hat Bauer zwei übernommen und 5. u. 6. sind mir zugefallen. Nun wechseln wir beide ab, und Sie können in Zukunft leicht ausrechnen, wem eine Sünde zuzuschreiben ist. Warum haben Sie mir ihren Wunsch nicht geradezu gesagt? ich habe die gute Meinung von mir, dasz ich Ihnen zu lieb noch etwas mehr gethan, als ein paar Bogen corrigiren.

Wir sind nun wieder am Eintritt des Winters, den ein paar überaus heitere Tage ganz zurückzuschieben scheinen. Uns ist es den Sommer über ganz wohl gegangen, wir haben ihn auch insofern mehr genoszen, als wir häufiger Spaziergänge gemacht und drei Tage waren darunter, die wir ganz im Grünen zugebracht, alle von dem prächtigsten Himmel begünstigt. Sodann war ich eine Woche incognito auf dem Haxthausischen Gute im Paderbörnischen u. von da im Teutoburger Wald im Lippischen bei den berühmten und mächtigen Externsteinen, es sind Felsen, die in schönen Formen wie Thürme hoch aus der aufgeschwemmten Erde in die Höhe steigen.

Ich schicke Ihnen hier ein paar Anzeigen von unserm „Reinhart Fuchs" und bitte Sie recht angelegentlich, wo es geht, der Sache Theilnehmer zu

erwecken, da hier Quellen abgedruckt werden, die
unbestreitbaren Werth haben, so kann ich getrost
jedermann einladen: selbst wenn er hernach kein
besonderes Wohlgefallen an der Unterhaltung hätte,
die ihm das Buch gewährt, so mache ich mir wenig
daraus. Ich habe mich zwar bei den Wellen-
treterischen Ankündigungen schlecht benommen,
ich hoffe aber nicht, dasz Sie mir das vergelten
werden. Die Namen der Subscribenten hätte ich
gerne vor Neujahr oder um diese Zeit.

Der 18. Octbr. ist hier sehr schön, das Refor-
mationsfest anständig gefeiert worden. Eine Beschreibung davon d. h. von den äuszerlichen Feier-
lichkeiten enthält die hiesige Zeitung, die Sie wohl
lesen, aber es ist mir höchst empfindlich dasz ein
Jude so etwas schreibt oder auch nur redigirt. Die
Rede des Superintendent Rommel war nach meiner
Meinung schlecht und intolerant im bösen Sinne,
ungeachtet er das Gegentheil genug im Munde führte.
Er hat das Wesen der Reformation von einer sehr
falschen Seite angesehen und sprach nicht gegen die
Miszbräuche der kathol. Kirche, sondern nannte sie
selbst eine Finsternisz und tadelte die Verehrung
der Heiligen u. der Jungfrau Maria namentlich.
Arnim hat des Mathesius „Predigten" neu drucken
laszen und rühmt sie mir sehr; ich habe sie noch
nicht lesen können.

Was sagen Sie denn zu der Geschichte auf der
Wartburg? Der Gemeinsinn und die Lebendigkeit, die sich dabei gezeigt, sind doch sehr erfreulich;
hier ist nicht sehr laut davon gesprochen worden

und man hat an manchen Orten wenig Gefallen
daran gehabt, indeszen hoffe ich nicht, dasz etwas
unrechtes und tadelnswerthes, wie man auch erzählt
hat, vorgefallen ist; dasz der Student etwas über die
Schnur haut, ohn es unrecht zu meinen, weisz man
ja. Hallers Restauration hat mir insoweit sehr
gefallen, als mit innerer Überzeugung und an-
sprechender Lebendigkeit dargestellt ist, was uns so
noth thut, die Verbeszerung des Familienlebens;
ohne wahrhaftige treue Menschen wird die beste
Constitution nichts helfen; aber er ist übrigens unglaublich einseitig man kann wohl sagen blind.

Ich musz noch melden, dasz mein jüngster
Bruder wieder hier angekommen ist und vielleicht
auf längere Zeit bei uns bleibt; nämlich der Mahler.
Harnier lebt ganz vergnügt und wird wohl zu
Anfang künftigen Jahrs zu Ihnen kommen, seinem
Bruder ist am 18. Octbr ein Töchterlein geboren
worden; es hätte durchaus ein Bube seyn müszen,
weil das Kind eben angekommen ist u. den ersten
Schrei gethan, wie der Thürmer das Fest angeblasen;
es wäre dann eine Kleinigkeit gewesen einen Helden
oder dergleichen in ihm zu prophezeien.

Tausend Grüsze an Ihre Frau und die lieben
Kinder, was wird der Hans grosz geworden seyn!
Auch an Belows viel Grüsze.   Mit alter Liebe und
Freundschaft   Ihr
                        W. C. Grimm.
Bitte um Besorgung der Einlage.

An Herrn Profeszor Suabedissen bei bem Prinzen Friedrich von
Heszen zu Leipzig vor dem Grimmaischen Thore, Quergasze.

87.

Cassel den 10. März 1818.

Liebster Freund, ihr Buch wächst hier nach den Kräften der Aubelschen Druckerei, ich habe keine besondere Nachläszigkeit gespürt und daher von dem ertheilten Recht noch keinen Gebrauch gemacht. Wir sind ietzt am 20sten Bogen, wenn es gut geht, so werden wöchentlich 2 fertig, es kommen aber die Anzeigen, Zettel u. dgl. dazwischen, so dasz im Ganzen doch etwas weniger geliefert wird. Ich bilde mir ein, dasz ich die Correctur recht gut besorge und wenn es Bauer ebenso macht, so werden Sie wenigstens so ziemlich zufrieden seyn; denn ein Corrector, der jede Sünde auszustreichen weisz, musz geboren werden und wird nicht gemacht. Für die Mühe werde ich entschädigt durch die Bruchstücke, die ich nicht an mir vorübergehen lasze und die mir lehrreich und erfreulich sind und auszerdem noch die Abende in Ihrer Gesellschaft zurückrufen, wo sie uns manchmal vorlasen. Besonders wohlgefallen hat mir, was sie von dem Auge und dem Schlaf gesagt, wie fein ist manches bemerkt und wie wahr! denn ich habe es selbst im Leben empfunden. — Auch die kleine Schrift zur Reformationsfeier habe ich mit Freude gelesen, reine Gedanken sind darin hell und warm ausgedrückt; besonders gefallen hat mir, was Sie von den beiden entgegengesetzten Abwegen unserer Zeit gesagt und wie sie davor gewarnt; es trifft den Nagel auf den Kopf. In der historischen Betrachtung hätte ich

mir nur noch deutlicher ausgedrückt gewünscht, dasz
der heidnischen Naturvergötterung doch gewisz die
reine Verehrung eines einzigen Gottes vorangegangen.·
Das Bewusztseyn derselben hat eben die Sehnsucht
auch mitten in der allseitigen Belebung der Natur
erregt und das Unzulängliche dieses Dienstes gezeigt.
Jener Zustand der ungetrübten Anbätung ist das
Paradies, das voranging nur das weisz ich nicht zu
beantworten, ob es ein wirkliches gewesen oder ein
geistiges, mystisches, ein himmlisches Abbild der
Welt, das uns mitgegeben wurde, als wir in die
Wirklichkeit oder die geschichtliche Welt eingetreten
sind. — Grosze Freude haben mir auch die Predigten
des Mathesius über Luther gemacht, die Arnim
wieder herausgegeben hat. Welch ein lebensvolles
Bild von ihm! wogegen jenes von Melanchthon
farblos wird, hier fühlt man, wie Luther da stand
und die Wahrheit in ihm unvergänglich sein
muszte.

Ich sehe aus Ihren Briefen, wie wenig Freude
Ihnen die öffentlichen Angelegenheiten machen, es
geht mir auch so, aber die Antwort des Fürsten
Hardenberg auf die herrliche Rede von Görres,
auch die Preuszische Erklärung über Verfaszungen
am Bundestag sind mir wieder sehr tröstlich vorgekommen. Es war darin ernstlicher, guter Wille
sichtbar und Gefühl für das practische; sie dringen
beide auf etwas, das auszuführen steht und bilden
die Mittel nach der wirklichen Lage der Dinge.
Denn das gröszte Unglück scheint mir, dasz ietzt
ein jeder beszern, ein System aufbauen, raisonniren

und tadeln will und keiner sich um die Wirklichkeit
z. B. nur um eine genaue Kenntnisz seiner Provinz
bekümmert. In dieser Hinsicht ist mir z. B. die
Oppositions Zeitung recht fatal gewesen: nirgends
ein ruhiger, groszartiger Blick überall aber Geschrei,
gehäsziges Tadeln, Gezänk und dgl. über ein paar
schroffe Grundsätze gezogen. Genutzt hat es gewisz
wenig; wo ich etwa einmal urtheilen konnte, waren
die Thatsachen fast immer entstellt und auszerdem
darauf eingerichtet, Ärger zu erregen. Es ist ein
Unglück, dasz die Preszfreiheit in solche Hände gerathen ist, wenn Möser noch gelebt hätte, der hätte
sie würdig benutzen können.

Uns drei Brüdern geht es hier ganz gut, obgleich
noch mancher Wunsch übrig bleibt. Dem Maler
ist nun vor kurzem sein Gesuch um eine Anstellung förmlich abgeschlagen; ich denke dann
immer, es wird zu seinem Besten seyn. Er hat sich
ietzt im Ramüsischen Haus ein Atelier eingerichtet und macht den Carton zu einer heil. Familie,
die er in Öhl ausführen will. Vor einigen Tagen
habe ich unter seinen Zeichnungen die drei Kinder
betrachtet u. daran gedacht, wie sie sich werden
verändert haben; das Hannchen wird nun gar
grosz geworden seyn. Wenn ich ietzt einmal käme,
würden sie gewisz ein paar Stunden lang fremd
thun, bis sie den alten Freund wieder herausgefunden
hätten. Wir beide sollten an die neue rheinische
Universität, es hatte viel anziehendes, doch meinte
mein Bruder, der doch eigentlich zu entscheiden
hatte, dasz wir es ablehnen müszten und ich habe

seinen Gründen recht gegeben. Meine S c h w e s t e r
beszert sich, aber doch langsam, Gottlob nur dasz
keine Ursache da ist, ernstlich etwas fürchten zu
müszen. — B a u e r lebt noch immer in den Verhältniszen, in welchen Sie ihn hier gesehen; es fehlt
ihm an Entschloszenheit und es kann mir manchmal bang um seine Zukunft werden, er selbst ist
immer guter Dinge.

Leben Sie wohl, liebster Freund, grüszen Sie die
Ihrigen auf das schönste und behalten Sie mich
in Ihrem Herzen

Ihr treuer Freund
W. C. Grimm.

Ich bitte recht viele Grüsze an B e l o w u. seine
Frau zu bestellen; ich schreibe ihm nicht besonders,
Sie theilen ihm ja wohl mit, was er von mir zu
wiszen wünscht.

88.

Cassel am 25. August 1818.

Seyn Sie herzlich gegrüszt, liebster, bester Freund,
dasz Sie sich wohl befinden hat mir Ihr Briefchen
durch Fräulein v. S c h e e l e und diese selbst versichert. Ich hoffe, dasz Sie auf diesem guten Wege
fortgewandelt sind und versteht sich in Begleitung
der Ihrigen, das M a r i e c h e n und der kleine Basz,
das E l i e s c h e n werden nebenher gesprungen seyn,
das H a n n c h e n ist gewisz schon ganz grosz und
geht ehrbar zur Seite. Ich bitte gleich am Eingang

sie sämmtlich auf das herzlichste zu grüszen. Ich
habe öfter an Sie gedacht, als Sie vielleicht glauben
und aus der Zahl meiner Briefe abnehmen können;
auch die Reise dorthin ist mir ein rechter Wunsch
gewesen, aber mehr als ein Hindernisz war für diesmal nicht zu besiegen. Also werde ich erst hier
zu Ostern die grosze Freude haben, Sie wieder zu
sehen.

Mir und den Meinigen ist es wohl gegangen,
der Sommer war aber auch so herrlich, dasz keine
Kunst dazu gehörte, gesund zu bleiben. Diesmal
habe ich recht die Wohlthat unserer halbländlichen
Wohnung gefühlt und mich oft an dem heitern
Himmel, den herrlichen Bergen und der Ganzen
mit allem Segen überschütteten Natur nicht satt
sehen können. Je älter man wird, desto noth-
wendiger zeigt sich der Umgang und das Zusammenleben mit der Natur und gewährt einem die gröszte
Erquickung. Meine S c h w e s t e r hat sich auch allmählig und seit sie aus dem Bade zu Wildungen
zurück ist, wie mir däucht, bedeutend erholt. Dieser
Stein der Sorge wird also immer leichter. Auszerdem haben wir Geschwister seit einigen Wochen
auch die Freude sämmtlich beisammen zu seyn. Der
K a u f m a n n war zu Bordeaux des Aufenthalts unter
den Franzosen längst müde geworden; das Volk ist
aller Ruhe entwöhnt, es spaltet sich unaufhörlich
in Parteien, deren jede ihr Recht und Unrecht hat
und es ist noch nicht abzusehen, wie ein bleibender
Zustand wird möglich werden. Die nächste Absicht
meines Bruders war in Hamburg eine Fabrik zu

übernehmen, die ihm der Besitzer, ein alter Mann,
der für ihn besondere Freundschaft hat, schon bei
Lebzeiten theilweise abtreten wollte; indeszen hat
ihn das besondere Unglück getroffen, dasz er wenig
Tage nach seiner Ankunft diese Fabrik hat auf den
Grund müszen abbrennen sehen und damit seine
Hoffnungen gescheitert sind. Diese Widerwärtigkeit
mag ihn etwas verstimmen, doch hoffe ich wird er
sie unter uns am ersten vergeszen. Der andere
Bruder, Namens Ferdinand, den Sie noch gar
nicht kennen, kam ganz unerwartet von Berlin. Er ist
nicht grosz und hat ein feines und scharf geschnittenes
Gesicht, dem man seine blonde Natur noch ansieht,
während wir übrigen zu den dunkeln gehören. Seine
Gesundheit hat sich gottlob auch sehr gestärkt, ja
er ist ietzt einer, der schon etwas aushalten kann,
den Weg von Heiligenstadt hierher hat er zu Fusz
und noch dazu über den Harz gemacht. Führt ihn
sein Rückweg, was noch nicht bestimmt ist, über
Leipzig, so geb ich ihm, im Voraus ihrer freundlichen Gesinnung gewisz, eine Adresze an Sie
mit; ohnehin könnte ich manches zu seiner Empfehlung sagen, dasz er nicht ohne Eigenthümlichkeit
ist, werden Sie selbst bemerken. Ich kann auch im
Voraus versichern, dasz ihn die Kinder gern haben
werden, wenn sie ihn auch nur ein paar Stunden
sehen. — Jetzt nach sieben Jahren oder noch länger
sitzen wir wieder einmal beisammen, die andern
sind alle ziemlich in der Welt herumgekommen,
ich habe noch daheim mit der Schwester am meisten
ausgehalten, dafür mache ich auch ietzt die Honneurs

u. wenn ich z. B. bei Tisch vorlege und, wann die
ersten bald fertig sind, erst zu eszen anfange, komme
ich mir wohl wie ein ziemlich bejahrter Hausvater
vor. Mein ältester Bruder arbeitet überfleiszig
an einer historischen Grammatik, die alle Stämme
der deutschen Sprache umfaszt und wohl ein nicht
unbedeutendes Werk geben wird. Dafür hat er den
„Reinhart Fuchs" verlaszen und ich mag doch nicht
gern, dasz das Werk blos nach meiner Arbeit erscheint, weil auf jeden Fall vier Augen mehr sehen.
Die weitere Ausgabe der „Edda" hängt zum Theil
von dem noch ziemlich geringen Absatz des ersten
Bandes ab, zum Theil ist sie weniger nöthig geworden, da so eben eine grosze Ausgabe in Kopen-
hagen erschienen ist, nach einem andern Plan, als
unsere, aber viel vorzügliches, das in der Nähe der
dortigen.Sammlungen nur möglich war, enthaltend.
Ich bin ietzt beschäfftigt, eine Übersicht der alt-
nordischen Literatur in der neuesten Periode für
den „Hermes" zu liefern, eigentlich mehr, weil ich
es aus verschiedenen Gründen für meine Schuldig-
keit halte, als aus Gefallen an solchen Arbeiten.
Ich setze dabei voraus, dasz es eine ordentliche
Zeitschrift wird, worüber Sie vielleicht einiges nähere
wiszen. Dasz Sie den 2ten Band der „Sagen" lesen
würden habe ich wirklich nicht gedacht, es war
unsere Absicht, wenn die ganze Sammlung fertig
wäre und die dazu gehörige Abhandlung geliefert,
sie Ihnen vorzulegen und um Ihre Meinung zu
bitten. Sehen Sie auf keinen Fall eine Nachläszigkeit oder Undankbarkeit darin, dasz wir Ihnen diesen

Band nicht geschickt. Übrigens ist es nicht unsere
Meinung diesen Saft aus der Geschichte auszuscheiden,
nein, es soll eben gezeigt werden, dasz ohne diesen
sie nicht hätte wachsen und gedeihen können und dasz
die Wahrheit, welche die Sage enthält auf andere
Weise nicht zu erfaszen war.

Da wir doch bei der Literatur sind, gedenke ich
der Betrachtungen der Fr. v. Stael über die Revolution. Sie sind anziehend und lebhaft geschrieben
und man liest das Buch wohl aus, wenn man es
angefangen hat. Zweierlei scheint mir darin vorzüglich: die Lebendigkeit, womit manche einzelne
Momente, von ihr selbst erlebt und gefühlt, geschildert sind, wobei denn auch manches neue und
pikante vorkommt, und dann die Wahrheit deren
sie sich befleiszigt, manches geradezu dumme fällt
ihrer Nation in deren Gesinnung sie gebildet ist,
anheim, aber sie hat doch die ernstliche Absicht,
jeder Partei ihr Recht widerfahren zu laszen. Die
Charakterschilderung des Napoleon, die diesem
ohnstreitig in Frankreich groszen Schaden thun
wird, gehört zu dem besten; selbst wenn man über
ihn gewisz ist, wie sie, bleibt doch noch etwas un-
erklärbares in ihm zurück, das Beachtung ich sage
nicht Achtung verlangt und das hat sie sehr gut
angemerkt. Schlegel ist nun Profeszor in Berlin,
ganz schickt er sich nicht zu dem Amt, bei seiner
Neigung zugleich feiner Welt- und gar wohl Hof-
mann zu seyn: er ist Bräutigam mit der ganz
jungen Tochter des Paulus in Heidelberg, die sehr
gebildet ich glaube auch Schriftstellerin ist. Fried-

rich Schl. ist von der Gesandtschaft in Frankfurt
entfernt, weil er sich mit dem röm. Hof in einen
heimlichen Briefwechsel eingelassen hatte.

Der Studentenlärm in Göttingen scheint sich zu
setzen. Es ist innerhalb und auszerhalb der Mauern
dabei gesündigt worden. Die Regierung scheint
mir unrecht gethan zu haben, sogleich die ordentliche Behörde zu suspendiren und militärische Hülfe
einrücken zu laszen, die doch bekanntlich auf Universitäten nie Ruhe gestiftet hat. Wuszte sie dasz
der Prorector sich schwach benehmen würde, so
hätte sie ihn nicht bestätigen sollen. Das ist aber
die Gewohnheit der Zeit, dasz man bei der ersten
Gelegenheit das Bestehende und die eingeführte
Ordnung hintansetzt, um mit heftigen Mitteln von
obenher zu wirken. Aus diesem Wankelmuth entsteht dann die Geringschätzung des Rechts und der
Sitte. Die Studenten haben sich dagegen auch
plump und roh benommen, namentlich die Curländer.
Ich habe hier zu Pfingsten selbst gesehen, wie ganz
gemein und sittenlos diese sind. Dasz sie sich z. B.
grosze Zöpfe von verschiedener Farbe anhingen und
in der Stadt damit umherzogen, war nichts als eine
Frechheit, denn der Spasz davon ist längst bis zum
Ekel abgenutzt. Die Musiker in der Aue warfen
sie mit Erde und einem ganz sittsamen Mädchen
riszen sie das Halstuch weg; ihr Bruder, ein Offizier,
suchte wüthend den Thäter und es hätte leicht auch
zu Auftritten kommen können. Von der allgemeinen
Burschenschaft denke ich so: sie ist wohlgemeint
und kann den besten Einflusz haben, indem sie ein

reines Bild vorhält; sie beachtet aber etwas ganz
natürliches nicht, nämlich, dasz Landesleute und
Gleichgestimmte sich doch jedesmal von selbst zu-
sammenhalten und näher vereinigen werden. Sie
müszten daher Landsmannschaften zu erhalten und
zu verbinden wiszen, was aber so viel ich erfahren
habe, nicht geschieht. In Jena haben sich auch
ganz neuerdings Mitglieder der Burschenschaft wieder
näher zusammengethan und gesagt: die Burschenschaft sey recht gut und möge bestehn, aber die
Leute wollten schon ietzt im Himmel seyn; worin
etwas wahres liegt.

Es ist Zeit, dasz ich schliesze. Sie sehen diesem
Brief wohl an, dasz ich mir vorgestellt habe, ich
säsze eine Stunde an Ihrer Seite Gott schenke
Ihnen ferner Gesundheit und Heiterkeit und mir die
Fortdauer Ihrer Freundschaft. Mit treuem Herzen

Ihr W. C. Grimm

Grüszen Sie B e l o w und seine Frau bestens von
mir und theilen Sie ihm aus dem Brief von mir mit,
was er zu wiszen verlangt. Ich habe mir erzählen
laszen, dasz er ein Kind angenommen und kann mir
vorstellen, dasz er sich genug darüber freut.

89.

Caszel am 4. März 1819.

Liebster Freund, in der Hoffnung und Freude
Sie bald hier zu sehen sogar als einen nächsten
Nachbar, da neben unserer Wohnung die Zimmer

für den Prinzen zubereitet werden, kommt die
niederschlagende Nachricht, dasz Sie sich unwohl
befinden und über Ihre Herkunft gar noch nicht
gewisz sind. Ich wollte mir alles Schreiben durch
unser mündliches Gespräch ersparen, aber ietzt kann
ich es doch nicht laszen, bei Ihnen anzufragen, wie
es Ihnen geht und was Sie zu thun beschloszen
haben, denn ich brauche nicht zu versichern, dasz
ich mit herzlicher Liebe und Freundschaft immer
an Sie denke. Ich hoffe, dasz Ihre Unpäszlichkeit
nichts als eine Folge des veränderten Climas ist,
denn es hat ja das Ansehen, als sollten wir ein
gutes Stück nach Süden gerückt werden; in Rom
friert es auf eine unerhörte Weise alle Nüchte,
während es in Petersburg nicht dazu kommen kann.
Dasz eine solche Umwälzung Einflusz übt, habe ich
selbst an mir erfahren, ich bin das ganze neue Jahr,
wo nicht eigentlich krank doch sehr unwohl gewesen und fange ietzt erst an, mich wieder heraus-
zuarbeiten. Auch mein ältester Bruder muszte
einige Wochen das Zimmer hüten, die Schwester
war auch nicht ganz gesund, manches andere hatte
uns betrübt, so dasz wir alle uns nach dem frischen
belebenden Frühjahr sehnen, das sich eben heute sehr
schön ankündigt.

Ich habe in dem ersten Heft des „Hermes" mit
Vergnügen Ihre Abhandlung über die Preszfreiheit
gelesen, ich hoffe sie wird sich practisch so ziemlich einfinden, denn wir Deutsche haben zu viel
natürliche Liebe und Achtung für den Geist, als
dasz der Zwang wirklich könnte durchgesetzt wer-

den, so wenig wie in der Westphälischen Zeit die
geheime Polizei. Allein der Neigung von obenher
dieses und jenes, was dort ärgerlich in die Augen
fällt, ohne weiteres zu verbieten wird man sich
nicht entschlagen können, selbst wenn man das Gefühl hätte, es sey ein vergebliches Bemühen, es ist
wie das Kratzen beim Jucken. Ich glaube selbst,
ich wäre schwach genug gewesen, wenn es in meiner
Macht gestanden, daran zu denken, ob ich nicht
Dinge, wie Stourdzas Schrift, oder die regelmäszigen Verläumdungen wohlgesinnter Leute, z. B.
der Fr. von Krüdner oder die endlosen Klatsche-
reien im Oppositionsblatt u. s. w. verbieten sollte,
während es ja wohl gut ist, dasz das Böse herauskommt. — (Ich bin an einem Aufsatz über die alt-
nord. Literatur für den „Hermes“, aber das Ding
wächst mir unter den Händen u. ist doch noch nicht
fertig. Wollten Sie das wohl gelegentlich nebst
Grüszen dem Prof. Krug sagen. [Randbemerkung])
Den Recensenten von Voszens Shakespeare habe
ich auch bald errathen, die „literarische Helden-
brust“ der Deutschen wäre gewisz niemand in den
Sinn gekommen, als Clodius. Es ist manches gute
bemerkt, aber im Ganzen geschieht doch der
Schlegelschen Arbeit zu viel Unrecht. Einem
groszen Kenner, dem Prof. Benecke darf ich
trauen, wenn er versichert, dasz beide, weder
Schlegel noch Vosz das Original so aus dem
Grund verstehen, wie sie sollten. Aber bei jenem
ist doch ein sicherer, würdigerer Eindruck des Ganzen,
während bei dem Vosz jemand, der ganz unbe-

fangen ist und sich nicht darum kümmert, was für
gute und achtungswerthe Grundsätze der Anlasz
einzelner Ausdrücke waren, nicht lang ohne ganz
komisch berührt zu werden, zuhören kann. Ich
könnte es z. B. den ganzen berühmten Monolog des
Hamlet hindurch nicht vergeszen dasz er gleich
anfangs sagt: „wenn erst wir weggeschnellt
den Staubtumult!" Dazu kommt noch die Einmischung des Plattdeutschen, wovon der Grund blos
in Voszens besonderer Lage zu suchen ist. Warum
sollte ein anderer nicht mit gleichem Recht die
böhmische oder östreichische Mundart einseitig benutzen wollen? In Wien sagt man: der Haas ist
gar (d. h. zu Ende), wenn nun ein östreich. Vosz
tragisch ausrief: das Leben ist gar! es könnte mirs
niemand verdenken, wenn [ich] für eine tragische Empfindung eine komische hätte. Voszens Übersetzung gleicht gutem, reinen Brot aber es ist Sand
in das Mehl gekommen, so dasz man im besten
Eszen und Genusz auf so ein fatales Steinchen beiszt.
Schlegel mag wohl etwas zu viel weiszes Mehl zu-
gemischt haben.

In Steffens Carricaturen habe ich auch viel
Lebendiges, Schönes und Wahres gefunden, doch
kann ich sie nur als Parteischrift ansehen. Recht
wohl wird es mir bei diesem Buche nicht, es hat
etwas unruhiges und für jemand, der groszartig und
frei seine Zeit belehren will, fehlt ihm für die Gesinnung ein mildes Wohlwollen und für den Gegenstand selbst hinlängliche practische Kenntnisz. In
seiner neusten Schrift dem „Turnziel" sieht man

recht, wie er sich hineinarbeitet, um aus einer in
ihrem Guten und ihren Miszbräuchen gewisz leicht
zu beurtheilenden Sache, über die das richtige
Urtheil nicht ausbleiben kann, eine weltbewegende
Angelegenheit zu machen. Vielleicht bin ich dadurch befangen, dasz ich ihn persönlich kenne und
mir noch immer in Gedanken ist, wie gern er sich
bei ganz unschuldigen Dingen in die Rage brachte.
Es fehlt ihm, so viel treffliches er besitzt, das ich
gern anerkenne, ganz der deutsche Geist und ein
bischen zu viel hat er von Eitelkeit. Wie leicht er
sich dadurch aus seiner Stelle rücken lässt, können
Sie wohl daraus abnehmen, dasz er vor kurzem in
Berlin war, um, es ist fast unglaublich, für den
Norwegischen Storthing eine Anleihe zu unter-
handeln; er, der davon ohne Zweifel nicht das aller-
geringste versteht. Wenn Spanien ebenso seinen
Vortheil kennt, so behaupte ich, trägt es ihm auf,
eine Flotte in Norwegen für sich bauen zu laszen.

　　Gerling war diesen Winter ein paar Tage hier,
er ist gesund doch noch nicht ganz so frisch wie
sonst. Marburg hat 5000 Thlr. Zulage erhalten,
dadurch sind Arnoldi u. Wurzer wieder fest-
gehalten; Muckeldei u. Stein gehen aber nach
Bonn. Verachten Sie mich nur nicht, dasz die
philos. Facultät mir u. meinem Bruder das Doctordiplom zugeschickt, Sie wiszen was ich in diesem
Fache vermag und ich fühle gewisz, dasz ich die
Univ. nicht zu Ehren bringen kann. Harnier
reist übermorgen nach Frankfurt, er hat uns neulich
in einem thé garni köstlich bewirthet. — Ich hoffe

bald auf ein paar gute Zeilen von Ihnen, liebster
Freund Gott sey mit Ihnen. Seyn Sie, Frau und
Kinder auf das herzlichste gegrüszt

Wilhelm C. Grimm.

Bitte an Belows viele Grüsze zu sagen

90.

Caszel 9. Mai 1819.

Liebster Freund, es ist ein Fall, wo ich Ihrem
Beispiel ungern folge, indem ich statt selbst zu
kommen, einen Brief blos abgehen lasze. Allein
es sind einige Unmöglichkeiten vorhanden, wovon
die eine, dasz ich keinen Urlaub erlangen kann,
schon hinreichend seyn wird. Gottlob, dasz ich Sie
gesund weisz, Below hat mir eigentlich erst alle
Sorge Ihrentwegen benommen, da er mir erzählte,
dasz Sie sich auffallend schnell erholt. Nun wird
Sie die Reise völlig gestärkt haben, diese Ruhe
überhaupt müszen Sie wohlthätig empfunden haben
und so leid es mir am ersten Morgen that, Sie nicht ·
zu finden, so habe ich doch wohl gefühlt, dasz Sie
nicht jede Stunde hier würden heiter zugebracht
haben.

Dasz Sie nicht nach Berlin gehen würden, hatte
mir schon geträumt. Ich erhielt nämlich einen
Brief, worin Sie erzählten, dasz Sie lieber nach
Hamburg gegangen wären, aber eigentlich dadurch
in der Kenntnisz dieser Stadt zurückgekommen, denn
was habe man davon, ein paar Tage flüchtig u. meist

nur die Straszen zu betrachten, man werde nur in dem ruhigen Phantasiebild, das man beseszen, gestört. Hernach sagte mir Below, dasz es nicht Hamburg sondern Dresden gewesen, wohin sie sich gewendet und das hätte ich auch wiszen können, da Träume bekanntlich die entgegengesetzte Richtung angeben.

Es geht mir so gut als Gott will, ich meine man soll nicht klagen, wo des Guten mehr ist; ist doch auch meine Gesundhsit so, wie ich lange Jahre nie gehofft, dasz sie noch werden könnte. Below wird Ihnen von dem besten erzählen können, ich habe ihn zwar nicht sehr oft, aber doch manchmal gesehen. Mein Bruder Carl, der wirklich etwas vom Schicksal tribulirt wird, hat seine Verhältnisze in Rheims wieder abbrechen müszen und kommt wahrschl. wieder zu uns. Ich thue, als müszten Sie alles wiszen, was uns begegnet.

Grüszen Sie mir die lieben Kinder u. Ihre Frau recht herzlich und schlieszen Sie mich ferner in Ihr Herz ein

Ihr treuer W. C. Grimm.

Ich hätte Ihnen gern den Hofrath d. h. die Kosten, die er Ihnen machen wird, abgewendet. Sobald werden Sie nicht in den activen Dienst bei Hof eintreten. Stände ich nicht in Ungnade so hätte ich auch einen beszern Charakter, was mir ein Zeitungsherumträger zum neuen Jahr wünschte.

91.

Liebster Freund, ich brauche Ihnen wohl nicht zu sagen, dasz nur der Verdrusz nicht heitere, unbefangene Briefe schreiben zu können mich zu so langem Stillschweigen gebracht hat, dasz ich aber wie sonst mit herzlicher Freundschaft und Liebe an Sie gedacht. Wie wohl wäre es mir gewesen, wenn ich manchmal eine Stunde bei Ihnen einsam auf Ihrem Arbeitsstübchen hätte sitzen können, es rührt mich noch, wenn ich mich erinnere, wie ich vor Jahren bei meinem Besuche es inne hatte und wenn Sie ausgegangen waren, so wie in meinem Eigenthum darin sasz, mancherlei las und mancherlei Gedanken vorübergingen. Seit der Zeit habe ich Sie nicht wiedergesehen, ich hoffe, Sie werden mich unverändert wiederfinden und darum vertraue ich auch, dasz Sie mir wieder mit derselben Freundschaft die Hand reichen, mit welcher Sie mir sie auf der Brücke bei unserm Abschied drückten.

Das Misztrauen und Herzlosigkeit, die auszen herrscht, geht auch in unsere Literatur über. So ist mir der Streit zwischen Vosz und Stollberg der unseligste von der Welt. Es war mir unbegreiflich, wie jener so alles was das Leben geheimes und vertrauliches hat, jeden natürlichen und unbesorgten Augenblick hat publiciren und dem Geschwätz der Welt überliefern können, auf der andern Seite ist auch keine Ruhe und Unbefangenheit gewesen. Vosz ist hart, eigensinnig und eingebildet, hat aber

doch etwas redliches, Stollberg ist edler und
groszartiger, hat aber etwas schwankendes und es
lag in beiden Naturen ein Gegensatz, der sie immer
von einander hätte halten sollen. Die Religions-
streitigkeiten an sich haben nie etwas gutes herbei-
geführt und sie sind auch nicht die beste Seite an
Luther. Das was alle Christen vereinigt, worin
sie glückselig neben einander vereinigt wandeln, was
sie in diesem Sinne thun und vollbringen, das ist
mir das Rechte.

Mir und meinen Geschwistern geht es wie sonst,
wenn ein Zeitraum vorüber ist erkenne ich mit
Dank gegen Gott, wie viel Gutes darin liegt. Der
Mahler ist seit Septbr in Frankfurt u. ist mit
einigen Öhlbildern beschäftigt, der Kaufmann
empfindet den Druck seines Standes und da ein
eigenes Miszgeschick ihn getroffen hat und noch
ietzt trifft, da er dem Untergang alles deszen was er
sich erworben hat und was ohnehin nicht viel war,
entgegensehen musz, so freue ich mich, dasz er sich
einen im Ganzen so heitern Sinn und ein Vertrauen
auf Gottes Hülfe erhalten hat. Mit den Arbeiten
geht es auch den gewohnten Gang, mein Bruder
übertrifft mich an Fleisz u. arbeitet von Morgen bis
Abend, er bringt es auch an Gelehrsamkeit und
Scharfsinn viel weiter als ich.

Ich schicke Ihnen die neue Ausgabe der Kinder-
märchen nicht, weil ich mir vorstelle, dasz Ihre
Kinder sie nicht mehr lesen, wollen Sie aber sich
hier einmal das Buch abfordern, so wiszen Sie, dasz
es gern gegeben wird. Grüszen Sie die lieben

Kinder, und wenn sie gar nichts mehr von mir
wiszen, sagen Sie, dasz ich ganz ordentlich, wie ein
anderer Mensch aussähe.

Der Tod der guten Kurfürstin hat mich betrübt. Ich war noch wenig Tage vorher bei ihr,
sie war ganz freundlich wie sonst, gab mir ihre
sanfte Hand beim Abschied und als ich sie ihr
küszte, drückte sie meine ein wenig und sagte, sie
würde uns bald einmal einladen laszen. Sie hatte
uns wirklich lieb, nicht sowohl unsertwegen, als
wegen der seligen Tante, die ihr eigentlich keine
Dienerin mehr sondern eine Freundin war.

Leben Sie wohl, liebster Suabedissen, so Gott
will, ist die längste Zeit vorüber, in welcher ich Sie
nicht sehe. Grüszen Sie auch Ihre Frau von mir
und behalten Sie mich lieb

Ihr treuer Wilhelm C. Grimm.

92.

Caszel, 27. Octbr. 1820.

Liebster Suabedissen, Gestern ist ein Brief von
Leipzig für Sie angekommen, der auf dem Couvert
an mich u. abermals innen als eilig bezeichnet ist.
Da der Termin, wo ich Briefe an Sie sollte weiter befördern, mit dem 23. incl. abgelaufen ist u. ich Sie
gestern schon erwartete, so war es ganz natürlich dasz
ich ihn stehen liesz. Indesz ist mir eingefallen, Sie
könnten noch länger in Marburg bleiben wollen u.
es wäre in diesem Fall das klügste, Ihnen wenigstens
das Daseyn jenes Briefes zu melden, so dasz Sie nun,

wie Ihnen gefällt, ihn dorthin verlangen können
oder Ihre Abreise beschleunigen. Übrigens ist die
Adresze von der Hand Ihrer Frau.

Below u. s. Frau laszen recht sehr grüszen,
und er läszt Ihnen sagen, dasz Ihr Abschied bei
ihm liegt.

Mein Gesicht ist wieder zu seinem bescheidenen
Maasz zurückgekehrt.

Ich mache blosz eine Adresze an Gerling, damit,
falls Sie bei Ankunft des Briefes abgereiszt sind,
nicht dieser sonst inhaltslose nachgeschickt wird.
An alle drei die herzlichsten Grüsze von

Ihrem treuen Freund

W. C. Grimm.

93.

Caszel 7. Jan. 1821

Liebster Freund, ich danke Ihnen für Ihren Brief
und für die Freundschaft, die Sie mir durch Ihr
Vertrauen bezeigen. Ich antworte nach Ihrem
Wunsche sogleich und will Ihnen offenherzig meine
Gedanken sagen.

1. Ich meine, Sie sollten Ihrem ersten und natürlichsten Vorsatz treu bleiben, wenigstens ein Jahr
ganz ungebunden und ruhig zu leben. Sie sind in der
vergangenen Zeit auf verschiedene Weise, nicht
immer auf eine erfreuliche, angerührt und bewegt
worden, Sie haben sich fremdartigen Richtungen
hingeben müszen, so dasz sich Ihr Geist durch eine
Rückkehr zu seiner eigenen Natur am besten stärken

wird, auch gewährt diese geistige Stärkung Ihnen
die beste Arznei für den Körper. Das Gefühl, man
gehe bergab beschleicht einen in bedrängten Augenblicken, ich sage Ihnen ganz aufrichtig, ich habe
nichts dergleichen an Ihnen bemerkt. Sie dürfen
sich mit gutem Gewiszen dem Lehramt widmen, ehe
Sie aber einen neuen Beruf ergreifen, sichern Sie
sich und Ihren Mitmenschen erst den Ertrag Ihres
Nachdenkens und Ihrer Arbeiten. Dort würde Sie
doch mitunter der Gedanke, das Angefangene nicht
vollendet zu haben stören, so wie Sie auch dort
sich nicht sobald Ruhe und Zeit dafür ausmitteln
würden. Alles Neue will erst überwunden seyn.

2. Eben darum opfern Sie auch nicht einem im
Ganzen geringen ökonom. Vortheil den höheren
geistigen auf, an einem Orte eingewohnt zu seyn,
wo Sie alte Bekannte und Freunde um sich wiszen.
Der Mensch kommt mir vor, wie eine Pflanze, die
wenn sie mit der gröszten Vorsicht, selbst in beszere
Erde versetzt wird, doch erst ein paar Tage trauert.
Vielleicht ist meine beschränkte Natur schuld daran,
aber ich müszte mich nicht blos in die Menschen,
sondern auch in die ungewohnten Berge, Thäler und
Bäume finden, wenn die Ruhe meiner Gedanken
nicht mehr sollte gestört werden.

3. Ich glaube, wenn man Ihnen gewiszermaszen
in Berlin nicht Wort gehalten, dies hauptsäch-
lich doch nur geschehen, weil gerade keine offene
Stelle anzubieten war. Bei einer Vacanz wird man
Ihnen wahrscheinlich einen Antrag machen, und Sie
hätten dann noch freie Hände.

4. An sich ist mir der Gedanke angenehm, Sie
in Marburg zu wiszen. Sie könnten gewisz gutes
wirken u. die Theilnahme (die rechte, die nicht
blosz den Schein in der Wiszenschaft sucht) erscheint
im Ganzen öfter auf kleinen, als auf groszen, prun-
kenden Universitäten. Ich glaube auch, dasz man
sich am Ende dazu verstehen würde, Ihnen die Stelle,
falls Sie darum bitten, zu geben. Nur glaube ich
nicht, dasz man Ihnen Ihre Pension, als solche (was
ich an sich sehr billig fände) läszt, man wird sie
zur Besoldung schlagen, diese würde dann etwas
höher ausfallen, doch nicht so viel betragen, als
Besoldung und Pension zusammen ausmachten. Mehr
als 1000 Thlr dürfen Sie kaum erwarten, während
gewöhnl. Besoldung u. Pension etwa 1200 betragen
würden. Um aber die Bitte um dieses Amt sogleich
zu stellen, müszte man keine von den Bedenklichkeiten
haben, deren Sie in ihrem Briefe erwähnen, von
denen mir zwar einige übertrieben scheinen, die
meisten aber begründet. Sie müszen nicht blosz die
Gegenwart und nächste Zukunft berücksichtigen.

5. Sind Ihre Verhältnisze so dringend, dasz es
Ihnen eine Pflicht ist, sogleich den weiteren Unterhalt zu sichern, oder sind Sie sonst entschloszen,
um eine Marburger Profeszur anzuhalten, so schreiben
Sie doch zuvor hierher. Ich will Ihnen gerade
sagen, warum. Ich wünschte, dasz die Kurprin-
zeszin, die Ihnen wohl will, dann veranlaszte, dasz
man Ihnen erst einen Antrag machte. Sie kommen
erst in diesem Fall in das richtige und natürliche
Verhältnisz, Sie könnten dann, was an sich billig

ist z. B. die Unabhängigkeit Ihrer Pension zur Bedingung machen. Denn da ich mir wohl vorstellen
kann, dasz Sie, wenn man Ihnen Ihre Bitte gewährt,
sich aus Pietät für gebunden ansehen, falls Ihnen
einmal früher oder später vortheilhaftere Bedingungen
von einer anderen Universität gemacht würden, so
ist mein Wunsch natürlich, ihr Verhältnisz u. ihre
Lage möge so ausfallen, dasz Sie in Zukunft aller
drückenden Sorgen überhoben wären und ihre Tage
in Ruhe leben könnten.

Diese Ansicht habe ich Below mitgetheilt und
bei ihm eine nicht sehr abweichende gefunden; er
hat nur für das Lehramt in Marburg einige Bedenklichkeiten mehr als ich, und erwidert mir dasz er
das Terrain beszer kenne als ich. Nur das schien
ihm, wie mir, höchst unwahrscheinlich, dasz Sie je
Amt und Pension zugleich verlieren könnten. Über
das was ich Nr. 5 gesagt sind wir beide einig.

Nun leben Sie wohl, liebster Freund, Gott wird
Sie zu dem lenken, was Ihnen am besten ist; bleiben
Sie nur gesund und heiter; ich habe mich von etwas
Catarrh, den mir die Kälte auf den Hals geschickt,
in diesen milden Tagen wieder erholt. Wir haben
das Vergnügen gehabt mit unserm Freund Arnim
den wir in vielen Jahren nicht gesehen, ein paar
Tage zu verleben, und so bin ich durch den Besuch
lieber Freunde dafür entschädigt, dasz ich seit länger
als fünf Jahren nicht aus Heszen gekommen bin.
Belows gedenken Ihrer mit herzlicher Achtung
und Liebe, es scheint mir, als führten sie hier ein
angenehmes und glückliches Leben, ob ihnen gleich

auch noch Wünsche übrig seyn werden. Meine
Brüder und meine Schwester grüszen mit mir, sagen
Sie auch Ihrer Frau und den lieben Kindern, dasz
sie mich im Andenken behalten sollten, bei Ihnen
versteht es sich von selbst. Wenn das Gute, das ich
Ihnen zum neuen Jahr wünsche, auch nicht all in
diesem Jahr eintrifft, so wird es doch nach und nach
sich einstellen. Smid von Bremen ging vor kurzem
durch nach Frankfurt, er hat sich mit Theilnahme
nach Ihnen erkundigt und es bedauert, dasz er Sie
in Bremen verfehlt hat. Von Herzen Ihr treuer
Freund

W. C. Grimm.

94.

Caszel 30. Jan. 1821.

Liebster Freund, es wäre möglich, dasz Sie einen
Antrag erhielten, die Stelle des verstorbenen R u h -
k o p f zu Hanover, der Director des dortigen Gymnasiums war, anzunehmen. Um auch gleich meine
Meinung zu sagen, so wäre es mir im Ganzen lieber,
wenn Sie ein akademisches Amt bekleideten, weil
ich mir vorstelle, Sie würden Sich darin freier und
lebendiger fühlen. Ferner hat Hanover, so von der
Ferne aus und vielleicht nach Vorurtheilen betrachtet,
für mich etwas Hölzernes, gewisz ist, dasz dort viel
Kastengeist herrscht; auf der andern Seite ist das
Gute: Ordnung, Sicherheit in allen Verhältniszen,
Unterstützung guter Anstalten, anzuerkennen. So
würde z. B. die Besoldung dem Amte gemäsz, nicht
kärglich, seyn, wiewohl es auch dort recht theuer ist.

Ich sage ausdrücklich, es ist blos möglich,
mehr nicht. Blos ihr Name ist von jemand genannt,
bei dem man anfragte; die Wahl des Ministeriums
kann daher leicht auf einen andern fallen. Nach
dem gewöhnlichen Gang der Dinge hätte ich Ihnen
noch gar nichts davon sagen sollen; indeszen denke
ich, Sie können ietzt die Sache unbefangener überlegen, da sie noch so weit in der Ferne liegt.

Gemeinschaftliche Freunde haben B e l o w s gemeldet, dasz Sie heiter und wohl sind und diese
Nachricht hat uns, wie Sie denken können, herzlich
erfreut. So oft ich hinkomme wird auch von Ihnen
gesprochen, Sie werden von diesen guten Menschen
aufrichtig geachtet und geliebt; so natürlich der
Wunsch ist, dasz Ihr Schicksal erst bestimmt seyn
möge, so habe ich doch nie eigentlich Besorgnisz,
sondern ein Vorgefühl, dasz sich irgend eine unerwartete freundliche Wendung aufthun wird. B e l o w
war acht Tage lang unpäszlich, geht aber wieder
aus; er hat hier, dies u. jenes abgerechnet, ein
ruhiges, friedliches Leben, wie ich es ihm gönne
und mir (nach einem Zuschnitt für mich) zuweilen
im Traume wünsche. Das kleine Kind springt wie
electrische Funken und kann noch kurz vorher, ehe
es die Müdigkeit zum Schlaf überwältigt, auszer sich
seyn vor Lust. Ich glaube es ist bei seiner Erziehung viel Aufmerksamkeit nöthig; sie scheinen
es mir gut zu behandeln, aber das Schwierige wird
erst in den spätern Jahren kommen; es ist ietzt
manchmal recht lieblich und bei meiner Liebe zu
den Kindern, wird es ihm nicht schwer, mit mir

umzugehen. Es glaubt ganz ernstlich, es würde mir
auch wie ihm ein Conduitenbuch gehalten und fragt
mich ins Ohr, was ich für einen Strich darin bekommen hätte. So was ist mir ordentlich rührend
und ich wollte, ich könnte im Ernst darüber Auskunft geben.

Was meine Stunden betrifft, so komme ich mir
wie ein Alchymist vor, der sein bischen Vermögen
in Rauch aufgehen läszt.

Die Meinigen grüszen Sie auf das freundschaftlichste. Jacob arbeitet fleiszig an der neuen Aufl.
s. Grammatik, die ein ausgezeichnetes Werk werden
wird. Es ist das Fach, wo er sein Talent am
glänzendsten anwenden kann. Der Mahler scheint
ein gröszeres Bild vorzuhaben u. der Kaufmann
wird, nachdem alle Pläne gescheitert sind, sich in
ein paar Monaten nach Hamburg begeben, um ein
neues Glück zu versuchen.

Grüszen Sie Ihre Frau und die guten, lieben
Kinder, die ich noch so nenne, wenn es auch schon
grosze Fräulein sind. Mit treuer Liebe

Ihr W. C. Grimm.

95.

Caszel am 23. Mai 1821.

Liebster Freund, ich habe Ihre kleine Schrift:
„Philosophie und Geschichte" gleich und mit der
Theilnahme gelesen, die ich für alles habe, was von
Ihnen kommt. Sie besitzen ein eigenes Geschick zu
klarer Auseinandersetzung eines solchen Gegen-

standes, wozu nun kommt, was Ihnen Ihr eigener
Geist verleiht. Sie haben gewisz etwas zeitgemäszes
zur Sprache gebracht und ich glaube, wer soweit
gekommen ist, dasz er ohne Rückhalt und Eigen-
liebe dem Gegner Recht thun will, auf den werden
Sie Eindruck machen. Allein ich habe gefunden
dasz Viele sich lieber zu einer Partei halten, weil
es in der Erscheinung einen Vortheil giebt, auch
das Ansehen von Festigkeit und Überlegenheit. Un-
willkürlich, wegen der Gebrechlichkeit der menschl.
Natur, wird jeder zu einer Partei gehören, aber das
Unrecht fängt da an, wo man mit Bewusztseyn oder
Absicht sich absondert und nun den Irrthum, der in
jeder Partei liegt, weiter treibt. Denn das Gute ist
keine, ob man es gleich gesagt hat. Ich neige mich
mit meinem ziemlich friedfertigen Charakter mehr
zu der geschichtlichen Partei, weil ich denke, die
beste Vernunft hat sich in der Geschichte kund gegeben und in dem gewaltsamen Gegeneinander-
treiben einer langen Zeit sind die hellsten Funken
herausgesprungen, auch mögen meine Studien mit-
wirken, indeszen werde ich mich aufrichtig vor den
Abwegen, die Sie bezeichnet haben, zu hüten suchen.
Auch fühle ich mich noch nicht von einer Ansicht
gebunden und darin erstarrt. Nur eine Bemerkung
vermisze ich bei Ihnen: dasz nämlich die geschichtliche Ansicht practisch unschädlicher ist, denn das
unbewegliche, wozu in Abwendung von dem Lebendigen, sie verleiten kann, vermag die Sonne, wenn
sie auf den rechten Fleck scheint in Flusz zu bringen.
Dagegen ist der Übergang von der s. g. philo-

sophischen zur geschichtlichen Ansicht nicht nur
schwerer, sondern der, welcher seinen Verstand allein
in den Mittelpunct setzt, pflegt einschneidender und
zerstörender zu wirken und niederzureiszen, während
man dort oft nur ein neues Fenster zu brechen
braucht, um dem Licht Eingang in das verfinsterte
Haus zu verschaffen.

Von Below habe ich so eben einen am 15. d. M.
geschriebenen Brief erhalten. Es geht ihm wohl,
der König hat ihn mit Wohlwollen empfangen und
ihm nicht nur eine Anstellung nach seinen Wünschen
und seinen Gesundheits-Umständen angemeszen,
sondern auch bis dahin seinen vollen Gehalt zugesagt. Den gröszten Theil dieses Sommers gedenkt
er auf Reisen zuzubringen, für gewisz sieht er es
aber an, dasz er dann noch ein Jahr wenigstens in
Berlin bleibt und hat sich deshalb schon einge-
miethet.

Gerling hat mir vor kurzem einmal, als er
Bücher von der Bibliothek nöthig hatte, geschrieben.
Er scheint zufrieden zu seyn und ich habe das Ge-
fühl, dasz er noch in eine recht gute, seinen
Wünschen angemeszene Lage kommt; er hat im
Ganzen die Anlage, ein glücklicher Mensch zu wer-
den, so weit das auf der Welt angeht.

Dasz Harnier ein Bräutigam ist, wird Ihnen
keine Neuigkeit seyn. Ich habe ihn seit einem
Vierteljahr oder länger nicht gesprochen, aber, wie
es sich ietzt für ihn schickt, sehr heiter und scherz-
haft im Concert gesehen.

Nun noch eine Bitte: ich habe Ihnen glaube'ich
von dem Miszgeschick und den vielen Widerwürtig-
keiten meines Bruders C a r l, des Kaufmanns, gesagt.
Er hatte hier grosze Hoffnung als Hofcaszirer oder
dergl. in die Dienste des K u r p r i n z e n zu kommen.
Es schien schon so gut als gewisz, als durch eine
andere Combination die Stelle unnöthig ward. Er
gieng darauf nach Hamburg, aber dort kann er,
nachdem sich auch viele seiner ehemaligen Verbindungen mögen verloren haben, keinen Platz erhalten; er schreibt mir eben darüber äuszerst niedergeschlagen. Können Sie ihm in Bremen, wo sich
doch der Handel regt, durch Ihren Bruder einen
Platz verschaffen? ich glaube, er ist in seinem
Fache brauchbar, in einer Handlung die mit Frankreich, wo er lange war, in Verbindung steht wohl
vorzüglich. Auch etwas Englisch versteht er. Er
ist fleiszig und von treuem Herzen. In Lübeck
selbst sollte es, weil der Handel dort gleichfalls
liegt, schon schwerer fallen, sonst ist ihm der Ort
lieb. Seine Adresse ist J. G. W o l f f in Hamburg
Fischmarkt No. 47. Wir würden Ihnen recht sehr
dankbar seyn, sie nähmen uns eine grosze Sorge
weg.

Meine Geschwister grüszen Sie herzlich. Frau
und Kinder, oder erwachsene Fräulein sollen auch
schönstens gegrüszt seyn. Wenn ich sie wiedersehe
und sie sind so grosz, so kann ich nicht mehr Du
sagen. Eszen Sie denn noch zum Kaffe Morgens so
viel Milchbrot, dasz sie nicht können satt gemacht
werden, wie einmal auf der Zeichnung zu sehen

war? Jetzt in den wohlfeilen Zeiten geht das noch, aber bei Miszwachs!

Gott lasz es Ihnen wohl ergehen, liebster Freund, mit unveränderter Liebe Ihr Wilhelm Grimm.

An Herrn Hofrath u. Profeszor Suabedisfen.

96.

Castel 19. Septbr. 1821.

Liebster Freund, gleich, als mir der RR Lotz die unerwartete Nachricht mittheilte, dasz Sie in Melsungen wären, hatte ich die gröszte Lust mit ihm zu gehen. Allein ich hatte seit einiger Zeit schon alles darauf eingerichtet, auf 14 Tage nach Frankfurt zu reisen, wohin ich von der Savigny. Brentano. Arnimschen Familie, die sich aus allen Weltgegenden dort vereinigt u. die ich seit 5 Jahren nicht mit Augen gesehen, die herzlichsten Einladungen erhalten hatte. Ihr Brief kam gerade vor dem Tage meiner Abreise aber in der Nacht überfiel mich (der ich sonst den Sommer über ziemlich wohl gewesen) ein so unmäsziger Schmerz in der Herzgrube, dasz ich, obgleich er nach 8 Stunden nachliesz, doch zu abgemattet war, um reisen zu können. Morgen will ich nun, wiewohl ich noch nicht ganz hergestellt bin, mich auf die Diligence setzen, da Geduld u. Fleisz alles überwinden sollen (die verstorbene Kurfürstin sagte mir einmal mit ihrer gewöhnten Gutmüthigkeit: Geduld, Fleisz und Möglichkeit macht möglich die Unmöglichkeit! und

wiederholte es noch einmal langsam; Sie können
denken, was ich an mich halten muszte), aber ernstlich, ich zähle sehr auf das tüchtige Stoszen.

Sobald ich zurückkomme wende ich die ersten
freien Tage dazu an, meinen lieben Freund in Melsungen zu besuchen.

Was Sie mir wegen einer Anstellung schreiben,
habe ich hier ebenso gehört, aber nicht anders, als
habe man fortdauernd dieselbe Absicht. Wahrscheinl.
liegt die ganze Angelegenheit, bis erst Justiz und
Regierung vollständig eingerichtet sind u. bis ietzt
ist noch nicht einmal ein Kreisrath ernannt.

Den Hofr. Harnier habe ich am Tage seiner
Abreise gesehen, bis an das Author begleitet und
ihm gesagt, ich verlasse Sie mit der Aussicht auf
Bellevue in feiner Anspielung auf seine bevorstehende Hochzeit. Er war sehr verwundert über
einen Witz dieser Art (die mir auch wirklich ganz
fremd ist u. ich nur aus Spasz gegen ihn versucht
hatte), dasz er mir nichts zusammenhängendes zu
antworten hatte. Seit der Zeit habe ich nichts von
ihm gehört, denke aber wirklich dasz er wo nicht
verheirathet doch in der Absicht, seinen Haushalt
einzurichten, bald kommen wird.

Liebster Freund, wie sehr freue ich mich, Sie
wieder zu sehen und einen Tag oder zwei unter
ihnen, womit ich die ganze Familie meine, die guten
Kinder vor allen, zuzubringen. Aber recht heiter
und vergnügt wollen wir seyn, manches traurige,

was mir wohl auch begegnet ist, will ich abwerfen,
wie einen Regenmantel, um in der Sonne und unter
dem blauen Himmel herzlicher Liebe zu sitzen.

Ihr treuer Wilhelm Grimm.

97.

Caszel 29. Octbr 1821.

Liebster Freund, aus ökonomischen Gründen habe
ich Ihnen seither nicht geschrieben, weil ich Ihnen die
vielen ungeschriebenen Briefe in Person überbringen
wollte, verloren ist daraus nichts, da ich sie *par
coeur* behalte. An dem Tage, wo ich Ihre Einladung erhielt, wurde ich krank, hätte also auch
nicht kommen können, wenn Schwertzell wirklich abgereist wäre. Das Übel hat vor einigen
Tagen repetirt, es ist eigentlich nichts als Rheumatismus, aber es greift mich doch in dem Augenblick sehr an, weil es sich auf innerliche Theile
wirft. Sobald ich davon frei bin, wie nun heute
wieder, so fühle ich mich gesund und wohl und im
Ganzen stärker.

Noch in diesem Augenblick bin ich einer von
Natur eigentl. langweiligen Sache wegen hier gehalten; allein in etwa acht bis zehn Tagen hoffe
ich doch zu Ihnen kommen zu können, es geht, wo
ich nicht irre, jeden Mittwoch ein Postwagen, darauf
gebe ich meine Sachen, u. gehe nebenher, wenn ich
selbst nicht darin sitzen mag.

Gerling war am Sonnabend auf eine halbe
Stunde bei uns; er machte Hoffnung, Sie würden

den andern Tag nachkommen. Das ist nun nicht
geschehen u. deshalb schreibe ich die paar Zeilen,
damit Sie sehen, dasz ich noch lebe, dasz ich Sie
von Herzen liebe brauche ich Ihnen nicht schriftlich zu geben. Die herzlichsten Grüsze an die
Ihrigen

W. G.

An Herrn Hofrath Suabedissen in Melsungen.

98.

Cassel 22. Jan. 1822.

Liebster Freund, ein paar Stunden vor der Ankunft Ihres Briefes hörte ich, dasz die Univers.
Marburg Sie nun doch bestimmt als Prof. der
Philos. vorschlagen werde, es also nur auf die Genehmigung ankomme. Umso mehr überraschte mich
die Nachricht die er enthielt. Meiner selbst willen
hätte ich gewünscht, dasz Sie hier bei uns blieben,
doch theile ich Ihr Vorgefühl, dasz es Ihnen in
Bremen wohl gehen werde. Gott segne Sie mit
Ihrer Familie, ich komme gewisz einmal dorthin u.
besuche Sie auf längere Zeit, als in Melsungen,
wenn ich nur einmal erst die Fittige etwas freier
bewegen kann, ietzt stosze ich überall an meinen
Käficht.
    Hierbei kommt das Gewünschte; von Zeitschriften
nur „Repertor." 19—22 u. „Gött. Anz." St. 157—
209, die Fortsetzungen der übrigen sind noch nicht
angelangt. Von Spener, was wir haben (die
herald. Schriften ausgenommen, die Sie wohl nicht

verlangen). Nämlich: Schröcks Biograph. Thl 5
u. 6. in 1 Band. Cansteins Leben von Spener. Schel-
horn Ergötzlichkeiten Bd. 1. u. 2. Winkler
Anecdota 1. Meuschens Christenth. mit Sendschr.
v. Spener. Predigten in 4. Samml. Speners Beantwortung etc. Ehrengedüchtnisz in fol.
Nöszelts Biogr. besitzen wir nicht.

W. Schütz haben Sie ganz richtig charakterisirt,
er ist wirklich von Tiefe, aber es ist nicht möglich
durchzukommen, es steht in s. Schrift eine dicke
Luft, in der man es nicht lange aushalten kann.
Eben darum gehen auch seine poetischen Erzeug-
nisze ganz zu Grund.

Die neue Aufl. von Schleiermachers Reden
habe ich nocht nicht gesehen, er gehört zu denen,
die je weiter sie schreiben, je einfacher u. natürlicher werden. Persönlich hat er mir mit seiner
Familie wohl gefallen, das Herz eines Menschen
drückt sich am schönsten in den Seinigen aus.

Mir geht es wohl gut, in allem übrigen aber
schlecht. Mein ältester Bruder leidet an Catarrh
und hustet, wie die Cicade singt, endlos; ich habe
die beste Hoffnung ihm nachzufolgen und ich weisz
nicht, ob ich Ihnen schon je einen so groszen Freund-
schafts Dienst erzeigt, als heute, wo ich Ihnen, ganz
gegen meine Lust, die Bücher ausgesucht habe.

Grüszen Sie mir das ganze Haus auf das herzlichste u. fangen Sie bei Ihrer freundlichen Mutter
an. Ich komme, wenn es zu machen ist vielleicht
noch einmal, wär es auch nur auf ein paar Stunden,
zu Ihnen; ich würde mich mit Gewiszheit ausdrücken,

wenn mir irgend ein Plan gelänge. Mit treuem
Herzen Ihr

W. Grimm.

Lotz habe ich kaum eine ¼ Stunde gesprochen
die Leute kommen vor regieren nicht zu sich selbst
geschweige zu andern. Ich wäre schon einmal hin-
gegangen, aber ich fürchte mich vor seiner Frau,
sie spricht zu fein u. ich weisz nichts zu sagen.

99.

[Cassel d. 19. Febr (?) 1822]

Liebster Freund, von Creuzers Symbolik besitze
ich nur den 1. Band der neuen Auflage, diesen hat
noch von Melsungen her Lotz in seinen Händen,
gestern Abend, wo ich erst Ihren Brief bekam, war
er nicht zugänglich, heute Morgen (den 19.) will
ich ihm diesen Brief bringen u. ihn bitten das Buch
mitzuschicken. Ich schreibe das so weitläuftig, damit Sie es sich zu erklären wiszen, wenn dieser Brief
ganz allein kommt, denn alsdann ist Lotz schon in
der Session. Die Bibl. hat nichts als die alte Auflage, mir hat Creuzer immer die Fortsetzung
schicken wollen, daher ist das Werk noch nicht vollständig. Auszerdem habe ich auch seine Briefe mit
Hermann u. schicke sie, wie Sie es wünschen.

Ich bin erst seit acht Tagen wohl. Nach dem
letzten Anfall kam ein starker Husten, der 3 Wochen
dauerte, und womit ich mir nicht zu helfen wuszte,
da ich seit vielen Jahren keinen gehabt hatte. Ich

bin diesen Winter kränker und gesunder als je,
beides zugleich; nämlich in den Zwischenräumen
befinde ich mich beszer, freier u. heiterer als zu
irgend einer Zeit, sehe auch gesund aus, dagegen
greifen mich jene Anfälle, obgleich sie nur 3—4
Stunden dauern, sehr heftig an; sie kommen aber
ohne Veranlaszung, ganz wie es ihnen einfällt. Es
wird wie gewöhnlich alles aufs Wetter geschoben.

Sie schreiben mir nichts von Ihrer Anstellung u.
doch sehe ich die Sache als ausgemacht an. Ich
beantwortete Ihren letzten Brief nicht, weil mir
Lotz sagte, es sey an diesem Tage die officielle
Erklärung an Sie abgegangen.

Es ist mir so, als hätte ich mit Ihrer guten
Mutter einmal über Bücher gesprochen, die sie auf
eine angenehme und doch würdige Art unterhielten.
Ich kann ihr die Romane des Walter Scott, die
groszentheils ins Deutsche übersetzt sind, sehr empfehlen. Es ist erstlich eine reine, liebevolle Seele
darin, dann sind die wichtigsten geschichtlichen Verhältnisze von England und Schottland mit einer
Wahrheit und Treue aufgefaszt, die man umsonst
bei den Geschichtschreibern sucht. Ich will nicht
sagen, als habe er mit einem groszen Blick die
Weltverhältnisse überschaut, aber er stellt treu und
ohne Parteilichkeit dar, wie er sie gefaszt hat. Etwas
epische Breite musz man ihm zu gut halten, sie ist
oft wohlthätig und ein Zeugnisz von der Sicherheit
und heiteren Haltung seiner Poesie, die der zerstörten Natur des Byron gerade entgegensteht, obgleich dieser von einem ursprünglich höhern Genius

mag berührt worden seyn. Ich habe diese Bücher
während meiner Krankheit gelesen, wo ich zu andern
Arbeiten untauglich war, und sie haben mir viel
Freude gemacht.

Leben Sie wohl, liebster Freund, Sie und die
Ihrigen werden auf das herzlichste gegrüszt von
einem treuen Freund

Wilhelm Grimm.

Hofr. Harnier ist vor kurzem wieder von
Hanover zurück, ich fand ihn gestern Abend nicht
zu Haus und die Frau wollte niemand annehmen,
weil sie unpäszlich sey.

100.

Caszel 17. Juli 1822.

Liebster Freund, über wenige Briefe habe ich
mich so sehr gefreut, als über den ihrigen, worin
Sie mir schrieben, dasz es Ihnen geistig und leiblich
wohlgehe, dasz Sie sich des schönen Himmels und
der herrlichen Gegend erfreuen und nach innerm
Beruf und Lust arbeiten können. Ich gönne einem
jeden Menschen das Gute, aber Ihnen habe ich es
immer mehr als andern gewünscht und Sie glauben
nicht, wie weh es mir oft gethan, wenn ich sah,
dasz Sie, den ich so herzlich liebe, ablenken müszten
auf Wege, die nicht zu einer Ruhe führten, deren
Sie bedürftig waren; nur hat mich immer das Gefühl
getröstet, es werde Ihnen noch einmal auch hier auf

der Welt gut gehen. Da ich mich genau Ihrer
ietzigen Wohnung erinnere und oft, als Savigny
da wohnte, aus den Fenstern in das Thal hinab gesehen, so meine ich durch diese Erinnerung Ihnen
schon etwas näher gerückt zu seyn. Die Etage oben
bestand damals aus einem einzigen Zimmer, das nach
drei Weltgegenden die Aussicht hatte, an den Wänden
hingen schöne Kupferstiche, die heil. Familie von
Holbein, die Sie zu Dresden gewisz gesehen haben,
hing zwischen den beiden Fenstern, die nach dem
Garten nördlich gehen. Die Treppe war aber steil
und wenn sie noch so ist, so warne ich die Elise,
dasz sie nicht zu schnell hinabspringt.

Ich bin endlich auch an meine Wohnung gewöhnt,
aber vergeszen kann ich die vorige mit den schönen
Bergen und dem weiten Horizont nicht, hier sehe
ich wenigstens ein paar Bäume und ein Stückchen
Grasplatz aus meinem Fenster, in dem Hintergrund
aber eine neugebaute Caserne aus welcher täglich
dieselben Röcke und Figuren herauskommen. Ich
lasze mir alles gefallen, wenn nur nicht der Stabs-
trompeter zuweilen Abends auf seinem Instrument
phantasirte, womit er einem das Gehirn zerreiszt.
Eine Schmiede unten im Haus gereicht mir schon
eher zum Vortheil und ich habe schon manchen
technischen Ausdruck gelernt. Mit meiner Gesundheit geht es gut und ich bin auf eine halb wunderbare Weise von dem Übel, das mich quälte, befreit
worden. Die Ärzte lieszen mich Aloe und dergleichen
Bitterkeiten bei meinem Magenkrampf einnehmen,
so sehr ich sie auch um linde und mildernde Dinge

bat; ich empfand jedesmal ein Verlangen nach
süszer Milch, aber sie achteten nicht darauf am
wenigsten der ältere Harnier, der schon system-
fester ist und darüber lächelte, als wollte ich mich
völlig verderben. Endlich rede ich dem Eduard
Harnier ins Gewiszen und er gestattet mir, einen
Versuch zu machen. Das nächstemal also, wie sich
die böse Stunde nühern will, lasse ich mir die süsze
Milch, zu der sich die Lust wieder eingestellt hat,
ein wenig erwärmen und kaum habe ich eine Tasze
ausgetrunken, schon nach wenig Secunden, ist aller
Schmerz verschwunden und ich fühle bestimmt, dasz
das Übel abgewendet ist. Auch die Rückwirkung,
die sich in dem heftigen Kopfweh äuszerte, war
gering, nicht einmal niederzulegen brauchte ich mich.
Seitdem habe ich die starken Pillen, den Valeriana-
thee, die mein tügliches Brot waren, bei Seite gesetzt,
geniesze etwas mehr süsze Milch und darf vielleicht
hoffen, von meinem Übel auf immer befreit zu
seyn, wenigstens habe ich seitdem nichts davon gespürt und fühle meinen Magen gestärkt. Auch meine
Jugendneigung zu Obst erwacht wieder und nur der
Widerwille vor dem Waszer ist mir noch geblieben.

Könnte ich Ihnen doch auch sagen, dasz ich mich
innerlich so wohl befände. Nicht als sey die Heiterkeit meiner Natur unterdrückt, denn ich strecke, so
oft es gehen will und dergleichen Augenblicke
schenkt uns Gott oft, meinen Kopf aus dem kalten
Waszer und mich wärmt und erfreut schon die
Sonne und Lebensluft, während mir jenes noch über
das Gesicht abläuft. Es gibt ein geistiger Schmerz,

14*

der dem körperlichen einer Wunde gleicht, er ist
heftig, aber man kann sich ihm entgegensetzen und
seiner Meister werden, selbst wenn er anhaltender
wäre; immer noch bleibt Gesundheit die Grundlage
des Daseyns. Aber wenn wir diese nach und nach
verschwinden sehen und unter den Füszen weggezogen,
wenn die liebsten Güter der Seele: Liebe, Treue,
Gerechtigkeit, Friedfertigkeit abblaszen und vor dem
faulen Hauch der Selbstsucht, die Bodenlos ist, weil
sie kein göttliches Gesetz anerkennt, verwelkt, dann
fühlt man einen ganz andern Schmerz, eine Angst,
die der Kranke haben musz, wenn er fürchtet, die
Luft werde ihm entzogen. Doch Gott wird seine
Hülfe schicken.

Meiner **Schwester** Hochzeit haben wir am
2. Juni gefeiert, Morgens um 11 Uhr. Wie sie im
Brautkleid u. Myrthenkranz ganz blasz vor inner-
licher Bewegung in das Zimmer trat, glich sie so
sehr meiner seel. Mutter, die ich nur blasz u. kränklich gekannt habe, dasz mich schon dieser Anblick
zu Thränen brachte. Schenkt Ihr Gott Gesundheit,
wie wir hoffen dürfen, da sie an keinem organ.
Fehler leidet, so kann sie recht glücklich werden;
ihr Mann ist ein durchaus redlicher Mensch, dem
es mit dem besten seiner Seele Ernst ist; auch
meine Schwester ist gut.

Wir erhalten ietzt einen groszen Theil der Wil-
helmshöher Bibliothek vielleicht gegen 9000 Bünde,
gut und schlecht untereinander. Das Aufstellen,
Eintragen und ordnen derselben beschäftigt uns alle
drei und bevor diese Arbeit zu Ende ist, darf ich

nicht daran denken, um Urlaub zu bitten. Aber
dann, vielleicht im Herbst, wollte ich auf ein paar
Tage zu Ihnen nach Marburg kommen und freue
mich darauf. Gerling habe ich leider verfehlt, so
wie er mich, er hat sich hier nicht ganz wohl befunden, aber das war doch hoffentlich nur vorüber-
gehend. Der Paläograph Kopp wollte sich auf ein
paar Tage in Marburg aufhalten, ich weisz nicht, ob
Sie ihn gesehen haben, er gehört zu den nicht
häufigen Menschen, die mit einer gewiszen Lebendigkeit ihre Eigenthümlichkeit ohne Rückhalt dar-
legen, welche Offenherzigkeit manches gleichsam zu
entsündigen scheint. Scharfsinn, Talent, besondere
Gaben für sein Fach besitzt er ohne Zweifel, aber
wenn er einem unter allerlei Späszen erzählt, dasz
er auszer diesem auch nur noch für Gelderwerb
(durch Staatspapiere Handel etc.) und dergl. Sinn
habe, alles andere ihm gleichgültig sey, so ist es
einem innerlich doch zuwider, ob es sich gleich in
dem Augenblick ganz lustig anhören läszt. Er hat
den Grundsatz, jedes Monument, das er nicht erklären kann, wie nicht vorhanden zu betrachten,
dadurch bekommt er überall Sicherheit, stellt aber
das ganze doch nur lückenhaft dar. Auf einer höhern
Stufe steht die Offenherzigkeit mit der Cramer in
Kiel sein Leben in einer Hauschronik beschrieben
hat, ich kann nicht sagen, dasz auch diese Natur mir
besonders zusagte, aber er hat doch etwas tüchtiges
und mir sind solche Selbstbiographien, die redlich
abgefaszt worden, immer äuszerst anziehend gewesen.
Wie ganz anders erscheint dagegen Göthe in dem

neusten Bande seiner Lebensbeschreibung, wo er
den Feldzug in die Champagne 1792 beschreibt und
die Weltgeschichte in den Lauf seiner Begebenheiten
eintritt: alles ist zierlich und kunstreich geordnet,
schön in Farben gesetzt und auch auf diesem Wege
gewinnen wir einen sehr bestimmten Eindruck seines
Wesens. Merkwürdig sein Hang zur Beobachtung
mitten in Unruhe und Gefahr, die ihn sogar treibt,
das Kanonenfieber an sich selbst wirken zu laszen.
Ich glaube, eben dieses Hanges wegen ist er kein
vollkommen groszer Dichter geworden, wie etwa
Shakespeare, der allerdings mit einem Bewusztseyn und Gefühl von sich, doch ohne Mühe und
lästige Arbeit, auf den Stahlfedern seines Geistes
sich wiegt und ohne Vorsorge in die Sonne seine
Augen richtet. Es klebt Göthes Werken, bei aller
Herrlichkeit, zu viel Studium an, wie es andere
Menschen auch brauchen, ebendarum aber viel zeit-
lich Vergängliches.

Leben Sie wohl, liebster Freund, grüszen Sie
Frau u. Kinder auf das herzlichste.

Ihr Wilhelm Grimm.

Creuzers Symbolik habe ich ietzt vollständig
in 5 Bänden u. leihe sie Ihnen gerne; auch wenn
Sie sonst etwas von der Bibliothek brauchen.

101.

Caszel 12. Jan. 1823.

Liebster Freund, ich schicke Ihnen hierbei des
wunderlichen und ängstlichen Hoffmanns Leben
mit seinem katzenartigen Gesicht, das Sie einmal
haben wollten; Weitzels Leben, das Sie nicht
verlangten, lege ich bei, zwar kenne ich es nur aus
Bruchstücken, aber mein Bruder, der es gelesen,
meint es wäre interessant, weil es eine eigenthümliche Natur, dieser auch wohl schrecklichen Zeit,
scharf ausspreche. Ich wollte noch Hamans Werke
dazu thun, aber mir war, als hätten Sie mir dieses
Frühjahr auf dasselbe Anerbieten geantwortet, das
Buch befände sich dort oder sie fühlten kein Bedürfnisz darnach. Sie können es jeder Zeit bekommen, denn es wird nicht gelesen. Dagegen
„Semiramis die Tochter der Luft" wird mit ein-
gepackt, eine Art von feinem Orangenliqueur, wie
sich etwa Göthe darüber ausdrückt, ich mag dergleichen nur von Zeit zu Zeit kosten und manchmal widert es mich an, so reizend es auch schmeckt.
Göthes Heft über Naturwiszenschaft kann ich aber
nicht herbeischaffen, ein so schlechter Bibliothekar
bin ich.

Weihnachten und Neujahr habe ich Ihrer gedacht
mit guten Wünschen und herzlicher Liebe. Ich habe
beide Feste ziemlich einsam erlebt, indesz ist mir
ein schöner Wunsch zugeflogen indem unversehens
ein Schmetterling um mich flatterte, der sich diesen
Sommer an einer Aloe, wo ich hernach die leere

Hülse fand, verpuppt hatte und ohne sich von dem winterigen und kalten Wetter irre machen zu laszen von der Stubenwärme begünstigt herausgekrochen war. Laszen Sie mir das etwas Gutes bedeuten, zunächst habe ich es auf den kleinen Knaben bezogen, den bald hernach, am 5. Jan., meine Schwester geboren hat. Das Kind mit seinen schwarzen Augen soll mir viel Freude machen, vorausgesetzt dasz es nicht die Nase und das Wesen des Groszvaters Haszenpflug bekommt, wogegen ich eine unwillkürliche Abneigung empfinde. In diesem Falle, habe ich meiner Schwester schon vertraut, erhält das Kind von mir nichts als Schläge.

Seither d. h. seitdem Sie nichts von mir gehört, habe ich mich wohl gehalten und mich wenig von Kränklichkeit anfechten laszen. Weder das Magenübel hat sich gezeigt noch der Brustschmerz geregt und ein zwar nicht seltenes und sonst mir unbekanntes Kopfweh war doch fast immer gelind und zu ertragen. Ich bin auch den Sommer über nicht träg gewesen und habe meine Sammlungen näher gerückt und beszer geordnet, um etwas zusammenhängendes zu Stande zu bringen, das ich schon lange im Sinn gehabt. Nämlich eine „Geschichte der deutschen epischen Poesie im Mittelalter", wobei alles ausgeschlossen ist, was durch Übersetzungen herübergekommen u. einverleibt worden, und nur was ursprünglich deutsch sich zeigt, betrachtet werden soll. Wäre nur das Material erst etwas beszer bekannt und nicht die Nothwendigkeit da, über so manches erst zu belehren. Die „Nibelungen" sind,

wenigstens dem Namen nach, manchem aus Bruchstücken bekannt, aber es musz z. B. von einem Gedicht die Rede seyn, welches „Gudrun" heiszt, das
vielleicht keine zwölf Menschen gelesen haben und
das gleichwohl von so ausgezeichnetem Werthe ist,
dasz ein griechisches, das den 8ten Theil inneres
Gehalts hätte, gewisz schon längst bis auf alle
Knochen wäre zubereitet worden. Das führt auf so
viele Abwege und Nebenarbeiten. Mir kommt es
zumeist auf die Entstehung und Entfaltung der
Dichtungen an. Hier zeigt sich eine ganz ungemeine Ähnlichkeit mit dem Homer und an dem
könnte ich Ihnen auch am leichtesten zeigen, was
ich meine. Gewiszermaszen bin ich der Wolfischen
Ansicht zugethan, ich glaube nämlich, dasz aus den
Gesängen und Liedern der Rhapsoden das Gedicht,
das wir besitzen, zusammengeschloszen ist; auch
mögen die ältern Recensionen des Aristoteles
und Zenodot noch reiner u. beszer gewesen seyn.
Aber nun gehe ich noch weiter zurück und glaube
(denn feststellen mag ich meine Ansicht noch nicht)
dasz jene Lieder der Rhapsoden Ausflusz eines
einzigen höchst vollkommenen Gedichts waren und
nähere mich somit der alten u. gewöhnlichen Ansicht eines Homers. Was sich von ihm durch die
Rhaps. erhalten, sind (Form und Gehalt nach) ge-
störte und verwirrte Bruchstücke, die die Sehnsucht
nach dem reinen Zustand in sich tragen, aber nicht
wieder dahin gelangen können. Das Zusammen-
faszen derselben vergleicht sich also dem zweiten
Tempelbau, nach der Erinnerung des zerstörten, an

sich noch grosz und schön, doch klein und mangel-
haft in Vergleich mit dem alten. — Das wäre alles
ganz gut und würde einem vielleicht zugegeben,
aber die Frage ist: jenes vollkommen, rein ge-
gliederte Lied ist es blos das Ideal in des Dichters
Brust gewesen, und das wir ahnen, oder ist es einmal in Wirklichkeit getreten und hat ein irdisches
Daseyn gehabt? Ist es einem Menschen gelungen,
alles auszusagen oder ist jenes Lied aus einem
Paradies herübergereicht worden, von den Dichtern
lange bewahrt, dann nach zerbrochenen Tafeln nur
in Bruchstücken erhalten, wie sie die verwirrte Erinnerung gab?

Ich beantworte mir die Frage oft verschieden,
auf die ich auch von andern Seiten geführt werde.
Bei den Runen, wo die Entstehung des Alphabets
bedacht werden musz, kommt sie wieder vor. Ich
musz diesen Gegenstand, da manches neue entdeckt
worden ist u. von andern berichtet, auch wieder
vornehmen. Beim ersten Anschein geht es wohl,
dasz man sich die Entstehung des Alphab. auf
äuszerlichem Wege erklärt. Man hat die Laute bezeichnet durch Dinge, die ausgesprochen diesen oder
einen ähnlichen Laut gewährten, wie es etwa bei
den französischen Rebus hergeht. Diese Laute hat
man nachher gesammelt u. immer feiner bestimmt
und gespalten, ein Zeichen statt des Bildniszes ge-
mahlt u. so nach und nach die Buchstaben heraus-
filtrirt. Folglich müszte man in der Folge immer
beszer und richtiger geschrieben haben u. Anfangs
sehr schlecht. Nun zeigt aber die Geschichte ge-

rade das Gegentheil, je weiter hinauf, je richtiger
u. genauer die Schrift und sicherer das Gefühl von
der Bedeutung der einzelnen Buchstaben. Die ersten
grammatikalischen Versuche, die mit dem Verstande
die Sache anpacken wollen, zeigen gewöhnlich ein
völliges Verkennen und Verwirren der eigentl. Bedeutung der Buchstaben und ursprünglichen Laute.
Betrachtet man das überlieferte Alphabet selbst so
müszten sich im Falle jener äuszern Bildung Spuren
von einer solchen Entstehung finden, es müszten,
wenn auch nicht ganze Sylbenzeichen doch Ver-
mischungen und Zusammensetzungen der Urlaute
darin vorkommen, z. B. etwa ein Zeichen für *ST.
ERL. SCHR. LN. NA.* u. s. w. Wir sehen es
aber, und das ist das höchst wunderbare, in einem
vollkommen richtigen Gefühl von den reinen Urlauten abgetheilt, nur dasz es immer noch ein
reineres voraussetzt u. vermuthen läszt; es unter-
scheidet z. B. die *tenues, mediae* u. *aspir.* die *liqui-
dae* etc. die in dem Organismus der Sprachlaute eine
so grosze Rolle spielen u. nach festen Gesetzen ihre
Gewalt ausüben. Der erste Erfinder des Alphabets
musz also ein so helles und reines Gefühl von den
Urlauten der Sprache gehabt haben, wie wir es in
der Wirklichkeit bei keinem in irgend einer Zeit,
auch nur entfernt, finden. Wir gelangen erst nach
und nach durch Studium zu der Kenntnisz. — Doch
ich will von dieser Materie abbrechen, die zu weit
führt, und Sie nur bitten, mir einmal bei Gelegenheit, wenn Ihre Betrachtung dabei verweilt, Ihre
Ansicht mitzutheilen.

Lord Byron! wenn dieser ausgezeichnete Geist,
diese tiefen Blicke in die Abgründe und auf die
Anhöhen der menschlichen Seele, diese Kühnheit
und Macht der Darstellung, den Poeten ausmachten,
so würde ich ihn zu den gröszten zählen. Aber ich
gehe von ihm beängstigt, gewaltsam aufgeregt, von
Gespenstern geschreckt heim und habe kein Wort
gehört, das mich beruhigt und mir die Räthsel des
menschlichen Daseyns, die er gewaltig, meinetwegen
oft herrlich vorführt, lösen wollte; ja statt eines
guten Willens sehe ich nur die Absicht mich noch
tiefer in die Nacht zu stoszen. Er gewinnt sich
selbst als letzte Aussicht und seine Werke sind keine
Gedichte sondern Biographieen seines innern Menschen
mit ungezähmten Geist ohne Rücksicht und Scheu
abgefaszt. Merkwürdig dabei sind es nicht Ergüsze
einer wilden, titanischen Dichtergabe, wie man denken
sollte, im Gegentheil es ist grosze Besonnenheit und
Sorgfalt in der Ausarbeitung, jedes Wort scheint
gewogen, das ganze mit genauem Verstande über-
legt und geordnet. Es scheint ihm zum Dichter
nichts abzugehen als das Gefühl des wahren nur in
Gott sich erkennenden und widerfindenden Menschen;
er ist sich selbst sein entsetzlicher, quälender und
unergründlicher Abgott. Der „Corsar" gefällt mir
beszer als „Manfred", es ist weniger Hohn darin u.
es nähert sich uns durch ein gewiszes Bedauern des
gefallenen Geistes, das auf etwas reineres und edleres,
als in der Höhe schwebend, hindeutet. Einige
Scenen darin sind von hinreiszender Schönheit, überhaupt wird man bei allem Widerstreben gegen diesen

Geist, doch ein gewiszes Gefühl von Bewunderung
nicht los und ich habe kein Gedicht unbeendigt
zurücklegen können, obgleich ich mich besinne, ehe
ich eins von ihm anrühre. „Manfred" ist, soviel ich
das Original verstehe, nicht gut übersetzt, es ist ein
zu gedrehtes, künstlich behandeltes Deutsch; der
„Corsar" liest sich beszer.

Ich sehe am Schlusz Ihres Briefs, dasz Sie oder
die Leute mir etwas Schalkhaftigkeit zuschreiben,
das freut mich, denn ich bin diesen Sommer über
oft wochenlang so serieus gewesen, dasz ich selbst
gezweifelt habe, ob ich noch Spasz verstände. Aber
nennen Sie mir diesen Geist nicht einen zweifelhaften oder zweideutigen, denn soviel weisz ich
(wenigstens aus meinem sonst wohl gebrechlichen
Herzen), dasz er nicht neben sich dem Mephisto-
pheles, der lacht, weil er verneint, einen Stuhl
setzt. In der Regel sind es auch nur Frauen, welche
den Spasz nicht lieben, weil sie ihn nicht verstehen
(obgleich sehr gut den Witz) und ihm dann gerne
etwas anhängen, oder etwas anders dahinter suchen,
als unschuldige Lust.

Leben Sie wohl, mein liebster Freund, grüszen
Sie die Ihrigen freundlich, auch meine Geschwister
laszen grüszen, ich aber bleibe mit treuem Herzen
Ihr Wilhelm Grimm.

Die Bibliotheks Bücher können Sie behalten nach
Ihrer Bequemlichkeit, die „Tochter der Luft" soll
ich in etwa 4 Wochen wieder zurückgeben.

102.

Schweinsberg [1823?]

Liebster Freund, nach mancherlei Schicksalen, die immer meine Abreise verzögert haben, bin ich endlich hier in Schweinsberg angelangt und da das Wetter allzu unbeständig ist und ich überdies nicht gut zu Fusz bin so bitte ich Sie mir doch einen Wagen bestellen zu laszen, der mich Morgen, Sonntags, hier abholt. Hr. von Schenk meint, dasz ich mit einem Einspänner, dergleichen es ganz leidliche dort gäbe, sehr gut hinüber fahren würde und dieser solle sogleich auf seinen Hof hier fahren, wie er anlange. Ich kann Ihnen nicht sagen, wie ich mich darauf freue Sie von ganzem Herzen zu umarmen

Ihr Wilh. Grimm.

An Herrn Hofrath Suabedissen in Marburg.

103.

Cassel 16. Mai 1823.

Liebster Freund, heute Morgen, wo ich mich zuerst wieder an meinen Arbeitstisch setze, sind es gerade acht Tage, dasz ich Sie verlaszen habe; ich kann aber nicht eher an die Arbeit gehen, als bis ich Ihnen mit ein paar Zeilen meine glücklich Ankunft gemeldet und Ihnen noch einmal gedankt habe, für so viele herzliche Liebe und Freundschaft, die Sie mir erzeigt haben. Ich werde die vergnügte Zeit nicht vergeszen, die ich bei Ihnen zugebracht

habe, es waren lauter heitere in Scherz und Ernst
verlebte Stunden, wogegen die paar kranke gar nicht
in Betracht kommen. Meine Reise nach Willingshausen war noch beszer als ich anfangs dachte, da
der Regen sich legte und mir der heftige Wind
glücklicherweise nicht ins Gesicht blies. Ich fand
dort die Frau von Schwertzell unwohl und das
sonst angefüllte und belebte Haus still und einsam.
Doch habe ich vier Tage angenehm zugebracht,
auch der Garten oder vielmehr Park hat mich erfreut, einen ganzen Morgen habe ich in meinen
Mantel eingewickelt darin geseszen, durch eine
blühende Hecke vor dem Wind geschützt, der oben
in den Bäumen brauste. Eine Nachtigall that mir
den Gefallen ganz nahe herbeizukommen u. ihr
bestes zu thun; auch die Sonne meinte es gut, so
oft sie vor dem Wind dazu kam. Dienstags reiste
ich ab, und kam erst spät Abends 11 Uhr hier an,
ich fand gottlob alles wohl und unverändert.

Ich schicke Ihnen hierbei die gewünschten Bücher,
auch den 3. Band der Märchen, so gut er ist. Was
Sie von der Bibl. haben wollten, müszen Sie mir
dann verabredetermaszen aufschreiben.

Harnier ist schon abgereist, wie ich höre, ich
musz also die Grüsze an ihn noch aufsparen.

Neues weisz ich nichts zu melden; nur sehe ich
mit Schrecken, dasz der Prof. Wildt einen neuen
unsichtbaren Trabanten der Erde entdeckt hat, der
sie drückt u. alle 19 Tage irgend ein Unheil am
Barometer anrichtet, auch immer näher kommt. Am
Ende fährt er einmal zwischen die franzöz. u. span.

Armee u. streckt sie mit seinem Schweif oder was
er sonst zur Hand hat, ins Meer.

Leben Sie wohl, liebster Freund, grüszen Sie
Ihre Frau und die lieben Kinder sämmtlich aufs
herzlichste und sie sollten mich in gutem Andenken
behalten, wenn Sie mich hier besuchten, wollte ich
Woche halten u. alles gute vergelten. Grüszen Sie
auch E. Platner. Mit treuem Herzen

Ihr Wilhelm Grimm.

Der Kurprinz hat aufs neue 14 Tage Urlaub
erhalten u. wird wahrscheinlich noch diesen ganzen
Monat in Berlin bleiben.

104.

Caszel 25. Juli 1823.

Liebster Freund, ich schreibe Ihnen gleich mit
dankbarem Herzen für Ihre Theilnahme Antwort
wegen meines Bruders. An sich ist er sehr geneigt und auch unsern Verhältniszen (für die wir
eine Verbeszerung nicht hoffen dürfen) wäre es angemeszen, eine Stelle anzunehmen. Nur besorgt er,
der damit verbundene Gehalt sey so gering, dasz er
sich seinen Unterhalt meist durch Unterricht erwerben müsze. Würden auf diese Weise die Stunden
des Tags besetzt oder zerstückt, so würde er sein
Talent ganz müszen schlafen legen, und so gering
es auch seyn mag, so scheint es uns doch ein
beszeres Schicksal zu verdienen u. er selbst würde
dann keine Lust mehr an sich u. seinem Geschäft

haben. Das Öhlmahlen namentlich fordert eine Reihe
von ruhigen Stunden u. Tagen u. man kann dabei nicht
abbrechen u. wieder anfangen. Sollte aber unsere
Lage noch beschränkter werden und er genöthigt
seyn, jene Lebensweise zu ergreifen so würde er
klüger thun eine reiche Stadt z. B. Frankfurt, wo
er schon Bekannte hat, zu wählen. Also nur auf
den Fall, der mir aber unwahrscheinlich ist, dasz der
Gehalt der dortigen Stelle ein einfaches Leben
sicherte (etwa gegen 300 Thlr ausmachte) u. die
dabei zu ertheilenden Stunden noch Zeit zu künst-
lerischen Arbeiten übrig lieszen, bitte ich Sie, nähere
Erkundigungen einzuziehen und mir zu schreiben,
welchen Weg mein Bruder einschlagen müszte.

Mit meiner Gesundheit ist es doch leidlich gegangen u. eben ietzt befinde ich mich wohl; einmal
habe ich doch wieder mein Magenübel gehabt, aber
auch nicht stärker, als damals, so dasz ich schon
am 3. Tage mich wieder herausmachen konnte.
Sonst war der Anfall viel heftiger und machte mich
auf 8 Tage krank, es scheint also Beszerung auf
diesem Weg einzutreten.

Harnier ist vorgestern nach Pyrmont; eine
Krankheit seiner Frau, die gefährlich werden konnte,
weil eine Entzündung des Rückenmarks zu besorgen
war, hat ihn länger, als er dachte hier gehalten.
Sie folgt ihm nach völliger Herstellung in einigen
Wochen.

Gebrauchen Sie die Bücher, die ich Ihnen geschickt habe, ganz nach Ihrer Bequemlichkeit. Ich
selbst rathe bei dem täglichen Anblick einer Biblio-

thek den Leuten meist vom Lesen ab, man verdirbt
sich so gut den Magen, wie bei den 100 Schüszeln
einer Gasterei. Was die „Mem." betrifft, so mögen
wir wohl ein ziemlich gleiches Urtheil über den
Eindruck haben, gleichwohl scheinen sie mir der
Beachtung und Betrachtung werth so gut als eine
übelriechende Blume, die in unserer Heimath wächst.

Mein B r u d e r hatte gleich nach mir eine Reise
gemacht über Hersfeld, Fuld, Steinau u. Büdingen,
dann quer nach Gieszen, wo er einen Tag geblieben;
durch Marburg ist er Nachts gekommen u. hat Sie
natürlich nicht stören wollen. In Gieszen ist ietzt
ein Holländischer Gelehrter bei der Universität angestellt, Dr. T h o r b e c k e, er war voriges Jahr
hier und hat mir wohl gefallen, er hatte auszer den
holländ. Tugenden der Gründlichkeit u. Bescheidenheit auch etwas Geistreiches und Belebtes in seinem
Wesen, was sonst dort nicht zu Hause ist.

Leben Sie wohl, mein liebster Freund, Gott erhalte Sie gesund, an Sie alle schicke ich die herzlichsten Grüsze zurück, auch von meinen Geschwistern.

W i l h. G r i m m.

105.

Mein liebster Freund, da schon seit einer Woche
das Feuer im Ofen knarrt und demnach der Winter
eingezogen ist, so scheint es mir Zeit Ihren Wunsch
zu erfüllen und Ihnen die verlangten Bücher zuzu-

senden: Göthes Kunst u. Alterthum Bd. III.
Heft 1. 2. 3. Bd. IV. Heft 1. 2. also zusammen
5 Hefte. In dem letzten, das eben erschienen ist,
stehen wieder einige Dinge, die mich sehr erfreut
haben, so unbefangen, lebendig u. eindringlich sind
sie. Es scheint, als ob er sich wirklich nach der
Krankheit wieder verjüngt habe, ob es aber nicht
ein zu jugendlicher Sinn ist, wenn er ein ganz blut-
junges Fräulein heirathen will, wie ich gestern habe
erzählen hören, mag er selbst am besten beurtheilen
können. Ich legte Ihnen gern noch bei Schloszers
Geschichte des 18. Jahrh. 12 Abth. aber das Buch
wird hier so viel gelesen, dasz ich es nicht weg-
nehmen darf. Es ist nur eine kurze Übersicht, aber
ernst, tief eindringend, gelehrt u. mit Unabhängigkeit der Seele geschrieben, wie sie ietzt nicht häufig
vorkommt. Sollten Sie Lust haben Hoffmanns
(des Vf. der Phantasiestücke) u. Werners (des
24. Febr.) Biographien zu lesen, so stehen sie zu
Dienst. Sie gewähren merkwürdige Blicke in diese
mit ihrem Guten und Bösen der Zeit anhangende
Herzen. Widerwärtig ist mir dieser Hoffmann
mit all seinem Geist u. Witz von Anfang bis zu
Ende. Öhlenschlägers „Holberg" habe ich leider
nicht, auch die Bibl. nicht, ich würde es Ihnen
gerne schicken, es ist gar viel herzlicher u. natürlicher Spasz darin, der einem zu allen Zeiten wohl-
thut. Aber Krieger hat es in s. Lesebibliothek,
der könnte es Ihnen leicht nach Marburg kommen
laszen. Sonst würde ich Ihnen auch als sehr unterhaltend u. geistreich den Tieckschen „Phantasus"

nennen, obgleich der Vf. etwas jesuitisches in seiner
Natur hat. Aber sehr komisch u. witzig ist auszer
dem bekannten „gestiefelten Kater" „der Fortunat"
u. „das Däumchen" darin.

Mir ist es bisher leidlich ergangen. Mein Magen-
weh scheint sich nach u. nach zu verlieren, die Anfälle sind theils weit seltner, theils weit schwächer,
dafür fühle ich aber ietzt wieder wenn auch nur
leise u. nicht anhaltend den alten Schmerz in der
rechten Brust, der lange geruht hatte. Was wollte
man auch anfangen, wenn man ganz gesund u. ungestört wäre, es ist doch kein Platz da wo man vor
Lust springen könnte.

Grüszen Sie mir doch Ihre Frau, die lieben
Kinder, Gerling u. s. Frau, Ihre Schwester wenn
sie noch da ist, aufs herzlichste. Letztere ist einmal hier gewesen u. zwar uns gegenüber bei Lotz,
ich habe es aber erst bei meiner Schwester erfahren,
die sie kurz vor ihrer Abreise besuchte. Ich sehe
Lotz wenig, er scheint uns eher zu meiden, als auf-
zusuchen u. ich will ihn darin nicht stören, aber in
letzter Zeit ist er sehr kränklich gewesen u. er hat
mich sehr gedauert, als er mir erzählte, wie er fast
von Arbeiten erdrückt werde. Er sieht auch sehr
blasz u. angegriffen aus.

In diesen Tagen war ein Serbier Wuk Ste-
phanowitsch bei uns, ein gelehrter Mann, der
ein schätzbares Wörterbuch s. Sprache herausgegeben hat. Er war natürlich u. mittheilend u.
erzählte viel merkwürdiges von s. Vaterland. Er
hat aber auch eine Sammlung von Nationalliedern

bei sich, mein Bruder hat mit s. Hülfe einige übersetzt u. wir sind beide erstaunt über die grosze ungewöhnliche Schönheit dieser Gedichte. Groszartig,
neu überraschend die Gedanken, vollkommen angemeszen, kräftig u. einfach die Sprache; alles so wie
in dem Homer. Und diese Dichtungen sind gewisz
hervorgebracht ohne Nachsinnen u. Regel, aus dem
blosen lebendigen sichern Gefühl. Etwas räthsel-
haftes steckt mir doch immer in dieser Erscheinung, die sich bei allen ausgezeichneten Völkern
wiederholt.

Der liebe Gott bewahre Sie gesund, mein liebster
Freund; wäre ich doch manchmal einen Abend bei
Ihnen. Behalten Sie mich lieb wie ich Sie immer
lieb behalte

Wilhelm Grimm.

106.

Cassel 2. Octbr. 1824.

Liebster Freund, ich habe es immer von Woche
zu Woche verschieben müszen ein paar Bücher und
Heftchen, die Ihnen zugedacht waren, abzusenden;
ich weide sonst die Heerde ganz ruhig, aber es giebt
immer ein paar Stücke wie die Göthischen Hefte,
(Sie erhalten Bd. IV. Heft 2 u. 3. Bd. V. Heft 1.
also 3 Hefte.) die herumlaufen und wenn das eine
zu Haus ist, springt das andere wieder fort. Sie
müszen mir diese auch am ersten wieder zurückschicken, etwa in einigen Wochen, die andern können
Sie länger behalten, etwa so viel Monate. Es ist

erstlich ein Band von Calderon. Nämlich da wir
den einen, den ich voriges Jahr mitbrachte, nicht
genieszen konnten, so treibt mich die Gerechtigkeit
an, Ihnen diesen in die Hand zu geben, um das
erste Stück, den „Schultheisz von Zalamea" (mehr
kenne ich auch nicht davon u. stehe nicht für das
übrige) zu lesen; ich denke, es wird Ihnen so viel
Vergnügen machen, als es mir gewährt hat. Es
ragt so sehr vor den übrigen in die Höhe, ist an
sich so belebt, wirkt so belebend, erscheint so unbefangen und rein in der Gesinnung, dasz es mich
in mehr als einer Hinsicht überrascht hat. Ich hätte
dem Calderon nicht zugetraut, dasz er selbst so
viel Theil an seinen Creaturen nehmen und ihnen
soviel Eigenthümlichkeit verleihen könne; meist
sorgt er nur dasz sie sich kunstgemäsz nach fein-
gesponnenen Ideen bewegen und wenn sie dabei
auch manchmal auf die Nase fallen, so verschlägt
ihm das nichts, er hebt sie an jenen feinen Drähten
wieder in die Höhe. Auch die Übersetzung scheint
mir hier freier und natürlicher ob man gleich auch
hier dann und wann gewaltige Brocken hinunter
würgen musz. Das gewöhnt sich aber diese Über-
setzerschule nicht ab und denkt wir könnten zufrieden seyn, wenn wir endlich doch Sinn und Zusammenhang finden. Zweitens als Gegenstück den
Vega, wovon ich aber auch nur das erste Stück
kenne, das ich vor Jahren, als ich mich mit der
spanischen Sprache beschäftigte, im Original gelesen
habe. Vega ist bei den Spaniern mehr geachtet,
als Calderon, ohne Zweifel, weil er faszlicher ist

und doch zugleich pathetisch und ergreifend, auch
wohl absichtlich nach Effect strebend, aber diese
practische Qualitäten zugegeben, stelle ich ihn im
Geist doch geringer. Die Idee ist, eben in diesem
König, sichtbar schon im Erstarren und die Menschen
haben hier sämmtlich einen gewiszen Beigeschmack
von Carricatur, der mich hindert sie als vollgültige,
vom Leben völlig durchdrungene zu betrachten. Das
„Krugmädchen" wird noch sehr gelobt, ich habe es
noch nicht gelesen. Der Übersetzer ist in diesen
Tagen gestorben und sein Tod, der unerwartet u.
plötzlich erfolgte, hat mich betrübt, ich bin mit ihm
auf Schulen und Universitäten gewesen und habe
einen liebreichen Zug, der in seinem Herzen war,
nicht vergeszen, wenn wir uns in spätern Jahren
auch nur zuweilen sahen. An Bildung und achtungs-
werthem Streben zeichnete er sich vor vielen seines
Standes aus. Er schien sich eben für das Leben
recht einrichten zu wollen, baute sich ein Haus und
sasz, wie man spricht, dem Glück im Schoosz.

Den „*Don Alonzo*" von Salvandy, den Göthe
so rühmt, können Sie einmal, wenn Sie Lust darnach tragen, fordern; wir laszen ihn kommen. Ich
habe nur so hineingeblickt, will ihn aber lesen, und
ich glaube, dasz er mir sehr gefallen wird. Auch
Varnhagens Biographische Denkmale kann ich
Ihnen schicken, ein Buch das ausgezeichnete und
ungewöhnliche Menschen berührt, sich angenehm
liest, mit Kunst und Geschmack ausgearbeitet ist,
das aber [an] einem eigenthümlichen Gebrechen der
Zeit leidet und dem man es nicht blos zum Vorwurf

machen kann, sondern musz, dasz es nicht vortrefflich ist. Vielleicht urtheile ich aber nur so
seltsam, weil ich zugleich den Verf. in Gedanken
vor mir sehe, der mir zu den unangenehmsten
Menschen gehört, die ich habe kennen lernen. Wenn
Ihnen eine Recension davon in den „Götting. Anzeigen" Nr 143 zu Gesicht kommt, so sehen Sie
doch (sie ist kurz) ob Ihnen das darin deutlich und
vernünftig ausgedrückt scheint, was ich eben an-
gedeutet habe.   Ich wollte diese Gelegenheit benutzen, eine allgemeine Bemerkung zu machen, das
Buch selbst tadeln und ihm doch auch nicht unrecht
thun; ich weisz aber nicht ob es mir gelungen ist,
d. h. ob das was ich gesagt habe, andern so ver-
ständlich ist, als mir.   Die ehrenvolle Erwähnung
der Diplomaten am Schlusz müszen Sie verzeihen,
mir fielen gerade einige dieser liebenswürdigen
Menschen ein, die ich kennen gelernt habe.· Auch
die Rec. der „Faröischen Lieder" in demselben Stück
rührt von mir, vielleicht intereszirt Sie, was ich
über die Sitte jener einsamen Menschen mitgetheilt
habe; überhaupt habe ich dieses Jahr, zufälliger-
weise, vielerlei in den Götting. Anzeigen recensirt,
über „Hünenbetten", „Runenschriften", lauter lang-
weiliges Zeug; auch ein holländisches Buch war
darunter, das ich bei Ihnen angefangen hatte und
worin noch ein Stückchen Moos, oder was es ist,
von Ihrem Thurm im Garten liegt, womit ich mir
ein Zeichen gemacht hatte, denn solche Kindereien
treibe ich auch noch.   Glauben Sie wohl, manchmal
träumt mir noch, ich gienge in die Schule und mich

ängstigt, dasz ich dieses u. jenes nicht weisz. Bei
solchen Beschämungen recensire ich! aber ich will
auch für das künftige Jahr die Gallentinte u. die
Recensentenfeder verschlieszen. Während ich gerade
gewiszenhaft an einer Recension schrieb, äuszerte
jemand in einer Gesellschaft, der das literar. Wesen
nur so aus der Ferne kennt, mir ins Gesicht: „ich
glaube nicht, dasz ein Recensent seine Seele bewahren kann, es müszten schlechte Menschen werden." Ich wollte mich ihm eben als eine solche
schwarze Seele präsentiren, aber wir wurden gestört.
  Ich sehe mit Leidwesen die Blätter gelb werden,
dieser Sommer, so mittelmäszig er an sich war, hat
mich mehr erfreut, als der beste, weil ich ihn in
meiner Wohnung recht habe genieszen können.
Diesem Genusz der Sonne und der Luft habe ich
auch mein Wohlseyn zu danken, denn ich bin wohler
gewesen, als je. Möge mir Gott nur immer ein
Theil dieser Ruhe schenken, das ist mein eifrigster
Wunsch. Mancherlei Besuch haben wir diesen
Sommer gehabt, unter andern auch Frau von
Arnim geb. Brentano, die vier Tage bei uns
blieb. Wie hätte ich gewünscht, dasz Sie diese
wunderbare Natur gesehen und näher kennen gelernt
hätte[n]. Sie gehört zu den geistreichsten, die mir
mein Lebtag begegnet sind und wer sie frei und
unbefangen beurtheilen kann, musz eine grosze
Freude empfinden, wenn er sie reden hört, es sey
nun dasz sie erzählt oder dasz sie ihre Gedanken
äuszert über das, was ein menschliches Herz bewegen kann und wovon das höchste ihr nicht fremd

geblieben ist. Noch hat ihr Geist nichts von seiner
Lebhaftigkeit verloren und selbst kränklich (was sie
vorher nie war) ist er noch so thätig, wie vor 17
Jahren, wo ich sie zuerst kennen lernte. Erstaunens-
würdig durch Erfindung und Ausführung sind ihre
Zeichnungen, eine Composition aus Göthes Faust
und ein Denkmal für Göthe.

Nun will ich aber diesem langen Brief ein Ende
machen. Leben Sie wohl, mein liebster Freund,
grüszen Sie Ihre Frau und die lieben Kinder aufs
herzlichste. Auch Gerling und die seinigen

Wilhelm Grimm.

107.

Caszel 17. Dec. 1824.

Vor einigen Tagen kam ein Diener aus der
Kriegerschen Buchhandlung in mein Zimmer und
fragte nach meinem Bruder Luis, da dieser ausgegangen war, so forderte ich ihm das Zettelchen
das er in der Hand hielt ab, um es zu besorgen.
Diesem Zufall habe ich es zu danken, mein Lieber
Freund, dasz ich Ihre Handschrift gesehen und erfahren, dasz Sie es sind, der ein Exemplar von den
radirten Blättern zu haben wünscht. Warum haben
Sie uns das nicht gesagt? Sie sollten von Rechts
wegen wiszen, dasz es mir und uns allen eine grosze
Freude ist, wenn wir Ihnen irgend etwas zu gefallen
thun können. Sie erhalten also diese Hefte hierbei
und zwar nicht zum besehen, sondern Sie werden

Ihnen als ein Geschenk aufgedrungen, das Sie nur
dann nicht anzunehmen brauchen, wenn Sie mit
gutem Gewiszen versichern können, das Ihnen auch
gar nichts darin gefällt. Wären es Compositionen
gewesen, auch nur Umrisze, aber in dem Geist, in
welchem Flaxmann wieder neuerdings den Hesiod
vor Augen gestellt hat, so würden Sie diese Blätter
schon längst gehabt haben, aber ich glaubte solche
blosze Naturzeichnungen, die noch zu keinem Bilde
gehören, gleichsam Herrenlos sind, würden nur
höchstens einen augenblicklichen Reiz für Sie haben.

Heute dürfen es, wenn das Paket fort soll, nur
diese paar Zeilen seyn, in einer Woche etwa denke
ich Ihnen den „Alonso" zu schicken, für die Ferien.
Die Kurfürstin und Princeszinnen haben ihn
erst gelesen, es war mir lieb, denn sie haben wahre
Blicke in das Leben und die Geschichte thun
können.

Bleiben Sie nur gesund, hier sterben viele Leute
an Nervenkrankheiten und ein Provisor in einer
Apotheke hat sogar meinen Bruder versichert, „es
sey ein Problem, gesund zu bleiben". Zur Zeit der
Überschwemmung hatte ich einen Anfall, der aber
nach acht Tagen vorüber war; jetzt bin ich wohl,
so lange es Gott gefällt.

Grüszen Sie Ihre Frau und die Kinder auf das
freundschaftlichste.

Wilhelm Grimm.

108.

[Caszel 23. (?) Dec. 1824.]

Erschrecken Sie nicht, lieber Freund, über das grosze Bücher Paquet, für Sie ist nur der versprochene „Alonso" u. zwar die ersten 3. Bände. Seyn Sie so gütig mir solche, sobald Sie fertig damit sind, wieder zurückzuschicken u. sollten Sie etwa nur die 2 ersten Bände in den Ferien beendigen, so laszen Sie diese einstweilen vorangehen. Das Buch wird viel gelesen, u. unser Director hat es nicht gern, wenn er es vornehmen Leuten, die darnach fragen, nicht bald verschaffen kann. Mich hat unter vielen andern Dingen, die kräftige u. doch unabhängige Ansicht u. das freie Urtheil darin erfreut, denn einer der sich nicht parteiisch bei allem für oder wider erklärt, wird von den meisten scheel angesehen, und mit einem schillernden Taubenhals u. was weisz ich, womit sonst, verglichen. Herzzerschneidend ist das letzte Resultat das man aus diesem Buch gewinnt, aber das ist auch unsere Geschichte.

Den andern Bücher[n] seyn Sie so gütig einen Platz zu gönnen bis Bange sie abholen läszt.

Ich schreibe Ihnen diese Paar Zeilen unter viel Lärmen u. Geräusch auf der Bibliothek, denn Morgen schlieszen wir.

Seyn Sie herzlich gegrüszt u. behalten Sie lieb Ihren Freund   Wilh. Grimm.

109.

C. 12. Jan. 1825.

Ich danke Ihnen, liebster Freund für die treuen
und herzlichsten Glückwünsche, möge dann in Erfüllung gehen, was Gottes Wille ist. Dank auch
für die beruhigende Nachricht über Ihr Befinden.
Ich kann sie Ihnen vergelten und versichern, dasz
ich mich wohler als je befinde, die örtlichen Übel
an Herz u. Magen scheinen zu weichen, nur ein
gewiszer Unterschied zwischen Tag u. Nacht zeigt
sich u. manchmal so seltsam, dasz ich ein paar
Wochen den Tag über jedesmal vollkommen wohl
u. heiter bin, mich aber Nachts in einem Zustand
befinde, den ich nicht krank nennen kann, weil ich
eigentlich keine Schmerzen empfinde, der aber doch
auch nicht ganz natürlich ist.

Hierbei nun der 5te Band von „Alonso“, das
Buch ist offenbar etwas zu lang, dieser Fehler ge-
fällt mir aber, weil man daran sieht, dasz es dem
Verf. um die Sache zu thun ist und er nicht um
Beifall buhlt.

Seyn Sie sämmtlich herzlich gegrüszt.

W. G.

110.

Cassel den 2. Pfingsttag 1825.

Lieber Freund, vorigen Sonntag den 15. Morgens
nach der Kirche bin ich getraut worden in Beiseyn
der Geschwister und nächsten Verwandten; wir haben
den Tag unter uns und in Stille verlebt und da habe
ich auch Ihrer und Ihrer Freundschaft mit Rührung
gedacht. Sie ist ein freies Geschenk Ihres Herzens
und ich will Sie, wie es bei dieser Gelegenheit
wohl Sitte ist, nicht um Fortsetzung derselben bitten
im Vertrauen auf Ihre liebreiche Gesinnung, die sie
mir nicht wieder entziehen wird. Ich kenne meine
Frau seit ihrer Kindheit und wir alle haben sie
immer wie zu uns gehörig betrachtet; ich glaube
nicht, dasz ich wie man sagt, in Flitterwochen lebe,
aber ich habe das Vorgefühl, dasz ich mein Lebtag
glücklich seyn werde, wie ich es seit acht Tagen
bin. Sie ist herzlich, natürlich, verständig u. heiter,
hat Freude an der Welt und ist doch jeden Augenblick bereit sie für etwas höheres und beszeres hin-
zugeben, wornach wir streben und was die Welt
nicht gewährt. Sie hofft auf Ihre persönliche Bekanntschaft und bittet Sie einstweilen einen herzlichen Grusz anzunehmen, heute Abend feiern wir
ihren Geburtstag und da soll ein Glas auf Ihr
Wohlseyn, mein liebster Freund geleert werden,
wollen Sie es uns Morgen vergelten und mit Ihrer
Frau und den lieben Kindern anstoszen, so soll es
uns in den Ohren klingen. Gerling und seiner Frau
theilen Sie doch meine Neuigkeit und die freundschaftlichsten Grüsze mit.   Wilh. Grimm.

111.

Cassel 27. Dec. 1825.

Liebster Freund, in dem Augenblick, wo ich Ihren
liebreichen und herzlichen Brief gelesen habe, setze
ich mich zur Beantwortung desselben nieder. Als
ich das kleine Zettelchen in den Clodiusischen
Brief einschob, war es mein fester Plan, in den
nächsten Wochen zu Ihnen zu kommen, meine Frau,
die etwas früher abreisen u. eine an dem Wege
dorthin wohnende Freundin zuvor besuchen wollte,
hätte ich dann mitgenommen, aber ein Plan gelingt
mir niemals. Gleich konnte ich nicht reisen, weil
ich in den Händen des Druckers war u. von Leipzig
aus Correcturbogen erhielt, die kein Mensch corri-
gieren konnte, als ich, selbst mein Bruder nicht.
Damit verzögerte es sich länger, als ich dachte und
noch ehe ich zu Ende kam, entwickelte sich bei mir
ein heftiger Husten, in den ich mich, da ich seit
5 Jahren keinen gehabt nicht recht zu finden wuszte,
den ich anfänglich vernachläszigte, der endlich ein
wenig bösartig zu werden drohte und mich 5 Wochen
zu Hause hielt. Erst vor kurzem bin ich wieder
ausgegangen u. bin von dem Übel völlig erlöst, nun
erlaubte mir die Sorge um meine Schwester nicht,
mit leichtem Herzen Cassel zu verlaszen, sie war
äuszerst kränklich u. ihre bevorstehende Niederkunft
machte ihren Zustand noch bedenklicher. Gott hat
gütig u. gnädig geholfen, das Übel wich auf einmal u. ihre Niederkunft war so glücklich, wie nur

immer zu wünschen, u. ihr Wohlseyn dauert fort.
Am 1. Christtage ist das Kind getauft worden, ein
Mädchen, das mich mit seinem stillen Gesichtchen
u. feinen zugeschloszenen Mund, wegen der Ähnlichkeit mit der seel. Mutter sehr rührte. Noch
halten mich ein paar nothwendige Geschäfte hier,
so gern ich in unsern beiderseitigen Ferien gereist
wäre, aber in der Mitte Januars denke ich, ohne
mir einen Plan zu machen, frei zu seyn, aber ich
überrasche Sie nun nicht, sondern schreibe vorher,
wann ich komme. Die Dortchen kommt diesmal
nicht mit, sie soll Marburg im Sommer wiedersehen,
sie ist vor 15 Jahren dort bei einer nun verstorbenen
sehr geliebten Schwester gewesen und wird doch
gerne die alten Plätze besuchen. Der Prinz bleibt
nun für beständig hier, ich brauche also nicht Degen
und Hofrock mitzunehmen. Nun leben Sie wohl,
liebster Freund, ich sage wieder einmal auf Wiedersehen; feinen Beobachtungen zum Trotz, welche
behaupten, ein verheiratheter Mann verändre sich
nothwendig und werde ein ganz anderer, habe ich
mich, wie es mir scheint u. auch andere sagen, gar
nicht verändert, ich sage das ganz demüthig, denn
ich hätte bei der Gelegenheit zu einigen Tugenden
kommen können, aber mich erfreute in dem Augenblick der Gedanke, dasz Sie mich alle noch sehr gut
kennen werden, wenn ich erscheine und mich mit
all der Freundschaft u. Liebe aufnehmen, an die
mein Herz niemals ohne Rührung und Dankbarkeit
gedenkt. Ich drücke Ihnen die Hand beim Thor-
schlusz u. wenn sich die Pforte des neuen Jahrs

öffnet, so möge die Sonne mit ihrem reinen u. unsterblichen Licht entgegen leuchten u. die Mehrzahl Ihrer Tage erleuchten.

W. Gr.

An den Herrn Hofrath u. Professzor Suabedissen zu Marburg.

112.

Cassel 21 April 1826.

Liebster Freund, ich benachrichtige Sie, dasz am 3. d. M. Nachmittags meine Frau von einem gesunden und hübschen Knaben ist entbunden worden: ietzt erst nachdem die critischen Tage vorüber sind und alles fortwährend gut geht, kann ich Ihnen mit Ruhe diese Neuigkeit mittheilen und ietzt erkenne ich erst recht, aber auch gewisz mit dankbarem Herzen, wie grosz Gottes Güte hierbei gewesen ist. Viele Freunde haben mit noch mehr Besorgnisz, als wir selbst dieser Zeit entgegengesehen, u. wir sind durch wahre Theilnahme von Menschen erfreut u. gerührt worden, von denen wir nicht wuszten, dasz sie an uns dachten. Am 16. ist der Kleine schon getauft worden u. hat nur einen Pathen und den einzigen Namen Jacob erhalten.

Auszerdem ist mein Hausstand durch die Ankunft meines Bruders Carl aus Hamburg vermehrt worden; bei dem Zustand des Handels u. in der Crisis, in der er sich überhaupt befindet, hat er dort nicht länger bestehen können. Er denkt hier Unterricht im französischen u. englischen zu geben, wie er schon in Hamburg gethan hat.

Savigny war vier Tage bei uns. Er wird seit
Jahren von einem heftigen, fieberlosen und bedenklichen Kopfweh gequält, das ihn gewöhnlich am
Abend, aber auch am Tage überfüllt und dann zu
aller Geistesarbeit untauglich macht.

Grüszen Sie Gerling u. seine Frau und theilen
Sie ihnen meine Neuigkeit mit, grüszen Sie auch
Ihre Frau u. die lieben Kinder.

Ich habe seither eine ordentliche Sehnsucht gehabt, Sie einmal wieder zu sehen u. wenn ich glaubte,
es könnte meiner kleinen Reise nichts mehr im Wege
stehen, so wurde sie mir gerade unmöglich gemacht.
Aufgegeben ist sie nicht.

[Ihr Wilhelm Grimm.]

113.

Cassel 3. Jan. 1826 [st. 1827]

Liebster Freund, ich danke Ihnen für Ihren herzlichen Brief, wenn er auch nicht gekommen wäre,
ich würde Ihnen heute doch geschrieben haben. Sie
nehmen Antheil an allem was mir begegnet u. so
sollten Sie auch meine Trauer erfahren. Am 18. Dec.
habe ich mein liebes Kind zu seiner Ruhstätte
neben meine seel. Mutter geleitet und die erste Erde
auf seinen Sarg geworfen, sechs Wochen früher
hatte ich auch das Kind meiner Schwester da ein-
senken sehen. Als ich damals zurückkam, fand ich
zuerst mein Kind krank ü. als ich es küste, dachte
ich, dies kann nicht auch sterben, es ist zu lebendig.

Aber Gott wollte es anders u. in 6 Wochen war es
hingewelkt. Bis dahin war es gesund, frisch,
blühend, immer eine Freundlichkeit u. so lebendig,
wie ich mich nicht erinnere, ein Kind gesehen zu
haben. Eine ungewöhnliche, unheilbare Leberkrank-
heit hat es zu Grund gerichtet. Noch während der
Krankheit entwickelte sich sein Geist u. sein liebreiches Herz. Ich hatte selten einige Hoffnung und
doch hat uns dieser Schlag mehr niedergedrückt, als
ich dachte. Gleich darnach wurde meine Frau, die
sich Tag und Nacht keine Ruhe gegönnt hatte, von
der unglaubl. Anstrengung krank u. erst seit wenigen
Tagen hat sie sich erholt. Meiner Schwester Kind
hat mir ebenso leid gethan, wie mein eigenes, es
war ein Mädchen und glich so sehr meiner Mutter,
dasz ich oft wider Willen gerührt wurde, wenn ich
es ansah.

Weihnachten u. Neujahr haben wir also ganz
still verlebt und nur Geschenke, die für das arme
Kind, das schon im Grabe lag, aus der Ferne an-
langten, erinnerten uns schmerzlich daran. Ich habe
mich seit ein paar Tagen wieder zur Arbeit ange-
schirrt u. etwas Gothisches für die Wiener Jahrbücher ausgemeiselt. Dasz Sie die Elfenmärchen
gelesen, beschämt mich, oder rührt mich eigentlich,
ich schicke Ihnen meine Sachen niemals, aus einer
gewiszen Bescheidenheit, weil ich denke, es liege
zugleich die Anmuthung darin, es zu lesen und
ohne dasz ich glaubte, das Buch sey gerade schlecht,
meine ich doch, es sey nur eine Vorarbeit, auf die
Sie sich nicht einlaszen könnten und erst wenn ich

einmal etwas von allgemeinem Interesse zu Tage
brächte, dürfte ich es Ihnen mit einigermaszen gutem
Gewiszen darbieten. Die Abhandl. über die Elfen
(nur das erste Capitel mit den Etymologien ist von
meinem Bruder) hatte mir einiges Vergnügen gemacht, ich glaubte, sie würde einige Blicke in die
Übergangspuncte unser[er] (?) Bildung gewähren,
nachher hörte ich man möge sie nicht lesen, sie sey zu
gelehrt und zu trocken. — Tiecks Novellen charakté-
risiren Sie sehr richtig, der Mann hat einen eis-
kalten Stein im Herzen liegen, aber ungemeine
Gaben u. einen scharfen Blick.

Es gibt Perioden, wo ich zum Nachsinnen u. zur
Selbstbetrachtung mehr als sonst ein Bedürfnisz
fühle. Während der traurigen Zeit habe ich wieder
einmal ein groszes Stück in Ihrem Buche gelesen:
Manches darin spricht mich ungemein an, besonders
die Ausführung von dem Zusammenklang des innern
u. äuszern Leben, der Natur u. des Geistes aber
wenn ich mich selbst aufsuche, so komme ich mir
oft vor, als würde ich, wie jener geneckt, der den
Hausgeist zu haschen denkt u. in dem Augenblick,
wo er ihn zu packen glaubt, seine Stimme aus einer
andern, fernen Ecke hört. Ich glaube, wie Sie, dasz
Liebe das Höchste ist, was aus unserer Seele strömt
und das einzige, was uns aufrecht erhält und wahr-
haft mit andern bindet; ich glaube ferner, was wir
wirklich besitzen, das müszen wir im Bewusztseyn
gefaszt haben. Aber wie ich mich auch dem menschlichen Geist zu nähern trachte, etwas geheimnisz-
reiches bleibt mir jedesmal zurück, und in diesem

unerforschlichen, von keinem Bewusztseyn zu eigen
gemacht, liegt ein mächtiges Stück meiner Wesen-
heit. Es springt hervor, wie eine Quelle auf der
Erde, bald hier bald dort, immer anders, als ich
denke; erst den Lauf des Brunnens über die Erde
hin, kann ich sehen, begreifen und beobachten. Ich
entdecke manchmal zu meinem Erstaunen da Tugenden, die ich mir wohl abgesprochen hätte und
anderwärts Fehler, von denen ich frei zu seyn dachte.
Ich fürchte und liebe, ich achte und möchte be-
zwingen jenen Kobold, der zu Zeiten etwas neckisches
und komisches an sich hat, wie jener, den ich gelehrt beschrieben habe. Sollte es nicht den meisten
Menschen so zu Muthe seyn u. ein gewiszer Mangel
an Aufrichtigkeit oder Furcht die Halt[ung] zu verlieren, sie abhalten, dieses Ungleichmäszige und unbegreifliche ihrer Natur sich u. andern einzugestehen?
Der Wille freilich ist etwas anderes u. soll von
Rechts wegen nicht wandelbar seyn.

    Leben Sie wohl, liebster Freund, gottlob, dasz
Sie und die Ihrigen wohl sind. Baldige Genesung
bei Gerlings! An alle aber die herzlichsten
Grüsze. Ihre Theilnahme an meinem Kummer ist
mir ein Trost.

Ihr Wilhelm Grimm.

An Herrn Hofrath Suabedissen in Marburg.

114.

Liebster Freund, ich hatte gehofft, die Reise
nach Marburg, an der auch die Dortchen viel
Freude zu haben schien, falls sie überhaupt möglich
wäre, am besten in den Pfingstferien ausführen zu
können, allein die Umstände gestatten es nicht, theils
hat sich Benecke aus Göttingen mit seiner Familie
anmelden laszen, theils aber darf meine Frau überhaupt in den ersten Monaten keine Reise unternehmen und zwar aus einem Grund, der uns neue
Hoffnung gibt u. zu dem auch Sie gewisz uns Glück
wünschen.

Wir denken mit Freude an die Tage, die Sie,
lieber Freund, bei uns zubrachten und seyn Sie versichert, dasz ich den Werth des Geschenkes, das Sie
mir damit gemacht haben, fühle. Mir ist nichts
wohlthätiger als der Eindruck Ihres eigenthümlichen
Geistes, Ihre ruhige und reine Betrachtung der Welt
und Ihr liebreiches u. wohlwollendes Herz, das ich
erkenne und ehre.

Ich habe die kleine Schrift, die Sie mir zurück-
lieszen, mit Aufmerksamkeit und Theilnahme gelesen, ein freier und edler Sinn herrscht darin und
ich bekenne mich von Herzen zu Ihrer Philosophie,
die Sie eine Betrachtung und Innewerden seiner
selbst nennen. Ich meine dazu müszte die Neigung
jedem ordentlichen Menschen angeboren seyn,
wenigstens so weit ich mit meiner Besinnung zurück-

gehen kann, habe ich mich, ohne angeregt zu seyn,
aus freiem Trieb, von den groszen Fragen bewegt
gefühlt, die unser Daseyn einschlieszen und sich um
den schwachen Menschen lagern. Und doch ist
dieser schwache Mensch auch wieder so mächtig,
und das ist abermals ein Wunder, dasz er zwar die
Berge nicht wegheben, aber darauf in die Höhe
steigen u. von da, jeder nach seinen Kräften, seinem
Stand und seinen Augen, eine Aussicht gewinnen
kann. Mir ist immer in Tiecks „Blaubart" die
Klage, die einer da vorbringt, komisch und rührend
zugleich vorgekommen: siehst du, mit diesem Ding
da, dem Gehirn, soll ich denken, wie eben das Ding
beschaffen sey. Als ich diesen Herbst in Steinau
war, führte mich mein Weg einmal an einer Mauer
vorbei, nicht weit von der ehemal. Wohnung meiner
Eltern, die Sonne beschien sie in eigenem Licht und
in dem Augenblick fiel mir ein, dasz ich einmal als
Knabe bei ähnlicher Beleuchtung daran auf und
abgieng und mich der Begriff der Ewigkeit und der
Gedanke, dasz meine Seele endlos sey mit einer
eigenen Macht u. Angst beschäfftigt hatte, ich suchte
mich zu nähern, war aber unvermögend; der Vogel,
wenn er den ganzen Tag fortflog, muszte sich am
Ende doch niedersetzen, auch auf dieses Bild besann
ich mich wieder.

Ich hätte sehr gewünscht, das Verhältnisz der
Philosophie zur Poesie wäre auch in der kleinen
Schrift berührt worden, ja das scheint mir ein
Mangel daran zu seyn. Dasz beide im Grunde eins
sind, ist nicht schwer zu begreifen, und ich möchte

keine Poesie, die blosz mit dem sinnlichen spielend
jenen ernsthaften Grund nicht in sich trüge, auch
gibt es keine wahrhaftige, die uns nicht zugleich
über uns selbst erleuchtete und über den Schein
und die rohe Wirklichkeit erhöbe. Neben dieser
Übereinstimmung, die ja auch häufig ist gefühlt
worden (weshalb Scheidler, was mir gefällt, die
Aussprüche der Dichter in seiner Einleitung zur
Philos. mit einreden läszt, während umgekehrt einmal J. J. Wagner behauptete, es sey mit den
Poeten überhaupt nichts und sie nur eine Art Späne
und Abfall der Philosophen) neben dieser Übereinstimmung ist ein Unterschied nicht zu verkennen u.
durch alle Jahrhunderte gegangen. Die Poesie wäre
demnach das Bestreben die sinnliche Erscheinung in
ihren Formen und ihrem Wesen, weil das über-
sinnliche selbiger bedarf, um sich kund zu geben,
zu belaszen und nur in das höhere Licht des Geistes
zu stellen u. von dem Zufälligen zu reinigen. Sie
ertheilt nicht mehr Licht, als das einzelne gerade
bedarf und sie legt nichts zu, erweitert es nicht ins
Allgemeine, um uns den Zusammenhang mit dem
Ganzen erkennen zu laszen, sondern kehrt, nachdem
sie das ihre gethan, wieder in das Geheimnisz zurück, wo Tag und Nacht nicht getrennt sind und
der Geist des Dichters mit den Geistern des Lebens
stillen u. halb unbewuszten Verkehr hat. Abermals
auf neuen Ruf, innern Trieb, oder was den Dichter
sonst anregt, tritt sie hervor und ihr Erleuchten
gleicht dem Blitz, der uns überrascht, in staunende
Bewunderung versetzt und obgleich nur eine Secunde

dauernd, doch einen unauslöschlichen Eindruck hinter-
läszt. Die Philosophie würde die sinnliche Erscheinung von ihrem irdischen Kleid befreien und
nur die Idee darin beachten, als den eigentlichen
Kern; sie würde sie mit dem milden, ruhigen Lichte
des Tages beleuchten, ein vielfältiges Betrachten u.
Nachsinnen gestatten u. fordern, und sich bemühen
den Zusammenhang mit dem Ganzen zu finden und
zu erörtern. Sie bedarf deshalb eines Systems, sie
musz wiszen, wie die Glieder sich zum Ganzen
verhalten und sich gegenseitig tragen. Sie würde
mir die Natur darstellen, wie jemand mich über die
Gesetze der Schönheit im Menschen belehrt und sie
klar ausspricht, während mir die Poesie einen
schönen Menschen gleich fertig hinstellte und ich
es mir müszte gefallen laszen, wenn es hier und da
fehlte, ein Theil zu lang, der andere zu kurz wäre;
sie hat eben keinen beszern auftreiben können.

Scheint insoweit der Vortheil auf der Seite der
Philosophie, als sie mit mehr Freiheit verfährt und
an keine Besonderheit gebunden ist, so wird sie dagegen durch die Nöthigung zu einer Erläuterung
des Ganzen und einer vollständigen Einsicht von
ihrem System mehr oder weniger abhängig. Sie
musz verwerfen, was ihrem Gesetz widerstrebt, der
Dichter würde sagen: gefällt dir nicht, was ich dir
gezeigt habe, in allen Stücken, so nimm dir das
beste heraus und warte, ich suche weiter und finde
vielleicht einen, dem die Sünde auch kein Härchen
gekrümmt hat, finde ich ihn nicht, weil auch mir
das Paradies verschloszen ist, so wirst du ihn jen-

seits erblicken und an dem schönsten, was ich dir
zeige, ahnen können.

Es wird am Ende von der besonderen Natur des
Menschen abhängen, wohin er sich getrieben fühlt,
und wenn er auf dem einen Weg, den er halb
wachend, halb träumend, beides absichtlich und un-
bewuszt, eingeschlagen hat, weiter gekommen ist,
wird er auch erkennen, warum es der seinige werden
muszte. Aber eben diese besondere Natur! Hat
doch Niebuhr in der neuen Bearbeitung der röm.
Geschichte die Abstammung der Völker von einander auf eine überraschende Art, wenn nicht durchaus, doch für das geschichtliche Daseyn geleugnet
u. von Anfang her besondere Naturen der verwandten
Völker behauptet!

Mir ist alles, was ohne Ernst getrieben wird,
allzeit von Grund der Seele zuwider gewesen und
doch aus einer Caprize meiner Natur habe ich allzeit
Lust empfunden, das ernsthafteste, was ich mir ausgedacht, in einem halben Scherz auszudrücken, so
wie es mir immer vorkam, als müszte ich einem
ernsten Gespräch durch eine scherzhafte Wendung
hier u. da so zu sagen Luft machen, damit es bestehen u. fortdauern könne. Ich glaube es war eine
Art Angst, ich möchte bei dem bloszen Ernst die
Herrschaft über die Sache verlieren und genöthigt
werden, mich auf Discretion zu ergeben und das
wollte ich nicht, ich weisz in der That nicht, ob
ich diese Furcht loben oder tadeln soll, aber ich
kann sie nicht los werden und musz meiner Natur
nachgeben.

Ich schreibe hier noch ein paar Worte an M a r i e. Liebes Mariechen, die D o r t c h e n dankt dir herzlich für deinen Brief und die freundschaftliche Gesinnung, die sich darin ausspricht, sie erwidert für diesmal nur die letztere und bittet dich darin fortzufahren. Den Gürtel hat sie nun seinem Schicksal überlaszen und will warten, bis die Reihe der Mode wieder einmal an dieses Zeug kommt, ich bin aber ungewisz ob wir das erleben, denn der menschliche Geist ist reich an neuen Erfindungen, besonders wenn es auf solche Lumpereien hinausgeht. L e h n e u. H a n n - c h e n kommen dann und wann, aber Schlag acht müszen sie zu Hause seyn, weil der Bruder ein strenger Herr ist. Könntest du doch einmal mit dem alten Mann dazu kommen, das sollte uns freuen, denn ich brauche nicht erst das Ende des Briefs abzuwarten um dir zu sagen, dasz ich euch herzlich lieb habe, sondern kann es zu jeder Stunde. Einen schönen Grusz an die Mutter, den an den Vater besorge ich selbst noch.

Leben Sie wohl, liebster Freund, bleiben Sie gesund und behalten Sie mich lieb

W i l h. G r i m m.

Ich sende den Brief erst heute den 30 fort. Gestern Abend waren die beiden Kinder bei uns, sie sind wohl u. waren munter, auch L e h n e war heiterer als sonst, H a n n c h e n klagt nur dasz sie gar zu früh aufstände. Meinen Sie nicht auch, dasz es für ihre Gesundheit beszer wäre, wenn sie sich nicht zu

sehr anstrengte, denn mich greift nichts mehr an,
als wenn ich mir Schlaf abziehen musz. Ich habe
ihr gesagt, ich wollte sie bei Ihnen deshalb verklagen.

An Herrn Hofrath Suabedissen in Marburg.

115.

Cassel 7. Jan. 1828.

Liebster Freund meine Glückwünsche zu dem
neuen Jahre kommen ein paar Tage zu spät, aber
sie sind nicht weniger herzlich. Ich wollte Ihnen
gerne eine gute Nachricht mittheilen u. zögerte deshalb, dafür kann ich es auch wirklich u. mit freu-
digem Herzen thun. Gestern Morgen um 11 Uhr
hat meine liebe Dortchen einen gesunden, starken
u. hübschen Knaben geboren u. befindet sich so
wohl, als es nur immer möglich ist. Sie hat nicht
so viel als das vorige mal dabei gelitten und war
durch einen guten Schlaf in der vorhergehenden
Nacht gestärkt. Das Kindchen gleicht sehr dem
verstorbenen, indem uns also Gottes Güte diesen
Verlust ersetzt, dessen Erinnerung uns noch diese
Weihnachten u. Neujahr traurig stimmte u. einsam
zubringen machte, hoffen wir von derselben Güte,
dasz sie uns das neue Geschenk erhalten wird.

Durch die Hannchen, die uns nicht vergiszt,
haben wir von Zeit zu Zeit Nachricht von Ihnen
gehabt, Ihre Gesundheit liebster Freund, ist doch
leidlich gewesen u. wenn ich das Recht hätte, von
Ihnen etwas zu erbitten, so wäre es das Versprechen,

in dem neu angetreten[en] Jahr sich selbst u. Ihre
Krüfte etwas mehr zu schonen. Ich glaube die
Ihrigen, Ihre |Freunde u. Schüler verdienten diese
Sorgfalt.

Grüszen Sie mir die Ihrigen auf das Neujahr
zum schönsten. Wie oft habe ich mich gesehnt,
ein paar Stunden in Ihrer Mitte wieder zuzubringen,
aber es war auf keine Weise einzurichten. Gesund
sind wir übrigens gewesen, nur mein ältester
Bruder hat in der letzten Zeit an einem hartnäckigen Catarrh gelitten, der noch nicht ganz vorüber ist und ihn schon 5 Wochen zu Hause hält.
Man wird bei den unerwarteten Todesfällen, die wir
erlebt haben gar zu leicht besorgt, das Scharlach-
fieber zumal hat hier seinen Sitz aufgeschlagen u.
sucht sich jede Woche Opfer unter den gesundesten
Kindern; für meinen kleinen Neffen waren wir auch
in Angst, doch ist er mit einer leichtern Krankheit
davon gekommen. Im Septbr hat meine Schwester
den zweiten Knaben zur Welt gebracht. Mich freut
dasz Marie allmählig mittheilender wird, das gute
Herz, ich habe sie immer in ihrem Wesen anerkannt
und lieb gehabt. Ich fand aber schon wie sie das
letztemal hier war, dasz sie sich weniger zurückhielt
u. ich zweifle nicht, es wird sich alles zu Ihrer
Freude u. ihrem eignen Glück ausgleichen. — Ich
fürchte der guten Lene wird schwerer zu helfen
seyn, und doch wünschte ich es so sehr, wir alle
haben sie so gerne gehabt, wie sie hier war. Aber
sie wird allzustark von einigen Ideen beherrscht u.
kann über die Mauer, die sie selbst um sich gebaut

nicht mehr hinüber schauen, ja sie arbeitet selbst
an der Befestigung derselben. Elise grüszen Sie
mir besonders, ich weisz dasz das Christkindchen
sich diesmal weltlich gezeigt u. ihr ein Ballkleid
geschenkt hat. Wenn sie nur nicht zuviel tanzt.
Hat sie denn noch die Liebhaberei am sauern?
Wenn ich auch in Gefahr komme, ihr zu miszfallen, ein sauer Gesicht werde ich ihr doch niemals
machen.

Noch einmal: herzliche Liebe u. Freundschaft
auch in diesem Jahr

Ihr treuer Wilh. Grimm.

An Herrn Hofrath Suabedissen in Marburg.

116.

Cassel 10. July 1828.

Liebster Freund, Ihren liebevollen Brief hat mir
Hr. Münscher überbracht und mir die Nachricht
über Ihr Befinden, die ich schon durch Hannchen
empfangen hatte, bestätigt, doch mit dem Zusatz.
dasz er Sie in den letzten Tagen wieder beszer gefunden habe. Möge das wahr seyn und Sie auf
diesem guten Wege fortschreiten. Wie ernstlich
Sie sich muszten angegriffen fühlen, konnte ich mir
schon daraus abnehmen, dasz Sie Ihre Collegia auszusetzen sich genöthigt sahen u. Ihre Gäste nicht
auf dem Spaziergange begleiteten. Ich habe Vertrauen auf die schon oft bewährte Kraft ihrer Natur.
sich zu einem leidlichen Grade wieder herzustellen;

und ich glaube dieser würde sich länger erhalten u.
beszer stärken, wenn Sie sich dann u. wann nicht
zu viel zumutheten. Meine Gedanken und die herzlichsten Wünsche treuer Freundschaft sind in dieser
Zeit stets bei Ihnen gewesen, ich würde vielleicht
den ersten Vorsatz, Sie zu Ende dieses Monats
(denn wenn Sie hier sind, kann ich mich doch nur
immer ·halb Ihrer Gegenwart freuen und das ist sehr
natürlich) zu besuchen, ausgeführt haben aber ich
bedachte, dasz Ihnen Anregung irgend einer Art,
lebhaftere Rede, gerade bei einem Husten wenig
zuträglich seyn würde, und habe es mir auf den
Herbst verspart. Zudem würde ich doch Frau u.
Kind nicht ohne alle Besorgnisse verlassen haben,
das Kind nimmt zwar zu, ist freundlich u. sehr
lebendig, aber von Zeit zu Zeit kommen Zufälle, die
seine Gesundheit stören u. seiner Natur etwas deli-
cates verleihen. Eben ietzt hat es den Husten und
wir müszen befürchten, dasz ein Keichhusten daraus
entsteht, die gute Dortchen, die sich bei der
Pflege verkältet hatte, lag ein paar Tage zu Bett
und auch mit meines ältesten Bruders Beszerung
hat es nicht so raschen Fortgang, wie wir wünschen;
die übergrosze Hitze mag ihm auch nicht zuträglich
seyn.

Wenn Sie Lust haben, etwas zu Ihrer Erholung
zu lesen, so laszen Sie sich Lenzens Werke holen,
die Tieck so eben gesammelt und herausgegeben
hat. Er hat eine Einleitung dazu geschrieben, die
als ein besonderes Buch gelten könnte und worin
geistreiche Dinge über Göthe, sein erstes Auftreten

u. seine Wirkung auf deutsche Bildung gesagt sind.
Auch einiges über das Verhältnisz der Philosophie
zur Poesie kommt darin vor und ich möchte wohl
wiszen, wie Sie darüber urtheilen, mir hat es nicht
miszfallen und hier u. da habe ich meine eigene
Meinung ausgedrückt gefunden. Dieser Lenz ist ein
wunderlicher Mensch gewesen, neben widerwärtigen,
ganz unerträglichen Dingen, die schönste und an-
muthigste Poesie; gereizt hat er mich immer.
Hegels Rec. von Solger und eine ganze Periode
der deutschen Litteratur habe ich mit Theilnahme
gelesen, eigene Gedanken frei und mit Lebhaftigkeit
ausgedrückt, nur im Ganzen ist seine Ansicht von
der Poesie nicht die, welche ich habe, gegen Tieck
ist er unbillig, dem müszte man andere Vorwürfe
machen, wenn man ihn tadeln wollte.

Grüszen Sie mir Ihre Frau und die lieben Kinder
von uns beiden. Sorgen Sie, dasz wir bald gute
Nachricht von Ihnen bekommen, niemand wird sich
herzlicher darüber freuen, als wir.

Ihr treuer Wilh. Grimm.

An Herrn Hofrath Suabedissen in Marburg.

117.

Liebster Freund,

Ich würde Ihnen die Antwort auf Ihre freundliche Einladung in Person überbracht haben, wenn
ich nicht erst die Rückkehr Völkels, welcher eine

antiquarische Reise in die Rheingegenden macht, u.
einen Besuch den B e n e c k e von Göttingen angekündigt hat, abwarten müszte. Jene wird zu Ende
dieser Woche erfolgen u. Benecke, der nur einen
Tag hier bleiben kann, kommt wohl in dieser Zeit,
oder doch bald hernach, so dasz ich in künftiger
Woche Herr einiger Tage zu werden hoffe, die ich
mich bei Ihnen zuzubringen herzlich freue. Möchte
ich Sie, herzlich geliebter Freund, so wohl finden,
als ich wünsche. Habe ich Zeit, so melde ich Ihnen
vorher meine Ankunft, aber leicht ist es möglich,
dasz ich mich des Eilwagens nicht bediene, da ich
von einer Gelegenheit gehört habe, die nach Frankfurt geht u. die ich benutzen kann.

Mit dem Kinde geht es ziemlich gut, auch mit
meinem Bruder. Einstweilen die herzlichsten Grüsze
an Sie und das ganze Haus.

Ihr treuer Wilh. Grimm.

C. 11. Septbr. 1828.

An Herrn Hofrath u. Prof. Suabedissen in Marburg.

118.

Liebster Freund, ich musz meine Reise zu Ihnen
noch auf acht Tage aufschieben und werde schwerlich vor dem 5. k. M. bei Ihnen eintreffen können.
V ö l k e l ist zwar zurück, aber der götting. Besuch
noch nicht angelangt, und ich glaube nun, dasz er
bis zum 2 oder 3ten ausbleibt, obgleich er früher
zu kommen versprochen hatte. Ich hoffe, dasz das
Wetter sich hält, denn bis zur Mitte Octbrs. pflegt

es standhaft zu seyn. Ich denke bei den schönen,
milden Tagen, die wir als Ersatz für den trüben
Sommer erhalten, oft, wie wohlthätig Ihnen diese
Luft seyn musz. Indessen habe ich auch durch Hn.
Landgrebe Grüsze von Ihnen u. die besten Nachrichten von Ihrem Befinden erhalten; er wenigstens
hielt Sie für hergestellt und so kann ich mich dann
mit voller Freude auf den Weg machen.

Ihr treuer W. G.

Cassel 28. Septbr. 1828.

Es bleibt dabei, dasz ich meine Ankunft noch
melde, falls ich mich auf den Eilwagen setze.

An Herrn Hofrath Suabedissen in Marburg.

119.

Liebster Freund, ich melde Ihnen meine glückliche, gestern Mittag um 2 Uhr erfolgte Ankunft
und wiederhole meinen herzlichen Dank für die
liebreiche und freundschaftliche Aufnahme, die mir
vier vollkommen heitere und glückliche Tage geschenkt hat. Ich habe hier alles gesund und wohl
gefunden und das liebe Kind in der Zeit meiner
Abwesenheit so kurz sie war, doch sichtbar weiter
entwickelt. Möge auch Gott Sie so, wie ich sie
verlaszen habe, in ungestörter Gesundheit erhalten.
Die Dortchen u. der Jacob, denn den Mahler
fand ich verreist, grüszen Sie alle mit mir auf das
schönste

Ihr treuer Freund Wilh. Grimm.

Sagen Sie Ihrer S c h w e s t e r dasz es mir leid gethan habe, Sie nicht noch einmal gesehen zu haben; ich wollte absichtlich durch keinen Besuch Ihre Betrachtung über das arme kranke Kind neu anregen.

Noch eine Bitte: findet sich dort auf der Bibliothek L a z i u s *de gentium migrationibus Basil.* 1577, so bitte ich mir das Buch auf acht Tage herzusenden. In Göttingen ist es nicht. Aber es musz diese Ausgabe von 1577 seyn, nicht die *Francof.* 1600, welche wir hier haben; gibt es noch eine dritte, wovon ich nichts weisz, so nähme ich diese auch. Es hat keine Eile, wenn es in 3 Wochen geschieht ist es noch Zeit.

C a s s e l 18. Octbr 1828, welchen Tag die heutige, schöne Sonne, wenn auch allein, aufs beste feiert.

An Herrn Professor Suabedissen in Marburg.

120.

Die freundschaftlichsten und herzlichsten Grüsze an Sie und die Ihrigen, liebster Freund; möchten Sie das ganze Jahr so heiter und wohl verleben, als ich Sie verlaszen habe! Von einer abermals eingetretenen Störung Ihrer Gesundheit schreiben Sie mir selbst, u. hörte ich auch von andern, aber doch auch wieder von Beszerung und ich hoffe, die im Ganzen milde Witterung dieses Winters ist Ihnen dabei zuträglich gewesen. Uns allen geht es leidlich und da man über Kleinigkeiten nicht klagen sollte, musz ich sagen wohl. Das Kind wächst, ist munter u. macht Anstalt zu sprechen, doch ist der Geist willig, aber das Fleisch schwach, es lösen sich alle Versuche in ein paar ähnliche Laute auf. In ein paar Tagen ist es ein Jahr alt.

Hannchen hat nun ihr neues Verhältnisz angetreten, ich hoffe, dasz es ihr leidlich ergehen wird. Wie ich merke, hat sie die Absicht sich ernsthafter an das Mahlen zu halten. Hat sie wirklich Talent, nicht blosz zum Copiren sondern zum Auffaszen der Natur u. bringt sie es dahin ähnliche Portraite zu mahlen, so würde das allerdings ihre Lage verbeszern. Ich habe noch gar nichts von ihr gesehen, was ein Urtheil darüber erlaubt hätte.

Ich arbeite fleiszig an einem Buche, das zum Theil die älteste Geschichte der deutschen Poesie behandelt, aber fast lauter Untersuchung, wenig Darstellung, und ich weisz nicht, ob ich den Muth haben werde, es Ihnen zuzusenden.

Der arme Prof. Scheidler von Jena ist wieder zu Besuch hier, die Ärzte haben ihm nun auch den Gebrauch des Hörnchens untersagt u. eine schriftliche Unterredung behält immer ihr gezwungenes u. unfreies. — Wie geht es denn mit Gerlings Kinde, wie oft bedauern wir die armen Eltern.

Noch einmal von uns allen die herzlichsten Grüsze, und die Versicherung treuer, unwandelbarer Liebe

Ihr Wilh. Grimm.

Cassel 2. Jun. 1829.

An Herrn Hofrath Suabedissen in Marburg.

121.

Cassel 7. Mai 1829.

Meine Gedanken sind in diesen Tagen viel bei Ihnen gewesen, liebster Freund, und ich hatte ein groszes Verlangen, Sie zu sehen, wenigstens etwas von Ihnen zu hören. Wäre es nicht mit den unerträglichsten Weitläuftigkeiten verknüpft, so würde ich ein paar Tage in diesen Ferien zu Ihnen gekommen seyn. Dr. Landgrebe gab mir vor einigen Wochen die besten Hoffnungen für Ihre Wiederherstellung, von andern hörte ich später, dasz Sie sich durch Ihre Vorlesungen allzusehr angegriffen und mit den Folgen davon zu kämpfen hätten. Möchte sich das Wohlbefinden bald u. so gut, wie vorigen Herbst wieder einfinden und möchten Sie es dann durch einige Grade Sorgfalt und Rücksicht mehr fester halten. Alles, was Sie betrifft, liebster Freund, geht mir zu Herzen, den Tod Ihrer Mutter hatte ich mit Theilnahme vernommen. Ich kann sie mir auf das lebhafteste vorstellen und ihre heitere Freundlichkeit und Geistesfestigkeit hatte mir gleich damals, als ich sie sah, einen Eindruck gemacht, den ich nie vergessen werde. Auch meine Mutter hatte etwas ähnliches in ihrem Wesen, aber ihr schwächlicher Körper hat ihr kein so hohes Alter gestattet. Ich träume noch oft von ihr, sitze neben ihr und halte ihre magre aber sanfte Hand in der meinigen.

Ich habe Ihr Buch nach und nach durchgelesen und es hat mich gereitzt, auch einen Theil des

gröszern Werkes wieder durchzulesen. Ich danke
Ihnen dafür und für die vielfache Belehrung, die
ich daraus genommen habe. Wenn jedermann die
Philosophie da suchte, wo Sie sie finden, so wäre
alles gut. Aber ist es nicht betrübt, dasz Krug,
der da meint, den Geist des Weins verdanke man
dem Faszbinder, mit dem was er Philosophie nennt,
so groszen Beifall findet und er sogar mit einem
philosoph. Wörterbuch dem wahren Bedürfnisz unter
die Arme greifen darf? Scheidler, der zu Weihnachten hier war und Sie auf das freundschaftlichste
grüszen läszt, hat mir gleicherweise merkwürdige
und artige Züge von der Päbstlichen Gewalt Hegels
erzählt. Ich soll Scheidler bei Ihnen entschuldigen,
dasz er sein Versprechen eines Besuchs nicht gehalten, er gebraucht ein Bad, als abermaligen Versuch, sein Gehör wieder herzustellen; selbst das
Hörnchen darf er nicht mehr anwenden. Doch hat
ihm die Philosophie Ruhe, selbst Heiterkeit des
Lebens gegeben.

Die Meinigen sind diesen Winter über ziemlich
wohl gewesen, nur Ludwig und ich wir haben
lange, ich 6 Wochen ununterbrochen an abscheu-
lichem Gesichtsschmerz gelitten, bei welchem ich oft
alle vorräthige Geduld habe zusetzen müszen.

Frl. v. Scheel hat um ihren Abschied angesucht
u. ihn erhalten. Sie kommt, wie ich höre, in diesen
Tagen hierher, um späterhin mit ihrer Mutter Cassel
ganz zu verlassen. Sie hat an der Seite dieser er-
blindeten, meist übellaunigen Frau viel zu leiden u.
empfindet das bei einem von Natur beweglichen

Geist doppelt. Auch die andere Hofdame Frl.
v. Gräffendorf hat Erlaubnisz erhalten, ihre
Schwester hier zu besuchen, ihre Anwesenheit scheint
also dort fürs erste nicht nöthig.

Die herzlichsten Grüsze an das ganze Haus und
treue Liebe von

Ihrem

Wilh. Grimm.

An Herrn Professor Suabedissen in Marburg.

122.

Cassel 13. August 1829.

Liebster Freund, die gute Hannchen musz
mich miszverstanden haben. Meine Besorgnisz war,
ein Besuch möchte Ihnen, wie jede äuszere Anregung, schädlich werden, da ich aus eigener Erfahrung weisz, wie leicht man in einem solchen
Falle von einer Kleinigkeit bewegt wird. Nun ich
mit herzlicher Freude die Nachricht von Ihrer Genesung empfange, die mir so eben auch ein Brief
meines Bruders bestätigt, so halte ich gerne Wort
und damit mir nicht etwa ein Hindernisz dazwischen
kommt, so komme ich vielleicht schon in wenig
Tagen. Es kann seyn bis Sonntag Abend, in jedem
Falle die künftige Woche. Da ich nicht mit der
Eilpost reise, sondern mit einem Bekannten aus
Frankfurt, so denke ich in guter Zeit bei Ihnen
einzutreffen, zwischen 6 bis 8 Uhr Abends; länger
dürfen Sie nicht warten. Leider kann mich die
Dortchen nicht begleiten; auch wird Fr.

v. Witzleben erst zu Anfang des Septbrs. zurückkehren. Da ich ein paar Tage bei Ihnen allein u.
ungestört zubringen möchte, so bitte ich dort niemanden etwas von meiner Ankunft zu sagen. Herzliche Grüsze, bis ich Sie selbst mit groszer Liebe
und Freundschaft umarme Ihr Wilh. Grimm.

An Herrn Professor Suabedissen in Marburg.

123.

Cassel 22. August 1829

Gestern Mittag um halb 3 Uhr, bin ich, liebster
Freund, bei den Meinigen gesund wieder angelangt
und habe alle gleichfalls gesund und heiter wieder-
gefunden. Die Reise war die paar ersten Stationen
wegen einer ziemlich engen u. schlechten Beichaise
etwas beschwerlich, hernach ging es beszer. Unter
den Reisegefährten war auch die Schwester der Frau
Platner, wenigstens vermuthe ich es, denn ich
fand mich nicht gestimmt, etwas anders, als ihre
entfernte Bekanntschaft zu wünschen. Wie Marie
voraussagte, das Wetter ist heute, ganz gegen alle
Gerechtigkeit, gut geworden; ich rathe ihr nur deshalb nicht den bekannten Schlusz zu machen u. sie
irrt sich auch, wenn sie hofft, ich würde mich dadurch abhalten lassen wieder zu kommen, sollte
auch der Weg länger geworden seyn.

Noch einmal herzlichen Dank für so viele Liebe
und Freundschaft ich habe sie mehr gefühlt und ich
bin mehr gerührt dadurch als ich ausdrücken kann.

Über Ihre Gesundheit bin ich beruhigt u. ich denke
schon ietzt an ein fröhliches Wiedersehen

Ihr treuer W i l h. G r i m m.

An Herrn Hofrath Snabedissen in Marburg.

124.

Cassel 1. Nov. 1829.

Grosze Freude haben Sie mir durch Ihr Bildnisz
gemacht, liebster Freund, das ich schon längst zu
besitzen gewünscht habe. Es ist recht gut und viel
beszer, als ich erwartet habe, es fehlt ihm weder
Geist noch Ausdruck und wenn das Technische ein
wenig freier gehalten wäre, so würde ich es nicht
beszer wünschen. Dasz man Ihre damalige Kränklichkeit darin erblickt, stört mich nicht, es hat dem
eigentlichen Ausdruck nicht geschadet, mir aber
bleibt die Freude, Sie seitdem wieder frischer u.
rüstiger gesehen zu haben.

Auch für das Buch einstweilen herzlichen Dank,
ich werde es lesen, sobald ich Zeit u. Stimmung
dafür finde. Stünden nur meine Kräfte mit meiner
Neigung im Verhältnisz. Manchmal lebe ich, wie
ein reicher Mann und mache geistigen Aufwand,
dann aber schlägt mir das Gewissen und ich fühle,
dasz ich nicht Capital genug besitze und ein-
geschränkt mich halten musz. Ich freue mich auf
Ihre Religionslehre, denn ich möchte gerne einmal
die wichtigste Angelegenheit des Lebens von jemand
betrachtet sehen, der beides hat Glauben und Freiheit der Seele.

Vor einigen Tagen ist die förmliche Vocation von Hannover angelangt, vorigen Donnerstag Mittag reiohten wir ein Gesuch um Entlassung ein und am Freitag, vorgestern, war es schon bewilligt. Ich verlasse Cassel mit bitterm Schmerz, den gröszten Theil meines Lebens habe ich hier zugebracht, Mutter, Kind und die liebsten Verwandten liegen hier begraben. Von Ihnen entferne ich mich nur scheinbar, denn es wird mir leichter, Sie zu besuchen und auch Sie entschlieszen sich wohl eher nach Göttingen zu kommen. Gott erhalte Sie u. mir Ihre Liebe

Wilh. Grimm.

An Herrn Professor Suabedissen in Marburg.

125.

Göttingen 13. März 1832

Nicht blosz des Glückes der guten Elise, auch des Ihrigen habe ich mich gefreut, herzlich geliebter Freund, weil es Ihnen so wohlthuend und beruhigend seyn musz, Ihre Kinder dem Herzen so braver Männer übergeben zu können und sie beide in Ihrer unmittelbaren Nähe fortwährend zu behalten. Möge Gottes Hand über ihnen walten! Ich freue mich, Sie alle einmal wiederzusehen, sollte es auch erst seyn, wenn ich beide als Frauen begrüszen kann, denn da mein Bruder einer literar. Arbeit wegen in den Ferien nach Heidelberg reist, so wird für mich keine Zeit zu einem Ausfluge abfallen.

Für Ihren letzten Brief habe ich noch nicht gedankt und doch hat es mich gerührt, als ich sah,
dasz er in Zwischenräumen geschrieben war und Ihr
Befinden Ihnen nicht erlaubt hatte, daran zu bleiben.
Das sollen Sie nicht thun, liebster Freund, u. mir
nicht anders schreiben, als wenn Sie es in Behaglichkeit thun können.

Vorgestern ist der Deputirte der Universität zum
Landtage gewählt worden und die Wahl mit groszer
Stimmenmehrheit auf Dahlmann gefallen. Er
wird also den Sommer über in Hannover bleiben
und so sehr mich die Wahl an sich freut, die keinen
bessern hätte treffen können, so werden wir ihn
doch ungern entbehren, denn er ist gerade unser
nächster Freund, den wir hier haben. Es ist viel
guter Wille in Hannover, auch bei denen, die etwas
zu sagen haben, aber es ist eine alte Erstarrung u.
Verrostung zu überwinden, und dann ist der Adel
nicht geneigt, die groszen Vorzüge, die er in Händen
hat, abzugeben. Die wohlwollende, milde u. verständige Weise des Herzogs, so wie sein Charakter,
werden von jedermann anerkannt.

Lesen Sie die Hannöversche von Pertz redigirte
Zeitung? Bei ihrer Entstehung hat keins der gewöhnlichen Motive gewirkt, sie ist in guter, edler
Absicht und mit vollkommener, innerer u. äuszerer,
Unabhängigkeit unternommen. So gesund u. tüchtig
die Ansicht ist, die ihr zu Grunde liegt, so soll doch
jeder redlichen Überzeugung das Wort gegönnt seyn
u. keiner Partei geschmeichelt werden, nur die Beimischung jener ätzenden Bitterkeit, die meist den

guten Erfolg vereitelt, soll vermieden werden.
Haben Sie Lust etwas beizutragen, ietzt oder wann
eine Veranlassung sich darbietet, mit ganz freier
Wahl des Gegenstandes, so würden Sie die gute
Sache fördern; ich werde es mit Vergnügen an
Pertz besorgen oder wenn Sie es vorziehen, sich
mit ihm direct in Verbindung zu setzen, ihn davon
benachrichtigen.

Meine Frau und mein Bruder erwidern Ihre
Grüsze auf das freundschaftlichste. Mich hat ein
rheumat. Fieber 8 Tage im Zimmer gehalten, scheint
sich aber ietzt zu verlieren, nur ein rheumat. Kopfschmerz springt noch wie ein böser Hund auf, tobt
u. bellt u. legt sich dann wieder.

An alle Bekannte Grüsze. Mit treuer u. unveränderter Liebe

Ihr
Wilhelm Grimm.

_____

Eine Bitte: Besitzen Sie noch Ihre kleinen Ge-
legenheitsschriften z. B. Wiederherstellung des
Christenthums durch Luther, das Programm *cur
pauci fuerint physiologiae stoicorum sectatores* etc.
so machen Sie doch unsrer Bibliothek ein Geschenk
damit; wir sammeln dergleichen mit einiger Sorgfalt.

An Herrn Hofrath Suabedissen in Marburg, Kurhessen.

126.

Sie haben freilich lange nichts von mir gehört, mein liebster Freund, aber den ganzen Sommer über hatte ich mich auf die Herbstferien gefreut, wo ich ausfliegen und auch Sie zu besuchen und einige Zeit bei Ihnen zu verweilen gedachte. Ich wollte dann mündlich nachholen, was ich am Briefschreiben versäumt hatte. Den 24. Septbr. reiste ich nach Cassel ab, den 2. October wollte ich weiter und wäre den 3. Morgens in Ihr Zimmer getreten, allein gerade, als ich im Begriffe war, einen Platz auf dem Eilwagen zu bestellen, überfiel mich plötzlich u. ohne alle Einleitung eine Krankheit, die mich 8 Stunden in der Ungewiszheit liesz, ob nicht die Cholera daraus werden würde. Das geschah nun nicht, aber es war doch ein heftiges nervöses Magenleiden, das mich sechs Tage im Bette hielt und erst den 8. Oct. durfte ich es wagen, die Rückreise hierher anzutreten, die ich, zur Beruhigung der Meinigen, durchaus nicht länger aufschieben wollte. Krank kam ich an und bin noch immer leidend, und habe gestern meinen ersten Ausgang versucht, indessen geht es besser und ich bin im Stande, meine Gedanken zusammenzufassen, was mir bisher sauer ward.

Ich werde wohl den in der Schweitz glaube ich vorkommenden Familiennamen „Bleibimhaus" annehmen müssen, denn meine kleinen Reisen sind alle mit Widerwärtigen verbunden. Vor zwei

Jahren gelangte ich nicht weiter als Fuld, und der
Aufruhr im Hanauischen nöthigte mich umzukehren.
In den diesjährigen Pfingstferien machten wir alle
zusammen, denn meine Frau war auch dabei, eine
Reise nach Hannover, aber gleich bei der Ankunft
ward ich ziemlich heftig krank und konnte von den
acht Tagen nur zwei auszer dem Bette zubringen
und so habe ich diese alte, unschöne, von einem
Kreis neuer u. reizender Wohnungen umgebene
Stadt nur flüchtig gesehen. Der Gegend von da bis
hierher thut man Unrecht, sie kommt durch einige
sehr anmuthige Landschaften. Den übrigen Sommer
befand ich mich ohne Unterbrechung wohl, dies zu
beloben nöthigte mich jemand am Tage vor meiner
Krankheit, und der alte Aberglaube, der so etwas
nicht gut heiszt, hat wieder Recht behalten.

Ich habe diesen Sommer über die Nibelungen
gelesen, in zwei Abtheilungen, wovon die eine eine
historische Übersicht der epischen Poesie des Mittel-
alters enthielt. Für ein Collegium, das die Brot-
studien nicht berührt, hatten sich doch mehr Zuhörer eingefunden als ich erwartete; was mich aber
noch mehr freute, war die Theilnahme mit der es
bis zu Ende gehört wurde. Es waren einige ausgezeichnete, frische u. wohlgesittete Menschen,
woran heut zu Tage unter den Studenten kein Überflusz ist, darunter. Diesen Winter will ich über
den Freidank lesen, ein geistreiches, gnomolo-
gisches Werk, das im Anfange des 13 Jahrh. unter
Kaiser Friedrich II. während seines letzten Kreuz-
zuges verfast wurde. Es berührt den sittlichen

Zustand jener Zeit nach allen Seiten u. erlaubt
manche Anknüpfung. Eine critische Ausgabe habe
ich diesen Sommer ausgearbeitet, an welcher gedruckt wird, und so blieb mir neben den Bibliotheksarbeiten oft nicht eine halbe Stunde zu einem
Spaziergang übrig.

Ich theile mit Ihnen die Hoffnung, dasz sich
Deutschland zu einem bessern Zustande durcharbeitet,
weil mein Vertrauen auf den tüchtigen und gesunden
Sinn der Nation zu grosz ist, als dasz ich fürchtete,
er werde sich irgend einer ausschweifenden Richtung
ergeben, wie die unglücklichen Franzosen thun,
denen ein tiefgewurzelter Egoismus alle wahre
Vaterlandsliebe ertödtet, so dasz sie in sinnloser
Hast u. Bethörung von einer Idee zur andern fort-
jagen u. wohl mit Erschöpfung und Gleichgültigkeit
endigen werden. In Hessen hindert zweierlei einen
ruhigen und glücklichern Zustand: in sittlicher Hinsicht die allzutief gesunkene Autorität, und da kann
kein Gesetz und keine Gewalt helfen; die selbst-
süchtige Anmaszung des Einzelnen zeigt sich schon
auf eine betrübte Weise unter den Knaben des
Gymnasiums. Äuszerlich ist entgegen die Spannung
zwischen den Landständen und der Regierung. Die
Landstände haben viel Gutes gewirkt, auch ist ihre
Gesinnung redlich u. achtungswerth, ich meine ihrer
Überzeugung gemäsz gewesen, allein in der Verfassung ist ihnen, allerdings auf Veranlassung des
vorher ge[g]angenen, erbärmlichen Zustandes, eine
zu grosze Einmischung in die Verwaltung gestattet,
und die Regierung, die doch das Einzelne und die

wirklich bestehenden Verhältnisse genauer kennt,
sieht sich nicht blos gehemmt, sondern soll
ihre Einstimmung zu Dingen geben, die
sie für nachtheilig halten musz. So bildet sich
schon durch die Lage der Dinge ein Widerspruch,
der durch Menschlichkeiten u. Leidenschaften von
beiden Seiten gesteigert wird. Wie er schwinden
soll sehe ich nicht wohl ein: innere Überzeugung
mag auf jeder Seite stehen. Dazu kommt, dasz viele
und gerade die einfluszreichsten Mitglieder der Landstände, dem modernen Liberalismus anhangen, dessen
Liebhaberei es ist, alles bis auf das feinste zu
ordnen und systematisch einzurichten, was in so
vielen Fällen Nachtheil bringt. Meine Meinung ist,
dasz man keine Verfassung hätte machen, sondern
die Landstände sich einen groszen Brief mit bestimmten Freiheiten und Rechten auswirken sollen;
dann hätte man die Regierung müszen gewähren
lassen. Sie hätte dann Bewegung, Kraft u. Freiheit
gehabt, und wo sie sich Eingriffe erlaubt hätte, oder
einen falschen Weg betreten, würden die Rechte
der Landstände sie haben zurückführen u. mäszigen
können. So z. B. das Bürgergardengesetz ist dem
System zu gefallen, in dieser Ausdehnung beliebt u.
der Zustand der Gesellschaft dabei nicht berücksichtigt worden: ich glaube es wird so nicht bestehen, sondern bald in sich zusammenfallen. Die
Bauern passen nicht dazu u. werden es in der That
nicht befolgen; die Staatsdiener u. alle die eine
sitzende, Geistesarbeiten gewidmete Lebensweise
führen hätte man nicht zur Theilnahme nöthigen,

sie ihnen nur nach freiem Willen gestatten sollen.
Auf diese Weise hat man eine zweckmäszige u.
tüchtige Bewaffnung der Bürger in den gröszern u.
wohlhabenden Städten, die mir etwas sehr wünschens-
werthes scheint, vielleicht ganz vereitelt.
Wie gerne hätte ich mich mit Ihnen mündlich
über diese Dinge unterhalten, da mir Ihre unabhängige und freie Ansicht so werth ist, zumal in
einer Zeit, wo sich jedermann im Parteiwesen gefällt. Unter allen periodischen Werken sagt mir
Rankes Zeitschrift am meisten zu, ich finde darin
jene lebendige Mitte, die etwas ganz anderes ist,
als das äuszerlich zu wägende *juste milieu* der Franzosen. Heute ist der 18. October, dieser grosze Tag
scheint schon in der Erinnerung zu verblassen, wie
Unrecht, dasz man von oben her aus kleinlichen
Rücksichten, die Feier desselben störte.
Leben Sie wohl, herzlich geliebter Freund, möge
Ihnen Gott milde Tage senden. Grüszen Sie die
Ihrigen sämmtlich, die Rheinreise in der prächtigen
Zeit gönne ich der lieben Frau Nimrod recht
sehr, wie der guten Marie ihr ungetrübtes Glück.
Helene u. Hannchen werden von uns nicht vergessen u. sie werden es uns hoffentlich vergelten.
Mein Töchterchen gedeiht, den Namen hat es
von der Kurfürstin, welche mir sehr viel Grüsze
an Sie aufgetragen hatte, die ich ietzt schriftlich
bestellen musz. Meine Frau u. mein Bruder grüszen
herzlich

Ihr treuer Freund
Wilh. Grimm.

127.

Ich bediene mich eines alten Vorrechtes Göttinger Professoren, liebster Freund, in dem ich Ihnen ein paar von unsern Würsten, von welchen man behauptet hat, sie seyen das Geschmackvollste was die Universität producire, übersende. Genieszen Sie etwas davon zum Frühstücke bei einem Glas Malaga. Wie gerne säsze ich selbst einmal auf diese Weise unter Ihnen.

Ich habe mich gefreut, Gerling hier zu sehen, u. habe ihn natürlich über Sie u. alle die Ihrigen genau ausgefragt. Wie schön ist das Zusammenseyn mit Marie u. Elise, die sich so glücklich fühlen. Möge es Ihnen Gott noch lange erhalten.

Heute neben den herzlichsten Grüszen treuer Freundschaft u. Liebe nur noch die Bitte, dasz Sie ja nicht zu Ihrer Beschwerde, die Feder ansetzen, um den Empfang der Schachtel zu melden; ich zweifle nicht, dasz sie richtig ankommt.

Ihr Wilh. Grimm.

Göttingen 10. Jan. 1833.

128.

Liebster Freund, meine Cur in Wiesbaden hatte sich so sehr hingezogen, dasz mir nur wenige Tage zur Rückreise übrig blieben, und ich darauf verzichten muszte, einen oder ein paar davon in Marburg, wie ich bei der Hinreise gehofft hatte, zuzubringen. Als ich frühmorgens in der ersten

Dämmerung unten an der Kirche vorbei fuhr, waren
meine Gedanken und Wünsche bei Ihnen. Nochmals herzlichen Dank für die freundschaftliche und
liebreiche Aufnahme bei Ihnen. Indessen wird Ihnen
auch Lücke mündliche Grüsze überbracht haben
und ich denke mir Sie haben die Bekanntschaft des
sinnvollen und freundlichen Mannes gerne gemacht.

Mir hat das Bad sehr gute Dienste gethan, obgleich seine Wirksamkeit sich erst in der zweiten
Hälfte zeigte; der Schmerz ist verschwunden, indessen möchte er wohl Lust haben bei dem Eintritt
des Winters wieder zurück zu kehren, u. einige
Anzeigen davon habe ich gespürt. Meine Frau fand
ich noch nicht ganz hergestellt und bis auf diese
Tage hat sie gekränkelt, auch mein Bruder hat über
einige Brustbeschwerden zu klagen, nur die Kinder
sind munter, Gott sey gedankt.

Unser neuer Philosoph Herbart ist in diesen
Tagen angelangt, indessen habe ich ihn noch nicht
gesehen und befürchte dasz seine Berufung der
Philosophie, die hier nicht recht gedeihen will, nicht
aufhilft. Er scheint mir ein ausgezeichneter und
origineller aber durch scharfe Einseitigkeit sich von
der übrigen Menschheit absondernder Geist. Es ist
in diesen Tagen die Rede davon dasz Twesten aus
Kiel Planks Stelle ersetzen solle. Die Sorgfalt
des Curatoriums für die Universität ist sichtbar u.
dankbar anzuerkennen.

Man bespricht hier in diesem Augenblicke die
etwaigen Reformen in dem Universitätswesen. Die
Regierung möchte wohl die alten Einrichtungen bei-

behalten, aber auch gerne mancherlei bösen Dingen,
die nicht zu leugnen sind, steuern. Dasz dies durch
äuszere Mittel nicht geschehen kann, sondern die
Besserung von innen kommen musz, und die Regierung vor allen Dingen den wissenschaftlichen Geist
fördern sollte, was aber durch die Examina und
Bedingungen, die sich immer mehr anhäufen, nicht
geschehen kann, ist meine Meinung, wird auch wohl
von der Regierung gefühlt, doch glaubt man auch
nicht ganz unthätig bleiben und einigermaszen ein-
greifen zu müszen, und so wird wohl ein gewiszer
unerquicklicher Mittelweg eingeschlagen werden.

Eben langt die Nachricht von dem Tode des
Königs von Spanien an, das wird wieder Zuckungen
in allen Verhältnissen hervorbringen, aber ich glaube
das unjugendliche Europa greift doch nicht zum
Schwerte sondern die Diplomaten dem Kranken
blosz an den Puls, und wartet bis der neue Schmerz
in die allgemeine Kränklichkeit übergeht.

Herzliche Grüsze an das ganze Haus u. wer dazu
gehört. An Marie noch besonderer Dank für das
schöne, grüne Korn, das uns schon einigemal trefflich geschmeckt hat. Mit unveränderter Liebe und
Freundschaft

Ihr Wilh. Grimm

Göttingen 9. Octbr. 1833.

129.

Göttingen 22. März 1835

Liebster Freund, sehr oft sind in den traurigen und einsamen Tagen, welche dieser Winter mir brachte, meine Gedanken bei Ihnen gewesen, aber ich komme ietzt erst dazu Ihnen zu schreiben wo ich es wieder vertrage mich an den Schreibtisch zu setzen. Diesmal hat die Cur in Wiesbaden keinen günstigen Erfolg gehabt u. die übernatürliche Hitze scheint das Übel nur gesteigert zu haben. Von dem Anfall, den ich gleich in Frankfurt aushalten muszte, erholte ich mich zwar, aber dieser leidliche Zustand dauerte nicht lange; schon Anfangs October meldete sich eine Herzkrankheit, die nicht ohne Ängstlichkeit war, am Schlusze Novembers aber brach sie mit solcher Heftigkeit aus, dasz mir längere Zeit hindurch meine Genesung unmöglich schien. Es war innere Gicht, die sich vorzüglich aufs Herz, aber auch auf Magen u. Brust geworfen hatte und so ängstliche Zufälle erregte dasz ich in vielen Nächten nicht glaubte das Tageslicht wieder zu erblicken. Keine Arznei wollte anschlagen, bis endlich „colchicum" sich wirksam zeigte, ein an sich, glaube ich, bedenkliches Mittel, das ich jedoch noch bis auf diesen Tag nicht habe aussetzen dürfen. Indessen haben sich meine Kräfte in den letzten Wochen merklich gehoben, die Krankheit auch an sich einen milden Charakter angenommen, Schlaf stellt sich wieder ein, und ein paar in diesen Tagen unternommene Spazierfahrten scheinen wohlthätig zu wirken, so

will ich denn sehen ob die Arznei, welche die Ärzte
so gerne verschreiben, die mildere Jahreszeit, mir
wieder zu einer erträglichen Gesundheit helfen kann.
Klagen will ich weiter nicht vor Ihnen, die Sie
längere Leiden mit Ergebung und Heiterkeit ertragen.

Müller wird nun bald bei Ihnen eintreffen.
Vorigen Sonntag hat er seine Abschiedspredigt gehalten. Meiner Frau u. meinem Bruder hat sie
wohl gefallen, er hat darin offen u. einfach sein
bisheriges Verhältnis berührt. Ich entbehre ihn
ungerne, seine Predigten waren gehaltreich, ernst
und in wahrem Sinne religiös, ebendeshalb u. weil
er die Mittel verschmähte, welche auf gewöhnliche
Zuhörer, die Rührung u. schöne Worte verlangen,
Eindruck machen, hatte er keinen groszen Beifall.
Weder seine Gesinnung noch sein Ausdruck ist
schroff oder hart, wie man wohl gesagt hat, aber
das gebe ich zu dasz ihm eine gewisse angeborne
Mildigkeit des Charakters fehlt, wie sie unserm
Lücke etwa eigen ist, den ich so oft ich ihn sehe
von neuem lieb gewinne. Er hat zu den wenigen
gehört, die ich in meiner Krankheit gesehen habe;
noch neulich sagte er bei Gelegenheit der Casseler
Unruhen, es ist doppelt wünschenswerth in unserer
Zeit dasz die Religion Christi ohne Scandal ver-
kündigt werde. Lücke hat sich über Schleiermacher in seiner Zeitschrift sehr schön, mit liebe-
voller Anerkennung und warmem Ausdrucke geäuszert. Ich denke darin, wie Schleiermacher sagte
er, dasz ich der Philosophie völlige Freiheit u.

Unabhängigkeit gestatte, sie musz ihren Weg gehen,
aber ich vertraue u. hoffe dasz sie mit dem Christen-
thum zu einem Ziele kommt. Suabedissens Religions-
philosophie, sagt er, ist nichts als eine Verherr-
lichung des Christenthums u. ich empfehle sie immer
meinen Zuhörern.

Lang in Cassel hat mir persönlich miszfallen u.
in dem was er sagte waren die Farben grell u. hart
aufgetragen u. ich begreife wie er Anstosz erregen
kann; auf der andern Seite kämpft gegen ihn eine
Gesinnung, die glaubt bürgerliche Rechtschaffenheit
genüge u. eine sonstige Religiosität oder ein höherer
Glaube sey etwas überflüssiges.

Nicht leicht hat eine tiefe u. reiche menschliche
Seele sich so ausgesprochen wie in dem „Briefwechsel Göthes mit einem Kinde", (wie der Titel
lautet) und ich glaube nicht dasz ein Buch dieser
Art so bald wieder erscheint. Mich soll wundern
ob es unsere geistig gleichgültige Zeit anregt.

Grüszen Sie alle die Ihrigen mit alter und herzlicher Freundschaft. Hupfeld danke ich für die
americanischen Briefe, die ich mit Vergnügen an
einer so tüchtigen Natur gelesen habe, obgleich es
uns seltsam vorkommt jemand wieder in den An-
fängen der Cultur, in einem doch nur halb erfreu-
lichen Naturzustande leben zu sehen. Ich lasse mir
das Recht nicht nehmen Ihnen von unsern Mett-
würsten etwas zu senden, Müllers Wagen bringt
nächste Woche das Päckchen mit, ich fürchte nur
sie bewähren nicht ihren alten Ruhm, wegen zu
warmer Witterung sind sie nicht so vollkommen

geworden, wie sonst. Theilen Sie an Marie u.
Elise u. Ihre Schwester Christiane etwas davon mit.

Meine Frau u. mein Bruder grüszen mit mir,
leben Sie wohl, herzlich geliebter Freund, u. gedenken Sie mein mit Liebe

Ihr Wilh. Grimm

XV. Drei Briefe von Wilhelm Grimm an Prof. Hupfeld in Marburg, später in Halle.

130.

[Göttingen, 19. Mai 1835.]

Liebster Freund, Ihr Brief mit der Trauerbot-
schaft hat mich nicht überrascht, ich ahndete seinen
Inhalt als ich ihn in die Hand nahm, aber er hat
mich tief bewegt. So ist einer meiner ältesten und
liebsten Freunde zur Ruhe gegangen, der mir durch
alle Zeit gleichmäszig Freundschaft und Liebe gezeigt hat, dessen reines und edles Herz ich in seinem
vollen Werthe erkannt habe. Ich danke Ihnen dasz
Sie mir ausführlich seine letzten Stunden beschrieben
haben; mir bleibt der Trost ihn noch vorigen
Sommer gesehen und ein paar Tage mit ihm verlebt zu haben. Noch vor kurzem, am 1. April, hat
[er] mir geschrieben und liebevoll, wie immer, sich
geäuszert: „mein Leben, sagte er sollte eine *meditatio*

mortis seyn und ist noch immer *meditatio vitae*, so
wie ich mich besser fühle mache ich Pläne, sogar
den Sie in Göttingen zu besuchen". Ich erinnere
mich noch deutlich des Augenblicks als ich ihn vor
etwa 24 Jahren zuerst sah; seitdem hat mein Gefühl
herzlicher Freundschaft nur zugenommen.

Liebe Marie, du wirst einen Trost darin finden
dasz dir Gott noch so lange Zeit geschenkt hat dich
seiner Gegenwart zu erfreuen, und dasz du ihn niemals hast zu verlassen brauchen. Dein Schmerz
wird sich allmälig in ein mildes Andenken an ihn
verwandeln, das dich durchs ganze Leben begleitet.

Herzliche Grüsze an alle die ihm zugehörten.
Wie mag es sich mit der guten Caroline entschieden haben! Mit treuer Freundschaft

Ihr Wilh. Grimm

Meine Gesundheit schwankt noch immer, seit
acht Tagen gehe ich Morgens einige Stunden auf
die Bibliothek. Freundschaftliche Grüsze an Prof.
Müller.

An Herrn Professor Dr. Hupfeld in Marburg.

131.

Cassel 14. Juli 1839.

Liebster freund, Sie haben wahrscheinlich schon
aus den öffentlichen blättern von unserm deutschen
wörterbuch gehört, und kennen auch daraus den
plan im allgemeinen. ich wollte früherhin Ihnen

nicht darüber schreiben, weil ich befürchtete Ihnen
damit lästig zu werden, jetzt aber, wo ich hoffe dasz
Ihre gesundheit hergestellt ist, erlauben Sie mir wol
eine frage. die sache ist in gutem gang, schon an
45 mitarbeiter helfen dabei, aber die aufgabe ist
grosz, alle bedeutende schriftsteller von Luther
bis Göthe sind durchzulesen und auszuziehen, und
wir bedürfen, wenn sich die ausarbeitung nicht zu
lange verziehen soll, noch weitern beistand. Ich
will also bei Ihnen anfragen ob sich in dem kreis
Ihrer bekannten jemand findet, der geneigt wäre
noch beizutreten? Ihnen selbst ist wol keine zeit
dazu übrig? die arbeit ist an sich nicht schwer
und man kann auch eine nebenstunde dazu benutzen;
es gehört nur philologischer sinn dazu, und der
tact erwirbt sich bei der arbeit bald, die noch nebenbei einen nutzen bringen kann. (Wer mit der
älteren sprache nicht bekannt ist kann aus dem
18 jh. einen schriftsteller wählen, wo ohnehin die
arbeit leichter ist. [Randbemerkung.]) Wissen Sie
jemand der einen oder ein paar der noch nicht ver-
gebenen schriftsteller übernehmen will, so kann ich
dann das nähere schreiben und noch eine besondere
anleitung mit einigen probeblättern geben. zudring-
lich will ich aber nicht sein; es ist eine blosze
frage. ein angemeszenes honorar versteht sich von
selbst. Vilmar dort ist bereits thätig.

Grüszen Sie die liebe Marie mit den kindern
herzlich, ich will mich freuen zu hören, dasz es ihr
wol geht; auch von Elise wüszte ich gerne etwas.
auch Gerlings sollen mich nicht vergeszen. Ich

käme gerne einmal dorthin, aber es sind allerlei
bedenken dabei.

Ganz besonders bitte ich Sie M ü l l e r zu grüszen
und ihm für seinen brief zu danken. ich denke nur
mit trauer an ihn, da ich weisz, wie sorgenvoll seine
lage ist.

In Hanover stehen die sachen so, dasz man meint
der bundestag könne nicht umhin auszusprechen was
rechtens ist, aber vor lauter hoher klugheit kommt
er wol nicht dazu ; man möchte den pelz waschen,
aber ihn nicht nasz machen.

Von uns allen die versicherung herzlicher
freundschaft

Ihr
W i l h. G r i m m.

132.

Liebster freund , ich bedarf zu einer abhandlung
einer wahrscheinlich kleinen schrift,

G r e t h e , de imaginibus Christi non manu factis.
Ingolstadt 1644.

die ich weder von der hiesigen noch der götting.
bibliothek habe bekommen können. wollten Sie mir
den gefallen thun und nachsehen ob sie auf der
dortigen sich befindet, und sie mir dann auf kurze
zeit hierhersenden. da ich sie gerne bald haben
möchte, so bitte ich Sie um ein paar zeilen antwort,
wenn sie nicht da ist.

Man sagt hier H e r m a n n habe einen ruf nach
Göttingen: das würe ein groszer verlust für Mar-

burg, und es fragt sich ob er sich dort behaglich
fühlen wird.

Heute nur diese paar zeilen. wir befinden uns
leidlich wol. meine f r a u war zur stärkung ihrer
gesundheit einige zeit auf dem land, und das scheint
ihr zuträglich gewesen zu sein. die herzlichsten
grüsze an Sie und Ihre liebe frau und die besten
wünsche für Ihr wolergehen.

[Ihr W i l h. G r i m m.]

C a s s e l 7. Octbr. 1840.

Herrn Professor D. Hupfeld zu Marburg.

XVI. Vier Briefe von Wilhelm Grimm an Prof. Julius Müller in Marburg, später in Halle.

133.

Herzlich geliebter Freund, ich kann Ihnen nicht
sagen welch einen erquickenden Eindruck mir Ihr
Brief und Ihre Theilnahme gemacht haben; Ihre
Worte sind · mir wie ein geistlicher Segen vorgekommen.

Ich wünsche weiter nichts als dasz diese Sache
auf dem ruhigen Wege des Rechtes entschieden
werde, auf eine Weise, die mein Gewissen nicht be-
lästigt. Vertrauen Sie darauf dasz wir bei dieser
Gesinnung fest halten, den Ausgang aber Gott anheim stellen.

Von dem Curatorium ist uns, übrigens in milden Ausdrücken, der Antrag gemacht worden, unsere Erklärung zurückzunehmen.

Nochmals herzlichen Dank für den Brief und die Versicherung aufrichtiger Verehrung und Liebe. An Ihr ganzes Haus die schönsten Grüsze von uns

Ihr treuer Freund
W i l h. G r i m m.

Göttingen 3. Dec. 1837.

134.

Liebster Freund, ich erhalte soeben von J. Rothschild in Cassel einen Brief, worin er mir anzeigt dasz eine namhafte Summe für uns bei ihm deponiert sey, zugleich als Einlage ein paar Zeilen von unbekannter Hand, (Täusche ich mich nicht, so hat ihn M a r i e H u p f e l d geschrieben. [Randbemerkung.]) worin nur gesagt ist dasz diese Summe von einigen näheren Freunden und Bekannten in Marburg herrühre. Ich versuche nicht Ihnen auszudrücken wie diese Liebe und Freundschaft mich im tiefsten Herzen rührt.

Wir sind in einer eigenen Lage. In Leipzig, wie ich höre in Berlin, wahrscheinlich auch in andern Städten sind Subscriptionen eröffnet worden. Gewisz sind darunter wohlmeinende Menschen, die uns blosz Hilfe gewähren wollen, und deren Theilnahme dankbar anzuerkennen ist; ebenso gewisz aber auch dasz sich zugleich das Parteiwesen der Zeit daran hängt. Unsere Sache hat nichts mit dem politischen Treiben

gemein, wir sind fest entschloszen uns nicht für die
liberale Fahne anwerben zu lassen, ebendeshalb von
jenen Subscriptionen nichts anzunehmen, ebendeshalb
aber auch von keinem Unbekannten.

Kommt, wie ich an sich nicht zweifle, jenes
Zeichen der Liebe von unsern dortigen Freunden,
so wissen Sie davon, und Sie sind mitten darunter.
Nennen Sie mir ihre Namen, ich bitte Sie darum,
oder geben Sie mir wenigstens die Versicherung,
dasz die Hilfe blosz von Freunden und Bekannten
herrührt, die sich im Stillen vereinigt haben, von
keinem Fremden, so bin ich beruhigt. Ich will
dann diese Summe mit herzlicher Dankbarkeit annehmen und niederlegen bis zu dem Augenblick, wo
wir uns in Bedrängnis sehen; gegenwärtig ist dies
noch nicht der Fall. Beszert sich unsere Lage früher,
so vertraue ich unsere Freunde werden sie, ohne
sich verletzt zu fühlen, wieder in Empfang nehmen.

Wir sind alle leidlich gesund, und die Theilnahme u. Freundschaft, die wir erfahren, erheitert
unsere Stimmung. Mit treuer Liebe

Ihr Wilh. Grimm

Göttingen 23. Dec. 1837.

An den Herrn Professor Dr. Julius Müller in Marburg.

135.

Göttingen am 30. Dec. 1837.

Lieber und verehrter Freund, Ihr Brief vom
27. d. M. ist mir richtig zugekommen, und die Zu-
sicherungen, die er enthält, beruhigen mich so voll-

kommen dasz ich ohne Bedenken und mit Freude
das dargebotene unter der schon früher ausgedrückten
Bedingung annehme. Unter allen Zeichen von
Theilnahme und Liebe, die ich empfangen habe, hat
mich dieses am meisten bewegt, und es steht in
einem Buche angeschrieben, aus dem kein Blatt
verloren geht.

Glauben Sie mir, ich denke bei dem, was geschehen ist, nicht zunächst an unsere eigene Bedrängnis, sondern an die traurigen Folgen, die es
auf den sittlichen Zustand überall haben wird. Es
ist in dieser Beziehung ein unbeschreibliches Unglück.
Alle redlichen Menschen hier fühlen den Stachel im
Herzen, und wenn sie ihn darin lassen und sie nach
und nach von der Macht der Umstände mit immer
stärkern Banden umwickelt werden, so sind sie für
die Zukunft innerlich zerbrochen. Ich kann daher
nicht ohne tiefen Schmerz an Lücke denken, den
ich so aufrichtig liebe: er sieht alles vollkommen
ein, aber ihm fehlt der Entschlusz. Wenn er, wie
ich noch immer vertraue, der innern Stimme am
Ende folgt, so ist der Augenblick doch wohl vorbei,
wo sein Beispiel hätte wirken können, wie viele
haben im Lande auf ihn gesehen? er war in dieser
Beziehung eins der wichtigsten Glieder der Universität. Wären Sie doch an seiner Stelle hier gewesen! es ist ein natürlicher Gedanke, und ich kann
mich daneben sehr wohl freuen dasz Sie nicht hier
waren. Von der übrigen theologischen Facultät ist
gar nichts zu erwarten. Pott, gewisz über seine
Feinheit sich freuend, hat erklärt, er könne sich

nur in völliger Übereinstimmung der Universität
äuszern. Bei Gieseler zeigt sich dasz er ein
thätiger Geschäftsmann, aber kein Theolog ist; er
macht die schönsten Deductionen dasz man berechtigt
sey zu thun was verlangt werde. Um die Wunde
der Univ. zu überkleistern hatte er den herrlichen
Plan ersonnen, der Senat solle darauf antragen, dasz
wir vier als Privatdocenten fortlesen dürften; eigentlich war es nur auf Ewald abgesehen. Ich brauche
nicht zu sagen dasz wir alle mit einem sehr ent-
schiedenen Nein geantwortet haben. Ich bemerkte
ihm dasz wenn wir mit Ehre zu der groszen Thüre
herausgegangen würen, wir unmöglich ohne Ehre zu
der Hinterthüre hereinschlüpfen könnten. Ich setzte
hinzu wenn die Universität darauf antragen wolle
dasz wir mit allen Ehren *in integrum* restituirt
würden, diese Handlung bei der nächsten Jubiläums-
rede nicht als ein Flecken erscheinen werde. ‚Es
geht nicht‘, antwortete er, ‚dann würden wir uns
mit ihnen identificiren‘, worin er allerdings recht
hatte. Rettberg entschuldigt sich damit, er könne
nichts gegen seinen Schwiegervater thun. Köllner
empfindet die gröszte Hochachtung, und will, wie
Pott, wenn alle übrigen sich entschieden haben,
sich nicht ausschlieszen. Wie Reiche sich geäuszert
hat weisz ich nicht.‚

In der medicinischen Facultät sieht es insoweit
anders aus, als mehr äuszere Entschlossenheit sich
zeigt. Langenbeck schwankt nicht, er habe weiter
keine Pflicht als höhere Befehle zu veneriren. (Es
wird allgemein versichert, Langenbeck habe geäuszert,

wenn er zu befehlen gehabt hätte, so würden wir
Sieben schon längst auf dem Klebethor in Hannover
im Gefängnis sitzen. [Randbemerkung.]) Conradi
ist allein etwas verlegen, dreht den Zipfel des
Taschentuchs, und sagt es sey *vis major*. Siebold
will von der Sache nichts hören, das störe blosz die
Verdauung. Die Zeit der Opfer sey vorüber. Marx
freut sich über die Energie von oben, und soll durch
Mittheilung von einzelnen Äuszerungen thätige Beweise seiner Anhänglichkeit gegeben haben.

In der jurist. Facultät erkennt Bergmann wohl
die Wahrheit. Er hat zu Rotenkirchen zu den
Decanen gesagt, wie können wir die Sieben misbilligen, da sie im Wesentlichen recht haben. Er
hat, sammt diesen Decanen, nicht nur privatim mehrmals sein Ehrenwort gegeben dasz er gegen unsere
Ansicht und Gesinnung kein Wort der Misbilligung
vorgebracht habe, sondern dies auch dem Senat
schriftlich erklärt, und es von den Decanen bezeugen
lassen. Die mit ⊙ bezeichnete Erklärung in den
letzten Blättern der Cass. Zeitung rührt ohne Zweifel
von ihm. Er hat geglaubt sich mit Gewandtheit
herauswickeln zu können, aber jetzt, wo ihm officiell
widersprochen ist, sind ihm, wie es mir scheint, alle
Wege versperrt. Er weint vor den Studenten, und
sagt seine Ehre werde mit Füszen getreten. Möglich dasz er noch einen Entschlusz fast, sie herzustellen. Das liberale Wasser, das dem Hofrath
Bauer sonst wie aus einer Brunnenröhre aus dem
Munde flosz, bleibt jetzt aus. Ribbentrop äuszert
die schönsten Gesinnungen, setzt aber als natürlich

voraus, dasz er nicht verbunden sey danach zu
handeln. (Jemand, der ihn genau kennt, versicherte
mich gestern, dasz seine Gesinnung wahr u. gut sey,
u. dasz wenn jemand in dieser Sache Entschuldigung
verdiene durch seine besondere Lage, so sey er es.
[Randbemerkung.]) H u g o hat sich ein eigenes
System gebildet, aber, ich zweifle nicht, mit innerer
Überzeugung, dabei äuszert er sich unbefangen und
mit freiem Urtheil; uns beweist er fortwährend die
freundschaftlichste Gesinnung.

G a u s z ist mir ein Räthsel, ich glaube ihn leitet
die Furcht man möge denken, er dulde den geringsten
Einflusz von andern auf sich. H a u s m a n n sagt in
schmerzlichem Ausdruck dasz er sich zu nichts entschlieszen könne was der Universität Nachtheil
bringe, wir zeigten wenig Liebe zu ihr. u. s. w.

Es ist unglaublich, wie sich die Charaktere in
wenigen Tagen blosz gegeben haben. Es ist wie
im Herbst, wenn bei einem Nachtfrost auf einmal alle
Blätter fallen und am Morgen die Äste kahl dastehen.

Farbe halten werden nur die sechse, die sich
nach uns erklärt haben, wiewohl es etwas ent-
schiedener hätte geschehen sollen, so wie Ihr Bruder
wollte. Er, K r a u t, und R i t t e r, dessen gerader,
trefflicher Charakter sich sogleich bewährt hat,
werden kein haarbreit von der rechten Bahn ab-
weichen. Dasz sie sich der Universität erhalten
können scheint mir kaum möglich.

Den Hergang der Dinge kennen Sie aus den
Zeitungen, die bis auf unwesentliche Dinge die
Wahrheit enthalten. So ist es wahr dasz man den

drei Verbannten keine andere Wahl liesz, als sich
zur Untersuchung an einen andern Ort abführen zu
lassen, oder auszuwandern. Über den Tag in Witzen-
hausen hat Bertheau, der eine sehr ehrenwerthe
Gesinnung zeigt, in der Hamburg. Börsenhalle, eine
ausführliche Beschreibung geliefert.

Seyn Sie und die Ihrigen mit treuer Liebe und
Freundschaft umarmt; auch meine Frau grüszt herzlich; Lückes Frau sagte neulich ,wollte Gott, wir
gehörten zu ihnen, Sie sind ruhig und heiter; wir
sind es nicht'. Irgend einen Plan für unsere Zukunft habe ich noch nicht machen können, ich musz
alles Gott anheim stellen. Möge er Ihnen in den
neuem Jahre seinen Segen schenken

Ihr treuer Gevattersmann
Wilh. Grimm.

Grüszen Sie alle Freunde. Huber danke ich
für seinen Brief, den ich damals, der zufälligen
Leser wegen, nicht [be]antworten wollte. Ich hätte
ihm damals etwa folgendes zu sagen gehabt.

Der materielle Inhalt des Grundgesetzes kam bei
unserer Erklärung nicht in Betracht. Ich glaube
nicht dasz es besser ist, als überhaupt die Gesetzgebung unserer Zeit. Die Gesetze wachsen heutzutage nicht aus einem natürlichen Triebe u. innrer
Nothwendigkeit hervor wie etwa einem Vogel die
Federn aus der Haut, sondern sie werden fabriciert
u. ausgedacht, ich will glauben, oft mit dem besten
Willen. Ich habe also gar keine Zärtlichkeit für
das Grundgesetz. Unbefangene u. wohldenkende

Männer, die das Land kennen, meinen es sey doch angemessener als die Verfassung von 1819, mit welcher es soll vertauscht werden, und die ebenfalls von Papier ist, (die dem Absolutismus wohl günstiger ist, bei welcher aber von wahrer lebendiger Freiheit und organischen Zuständen keine Rede ist; die überhaupt niemand schaffen kann. [Randbemerkung.]) Man hätte, nur auf dem Wege des geraden Rechts, durch Vereinbarung mit den nach dem Grundgesetz berufenen Landständen, oder durch Entscheidung alle nöthigen Veränderungen machen mögen. Auf unsere Lage hatte die ganze Sache ohnehin keinen Einflusz.

Bei unserm Schritte lag blosz die religiöse Überzeugung zu Grunde, dasz wir so handeln müszten, wenn wir unser Gewissen rein erhalten wollten, und die Ehre der Universität, die ja durch sich selbst auf die Betrachtung angewiesen ist, eine solche freie Erklärung verlange. Mit dem politischen Parteiwesen hat die Sache nichts zu schaffen und wir müszen die albernen Lobeserhebungen der Liberalen ebenso ertragen als die hoffärtigen Verhöhnungen der andern Secte.

Am 3. Januar 1838.

Dieser Brief ist liegen geblieben, weil ich ihn nicht auf die Post geben wollte, u. auf eine Gelegenheit wartete, die ihn nach Cassel mitnähme.

Dasz der König von Sachsen wohlwollend uns Sieben erlaubt hat Vorlesungen in Leipzig als prof. honor. zu eröffnen werden Sie in diesen Tagen gelesen [haben], Dahlmann hat es gestern hierher geschrieben. Es ist nicht blosz ehrenvoll für die sächs. Regierung, sondern auch in unserer Lage erwünscht, da, wie ich gewisz weisz, die Absicht war, mit dem Entlassungsdecret dahin zu wirken, dasz keine deutsche Regierung uns wieder aufnehmen sollte. Dahlmanns Entfernung von Cassel, ist, wie ich ebenfalls sicher weisz, auf Requisition aus Hannover geschehen, u. zwar mit Bereitwilligkeit.

Vorgestern ist Langenbeck zu Albrecht gekommen um ihn, wie er deutlich gesagt hat, officiell u. im Auftrage des Königs und des Cabinets zu fragen, ob wir keinen Weg angeben könnten, um die Sache zu vermitteln. Es ist ihm bestimmt u. deutlich geantwortet worden dasz wir keinen wüszten. Das Factum an sich ist merkwürdig. Vielleicht ist blosz die Absicht einen Zeitungsartikel zu machen, worin es heiszt wir hätten uns auf Unterhandlungen eingelassen um bleiben zu können; man will blosz unsere Gesinnung dadurch herabwürdigen, oder sich in der öffentlichen Meinung, die sich überall deutlich ausspricht, erheben. Leo aus Halle hat geschrieben nur ein Lump könne eine Vocation hierher annehmen, u. es scheint bei den Gelehrten eine Ehrensache zu werden. Ebenso wenig wird man, glaube ich, Ranke gewinnen. Sollte ein Artikel solches Inhalts erscheinen, so werden Sie ihn danach beurtheilen.

Oder die Temperatur hat sich geändert. Nach allem was man von den Justizcollegien hört, benehmen sie sich gut, u. besser als die Universität.

Auch [für] die, welche den Revers auch ohne Vor-
behalt, dasz sie das Grundgesetz als gültig betrachten
müszten, unterschrieben haben, soll doch der Entschlusz fest stehen, fortwährend danach zu erkennen.
Abgesetzt können sie nicht werden.

186.

Berlin 23 April 1842.
Lennéstrasze 8.

Lieber, hochgeehrter freund und gevatter, ich
komme mit einer bitte, die ich Ihnen gleich, ohne
weitere einleitung, vortragen will. nach unserer
entsetzung in Göttingen erhielt ich von Marburg
durch Sie das erste zeichen tiefer und herzlicher
theilnahme an unserm geschick. wie ich dadurch
bewegt worden bin, will ich Ihnen nicht beschreiben
und dies dankbare gefühl wird mich nicht verlaszen
so lange ich lebe. ich schrieb Ihnen damals dasz
es mir, wenn die umstände es erlaubten, vergönnt
sein müsse, das empfangene zurück zu erstatten,
und ich darf dies jetzt umsomehr, als uns die ver-
einigungen zu unserer unterstützung, namentlich das
leipziger comité, für den verlust unserer einnahmen
vollkommen entschädigt haben. diese entschädigung
anzunehmen haben wir gemeinschaftlich beschloszen,
nachdem wir uns überzeugt hatten dasz eine ehrenwerthe reine gesinnung zu grunde lag, und es für
Deutschland ein wolthätiges und stärkendes gefühl
sein muszte ein unrecht wieder gut zu machen, das
eine gewalt sich erlaubt hatte, gegen welche es in

der regel keine hilfe gibt. nehmen Sie also was
ich unter andern verhültnissen bis zum letzten heller
getrost würde verbraucht haben ebenso freundschaftlich zurück als ich es angenommen habe. verzeihen Sie dasz ich Ihnen die mühe mache die summe
wieder zu vertheilen, aber es blieb mir kein anderer
weg ibrig. es sind 579 *₰*. indem ich zu den zuerst enpfangenen 465²/₃ *₰*. nochmals späterhin von
unbekannter hand, aber unter dem früheren siegel,
20 louihd'or erhielt.

Mit meiner genesung geht es vorwärts, aber
etwas lmgsam. vor ein paar tagen bin ich zuerst
vor meinem hause im thiergarten auf und abgegangen,
freilich nch mit unsichern schritten. die meinigen
sind glücilich wieder hergestellt, im Januar lag
alles, das jüngste kind ausgenommen, zum theil
schwer erkrnkt darnieder, und meine ganze wohnung
war in ein lazareth verwandelt, wie S c h ö n l e i n
selbst sagte. ich kann gott nicht genug für seinen
beistand danken.

Die herzlihsten grüsze von uns allen an Ihr
ganzes haus. ıein patchen, denke ich mir, wächst
frisch und muter heran. schenken Sie mir ferner
Ihr freundschafiches andenken. mit treuer gesinnung

der Ihrige
W i l h. G r i m m.

XVII. Brief von Jacob Grimm an Professor Julius Müller.

137.

Lieber freund, Ihr zuspruch vorigen winte war der erste der uns tröstete, erlauben Sie daz ich Ihnen diese blätter zusende, die, nach drei vrgeblichen versuchen in dem eigentlichen Deutschland, sich zuletzt an den fufs der alpen flüchten musten. Etwas neues werden Sie nicht daraus venehmen, blofse bestätigung des längst schon bekannen oder wenigstens vermuteten.

Herzlichen grufs. Wilhelm und Dortchen besuchen mich hier in einigen tagen, wolie gegend am schönsten ist und die alte zuneigung zu ihr am deutlichsten rege wird. auch Hugo kommt mit, um dem tag seines jubiläums zu entghn, so dafs dem verbannten gerade dadurch eine mitfeier zu theil wird. mit steter freundschaft

Ihr Jacob Grimm.

Cassel 5. Mai 1838.

XVIII. Elf Briefe von Jacob Grimm an Director später Prof. Vilmar in Marburg.

138.

Ich bin Ihnen, verehrter Herr Director, für Ihr neues Geschenk sehr verbunden. Programme eignen sich ganz vorzüglich zur Bekanntmachung solcher späteren und an sich weniger anziehenden Werke, denen nicht leicht ein Platz in gröfseren Büchern eingeräumt wird, und die daher oft unbeachtet liegen bleiben. Die Darstellung des Gedichts ist zwar dürftig, aber nicht unbelebt, und bemerkenswerth scheint an den besseren Stellen der absichtliche Wechsel kurzer und langer Zeilen.

Nicht weniger gefreut hat mich Ihr günstiges Urtheil von meiner „Mythologie". ich habe das reiche Material noch nicht vollständig bewältigen können, wie die Nachträge zeigen, denen ich jetzt schon vielfache andere beifügen könnte. Der beste Erfolg der Arbeit wird aber sein, dafs nun auch andere auf den Stof und seine Bedeutung achten.

Ich lege Ihnen eine eigentlich blofs für meine Vorlesung berechnete Ausgabe der „Germania" bei; vielleicht scheint sie auch auf Schulen brauchbar. Die Stelle aus Ann. 13, 57 über das Erdfeuer habe ich erst nach langem Zweifel aufgenommen. Als ich mein cap. XV der Mythol. schrieb traute ich ihr noch nicht, sonst war dies Feuer, das wie ein Thier geschlagen und mit Kleidern gelöscht wird, nicht zu übersehen. Die Deutschheit der Sitte mufs

aber vorzüglich durch ähnliches Verfahren aus
spätere[r] Zeit bestätigt werden. Sollte Ihnen etwas
von solcher Feuerbesprechung bekannt sein oder
werden, so bitte ich darum. Überhaupt werden mich
alle Beiträge, gleich dem über den hersfelder
Hilpentriterde, erfreuen.

Welch seltsamer Bogen ist der bei Ihnen über
das „Hildebrandslied" erschienene von Wilh. Mohr?
wie ist es so etwas in den Druck zu geben möglich?
Lachmanns, auch bei Wackernagel wiederholte Constitution des Textes blieb dem Vf. unbekannt, und er ersinnt für seine Einfälle lauter un-
zulässige, abenteuerliche Wortformen! aus der
Verlagsanzeige sehe ich dafs er ein junger Theolog
ist.

　　Mit vollkommenster Hochachtung Ihr ergebenster
　　　　　　　　　　　　　　　　Jac. Grimm.

Gött. 25 Nov. 1835.

139.

Ew. Wolgeboren

haben mir früher mehrere freundliche mittheilungen
gemacht und bereits so wesentlichen theil an unsrer
deutschen sprachforschung genommen, dafs ich mir
wol die frage erlauben darf: ob Sie geneigt wären
auch einen beitrag für das von mir bearbeitete
„deutsche wb." zu liefern? Sie lesen vielleicht in
nebenstunden des künftigen jahrs gern einen schriftsteller des 16. 17 oder 18 jh. einmal von neuem

oder zuerst durch, und dabei würde es leicht fallen, die merkwürdigen wörter und phrasen auf einzelne sedezblättchen zu tragen. Im fall Ihnen das nicht zuwider wäre, bäte ich mir nur eine reihe solcher bücher zu nennen, damit ich vorher sagen kann, ob sie nicht schon von andern übernommen worden sind. Denn viel ist zwar untergebracht, begreiflich aber noch viel zu vertheilen.

Danken Sie doch in meinem namen hrn. dr. Blackert für die mir eben übersandten untersuchungen des gr. dualis, sie haben mir dieser tage beim durchlesen sehr wol gefallen. ich bin jetzt zu sehr beschäftigt um ihm selbst einiges darüber zu schreiben. Vielleicht hätte er (oder ein andrer Ihrer dortigen bekannten) auch neigung und mufse für meine excerpte? es versteht sich dafs der verleger zu einem angemessenen honorar erbötig sein wird.

Schon lange hatte ich vor Ihnen in andern beziehungen zu schreiben, bin aber auf alle weise gestört gewesen. ich weifs nicht wer mir erzählt hatte, aus alten acten seien Ihnen wichtige samlungen über hexerei und aberglauben zur hand gekommen. ich wollte Sie auffordern dergleichen in der zeitschrift des hist. vereins bald mitzutheilen, dessen jüngstes heft trocken und unfruchtbar genug ausgefallen ist. Ich bedarf solcher neuen materialien am allermeisten für die neue ausg. meiner „mythologie", die ich sehr zu verbessern denke. Diesen winter hoffe ich auch den druck einer reichhaltigen samlung ungedruckter dorfweisthümer zu beginnen,

die zwei starke bände füllen und nicht blofs für das
alte recht bedeutend sein wird. Sollte Ihnen bei
Ihren forschungen im felde hessischer geschichte
noch ein oder das andre dahin einschlägige stück
vor augen gekommen sein, so bäte ich darum sicher
nicht fehl. Landau hat mir seine ausbeute bereits
zugesagt.

Mit aufrichtigster hochachtung und ergebenheit

Jacob Grimm.

Cassel, 4. Nov. 1838.

Beim auspacken meiner bücher habe ich Potts
interessante abh. *de lingua litthuanica* und Mafs-
manns gothisches jubilargedicht in mehrfachen
exemplaren gefunden; sollte Ihnen oder hrn.
Blackert irgend damit gedient sein?

140.

Cassel 1 dec. 1838.

Verehrter herr Director,

Es freut mich sehr dafs Sie die güte haben wollen
einige beiträge zu dem deutschen wb. zu liefern.
Die mir vorgeschlagnen bücher scheinen dafür
sämtl. zweckmäfsig und ich bitte „Sebast. Franck“,
„Wolf v. Spangenberg“, „Rollenhagen“, „Melchior
Sebiz“, „B. Waldis“ und „Filidor“ zwischen sich
und hrn Dr Blackert (wenn dieser lust bezeigt)
zu vertheilen. Die auszüge werden auf sedezblätter
nach beifolgendem muster gemacht; es liegt natür-

lich mehr an einfachen wörtern, als an abgeleiteten
oder zusammengesetzten, aufser wo diese selten und
bedeutsam sind. Auf kräftige phrasen und struc-
turen ist es aber auch abgesehn. im zweifel wird
der ausdruck immer lieber ausgezogen als über-
gangen. Im laufe des nächsten jahres 1839 bieten
sich wol sattsam nebenstunden für dies geschäft dar;
vor 1840 kann die redaction nicht begonnen werden.
Es ist die absicht der verlagshandlung die beiträge
nach einem noch auszufindenden mafsstab anständig
zu honorieren. „Tho. Murner", „Opitz", „Gryphius"
und „Fleming" waren schon an andere ausgetheilt.

Für gelegentliche mittheilung einiger mytho-
logica werde ich Ihnen sehr verbunden sein. Die
versprochnen exempl. der abh. von Pott und Mafs-
mann lege ich doppelt bei

Ganz ergebenst

Jac. Grimm.

141.

Cassel 9 april 1839.

Wir sind Ihnen alle dank schuldig für die schöne
und klare entwirrung des verhältnisses zwischen
Rudolfs von Ems „weltchronik" und deren fortsetzungen und interpolationen. ich kann mir nicht
anders vorstellen, als dasz das ziel Ihrer bemühung
eine vollständige, in vielem betracht erwünschte ausgabe des echten werkes sein wird. mein bruder
will das programm in den gött. anz. beurtheilen.
satz und correctur der mitgetheilten proben haben

wahrscheinlich beeilt werden müssen, daraus erkläre
ich mir die ungleiche und mangelhafte vocallängen-
bezeichnung. Hierbei übersende ich ein schon vor
vielen jahren abgelöstes pergamentblatt, das in Ihren
händen nun nutzbarer sein wird als in meinen.

Dem Münchner R o t h haben Sie die erste wol
verdiente zurechtweisung angedeihen lassen.

Den „Burkard Waldis" kann ich Ihnen demnächst
übermachen, sobald Sie zeit und lust dazu gewinnen.
Auch mit den andern auszügen halten sie es nach
bequemlichkeit.

Noch lege ich ein blatt ein, das ganz zufällig
entsprungen ist.

Mit gröszter hochachtung
J a c. G r i m m.

142.

[C a s s e l 19. Mai 1839.]

Verehrter herr Director,

ich konnte vorige woche, als sich eine gelegenheit
darbot, Ihnen den „B. Waldis" zu übermachen, kein
wort hinzu schreiben, bringe also meinen dank für
die schon mitgetheilten auszüge hintennach. Sie
scheinen völlig so beschaffen, wie ich es wünsche,
aber auch von Ihnen erwarten konnte. ich habe
die drei ersten bogen aus dem „froschmeuseler"
nachverglichen, und finde kein wort excerpiert, was
ich nicht auch mitgenommen hätte, einzelne, von
minderer bedeutung, hätte ich noch aufserdem zu-

gelassen, z. b. A 4ᵃ *hofrecht*; A 4ᵇ *jedoch hat auch warheit sein zeit*; A 7ᵃ *abscheid*; A 7ᵇ *verlangst*; B 1ᵃ *aschenpössel*; B 2ᵃ *gestehn* (zugestehn mit acc. d. sache); B 3ᵃ *verstackt*; C 2ᵇ *meytagk*; C 5ᵃ *vberseit*; C 5ᵇ *grasmaisch : busch*; C 5ᵃ *auffrichtig*; C 6ᵃ *unterleffs*; C 6ᵇ *sich beklagen*; C 6ᵇ *zerten*; C 6ᵇ *springens kleid*; C 7ᵃ *auffs spiel bestürzet*; C 7ᵃ *hereiner*; C 7ᵇ *westerhembdlein*; C 8ᵇ *ho glück zu*; ohne zweifel wiederholen sich einige derselben aber noch an andern stellen bei diesem autor, z. b. jenes *gestehn*, und es liegt überhaupt nichts an einer peinlichen genauigkeit, die alles auffangen möchte, d. h. ein mangelndes beispiel ersetzen viele andere.

Grofse freude gemacht haben mir sodann die excerpte aus den hexenacten, ich kann sie mit grofsem nutzen in meine arbeiten verwenden, und mir ist nichts unwichtig, was auch einen kleinen umstand zu erläutern vermag. Der goldne schuh war mir gleichfalls noch nicht vorgekommen. Gewöhnlich hat man die hexenprocesse nur berücksichtigt, um sich über den aberglauben oder über die falsche procedur aufzuhalten, und dabei gerade die wichtigsten züge verabsäumt, die von der volksüberlieferung sich in solchen verhandlungen finden.

Der bogen etymologie über „*sünde*" war ein blofser brief, den man, ohne mein zuthun, in den druck lieferte. Auch die paar bemerkungen über hessische ortsnamen sollten blofs einen müfsigen arbeiter zu genauer behandlung des verachteten vorräthigen stofs antreiben. Meine deutung von *medum* ist wahrscheinlich falsch, sofern an das goth.

maithms, alts. *mêdm*, ags. *mâdhm* (geschenk, gabe,
abgabe) gedacht werden muſs.

Zur herausgabe der *Rudolfischen* weltchronik
wird Sie hoffentlich noch mehr der glücksfall er-
muntern, daſs jetzt auch der „gute Gerhart" auf-
gefunden ist und von H a u p t herausgegeben wird.
Desto gesicherter wird das urtheil über des dichters
sprache und eigenheit.

Mit herzlicher empfehlung

Jacob Grimm.

143.

Cassel 22. sept 1839.

Sie haben mir, verehrtester herr, durch übersendung Ihrer treflichen und so schnell geförderten
auszüge groſse freude gemacht. Hielten es alle
mitarbeiter ebenso, so könnte das werk schneller
aufwachsen; bei der saumseligkeit mancher muſs
aber, wie ich es voraus sah, die frist immer weiter
hinausgesetzt werden; es wird noch bis zur mitte
des folgenden jahrs völlig zeit sein, daſs Sie uns,
Ihrer bequemlichkeit nach, die übrigen versprochenen
excerpte zubereiten. Mittlerweile werde ich suchen
Ihnen die noch abgehenden sachen von „Seb. Frank"
zu verschaffen, da mir allerdings nun daran liegt,
daſs Sie, einmal in diesen autor eingelesen, alles
übernehmen.

Der verzug nützt meinen übrigen arbeiten, unter
denen mir zumal die neue ausg. des ersten th. der

grammatik vollauf zu thun gibt. es geht damit so
langsam, dafs erst 10 bogen gesetzt sind, aber freilich auch noch kein wort aus der vorigen hat bleiben
können.

Die bisher eingekommnen vielen zettel sind untereinander noch nicht geordnet; ich kann daher noch
nicht leicht finden, ob sich darin aufschlüsse über
treusch darbieten. dem brem. wb. fehlt dies wort.
Stielers sprachschatz hat p. 2327 'treuschen, ge-
*treuschet idem est quod triegen, astute agere, unde
treuschung fraus, fallacia. der treuscher subdolus,
treuschicht dolosus. treuschen aquam dispergere huc
non pertinet.*'

Reinwald im henneb. id. *trewisch tergiversator.*
Mir schien das wort bisher ziemlich neu und aus
dem franzö́s. *tricher = tromper, duper.* Wie alt ist
im geschlecht der von Buttlar das Treusch von
Buttlar? und leidet es üble deutung?

Ein isländ. pilgrim machte sich im 12 jh. auf
den weg nach Rom und hat ein interessantes verzeichnis der örter hinterlassen, durch welche er
wanderte. diese reisebeschr. ist 1822 von Wer-
lauff bekannt gemacht worden. Indem er die
strafse von Paderborn nach Mainz angibt, macht er
zwei dazwischen liegende ortschaften namhaft, Horus
und Kiliandr. „Horus" ist Horhus bei Eresburg
(Stadtbergen.) aber „Kiliandr", wohin. man von
Horus aus gelangt, und was dadurch merkwürdig
wird, dafs da die „Gnita heide" liegen soll, wo
Sigurd den drachen Fafnir tödtete? *ok thar er
Gnitaheidr, er Sigurdr vá at Fabni.*

Die *traditiones Eberhardi monachi fuldensis,* in
der mitte des 12 jh. aus alten urk. zus. getragen
und bei Schannat *trad. fuld.* abgedr. haben p. 307
n° 42: *Wichelm tradidit s. Bonifatio bona sua in
Michelbergere marca in villa Calantra dicta.* Das
soll Caldern bei Marburg sein, in dessen nähe ein
Michelbach (nicht -berg), vgl. Wenk 2,439 *Calantra.*

Spätere urk. 1235. 1250. 1251 haben für Caldern:
Calderen, Kalderen, wie heute. Calantra wäre der
einzige name, der sich jenem Kiliandr vergliche,
und Kaldern fügte sich auf die strafse von Stadtbergen nach Mainz. Fragt sich, ob eine alte heer-
strafse oder weinstrafse durch Caldern lief? ob die
abweichung Michelbach von Michelberg nicht zu
hinderlich ist? ob Caldern in der Michelbacher mark
lag? Vielleicht erwägen Sie auf einem spaziergang nach Caldern, was von der „Gnitaheide" und von
etwa haftenden volkssagen zu halten ist? es wäre
schön, wenn ein so berühmter mythischer platz für
Hessen könnte gewonnen werden.

Haupts „Erek" wird Ihnen zusagen und Sie
noch begieriger machen auf dessen ausg. des „guten
Gerhard".

Eine möglichkeit Carls des grofsen deutsche
gedichtsamml. noch — iu Colmar aufzufinden,
weist eben Pertz nach im siebenten bande seines
archivs p. 1018. 1019. Geradeso (*de carminibus
theodiscae*) war auch ein Reichenauer codex betitelt.
(Waltharius p. VII.)

Doch ich mufs schliefsen.   Jac. Grimm.

144.

Verehrter herr und freund,

Es ist unverzeihlich, und Sie werden mir doch nachsicht zu theil werden lassen, daſs ich für Ihre mir schon im september übersandte schrift noch keinen dank erstattet habe. Ihre darstellung scheint mir der Sache völlig angemessen und für den beabsichtigten zweck sehr brauchbar. In meine umgearbeitete „lautlehre" ist manche neue theorie eingeflossen, und es steht dahin, ob sich diese ansichten von brechung, schwächung etc. zu behaupten vermögen. Darin, hoffe ich, werden Sie mir beipflichten, daſs ich unsrer grammatik ihre eigenthümlichkeit zu bewahren suche und sie nicht unter das joch der allgemeinen sprachvergleichung beuge.

Für das „wörterbuch" haben wir sonsther kaum willkommnere beiträge erhalten als durch Ihre sorgfalt. Das schuldige honorar (freilich ein etwas mäſsigeres als Sie mit recht voraussetzen durften; doch müssen wir uns in schranken halten) werden Sie im januar empfangen; es war mit dem verleger verabredet, daſs zweimal jährlich abrechnung gepflogen werden solle, auf Johannis und auf Christtag. aus diesem grunde konnte ich Ihre gebühr nicht früher bestimmen. Der ganzen arbeit erfolg und ausgang ist in mehr als einem betracht noch sehr zweifelhaft; manche verheiſsungen sind schon geteuscht worden, und immer gröſser wächst die last unsrer schultern.

Von Haupts neu begonnener zeitschrift für deutsches alterthum soll bald ein erstes heft erscheinen; hätten Sie nicht auch lust zu beiträgen? die ihn sehr freuen würden.

Lachmann läfst „Lichtensteins frauendienst" und eine neue ausg. seiner „Nib." drucken. Die in der prachtausgabe durchgeführte reduction des textes erschreckt doch ein wenig, und in der theorie ist seine ansicht offenbar gefälliger.

Gervinus fünften theil halte ich für das beste was er geschrieben hat, oder was über unsre literatur des 18. jh. überhaupt geschrieben worden ist.

An der besseren wendung unsrer lage nehmen Sie ohne zweifel herzlichen theil, die zukunft mufs aber erst zeigen, ob uns alle sorge gelöst wird.

Jac. Grimm.

Cassel 5 dec. 1840.

145.

Berlin 1 febr. 1845

Ihre Nationalliteratur, verehrter freund, habe ich vor etwa fünf wochen empfangen und erstatte dafür herzlichen dank. es ist kein ausgeschriebnes, also auch kein überflüssiges buch und wird, wie es schon auf Ihre zuhörer fruchtbar eingewirkt haben mufs, auch einen weiteren kreis von lesern befriedigen. Gott erhalte Ihnen ferner die freude und lust des fortarbeitens auf diesem einheimischen, ich glaube noch ungemein ergibigen felde; wer mag doch lieber seinen pflug auf fremde äcker wenden!

Als kleines gegengeschenk ist Ihnen auf dem wege des buchhandels neulich zugegangen was von meinen academischen vorlesungen zum druck gelangt war. Es ist ein übelstand, daſs solche abhandlungen durch liegen bleiben und warten von ihrer frische verlieren. Wenn die reihe an sie kommt, so flickt und bessert man ein wenig nach. Würden nicht ein paar besondere abdrücke gezogen, so hätten die, welche am gegenstand theilnehmen, noch ein paar jahre zu harren, ehe der dicke und theure band erscheint. Die deutsche gelehrsamkeit gefällt sich ohnehin nicht in der academischen fessel.

Wie geschieht es doch daſs die theilnahme des publicums an der altdeutschen literatur sichtbar abnimmt? Haupt, der in seiner zeitschrift so viel tüchtiges leistet, (selbst den historikern müste Seifr. Helbling wichtig sein. [Randbemerkung]) wird sie über den fünften band hinaus schwerlich fortsetzen können. Gedruckt, gelesen und aufgelegt wird, wenns so fortgeht, nach einiger zeit nur die politische literatur werden. Auch recensiert wird unser fach nicht mehr, obwol ich selbst, der ich dessen überhoben zu sein glaubte, eben doch wieder zu einer recension nothgedrungen worden bin, die ich Ihnen hier beilege. Sie werden sie nicht heftig, aber ernstlich gemeint finden; Müllers und Schaumanns leere einbildungen traten mir ohne allen fug zu nahe, um keinen von beiden hatte ichs persönlich verdient. Indem ich ihre undankbarkeit

erfuhr, tröstete mich dafür, dafs Sie und andere
mit dem wachsthum meiner „mythologie" zufrieden
sind. Enthalten Sie mir auch ferner nicht vor was
Ihnen beim lesen und sammeln taugliches aufstöfst;
die obscöne bedeutung von *phol* hebt den werth des
überlieferten dennoch nicht auf, auch nach dieser
seite hin wird zuweilen der alte mythus verkehrt.
     In aufrichtiger freundschaft

                              Ihr Jac. Grimm.

     Können Sie mir jetzt oder künftig aus einer hs.
der Rudolfischen „weltchronik" die stelle über
Friedrich von Auchenfurt ergänzen, so thun Sies.

                    146.

                                   [1845?]
     Da ich eben nach Marburg schreibe, kann ich
nicht unterlassen ein paar worte des längst schuldigen dankes an Sie, werthester freund, einzulegen
für Ihren letzten lieben brief und die zusendung
Ihrer abhandlung über den Heliand, die mir willkommen war; ich habe die übrigen exemplare an
lauter würdige ausgetheilt und ich zweifle nicht dafs
Ihre schrift überall mit beifall aufgenommen sein
wird. die leute wundern sich, dafs aus einem alten
gedicht so viel erbeutet werden kann. Otfried
würde nicht so viel austragen, er ist magerer und
zehrt nicht so von alten erinnerungen, dagegen hat
er mehr gefühl für seine zeit und die Franken,
während der namenlose dichter des Heliand auch

an seine Sachsen gar nicht denkt. Der fränkische dichter ist gedankenreicher, obschon seine gedanken weder tief noch hoch gehn. Auch die probe Ihres hessischen idioticons in der zeitschrift hat mich sehr gefreut; Sie müssen ja das ganze ausarbeiten. Dafs ich in der taube auf des hern achsel und dem *halsmeni* auch mythischen bezug fand (myth. 134. 284) haben Sie entweder nicht bemerkt oder nicht gebilligt.

Sein Sie herzlich gegrüfst von Ihrem

Jacob Grimm.

Herrn Director Vilmar, Marburg.

147.

Berlin 16 juli 1855.

Verehrter freund,

erst heute komme ich dazu Ihren brief vom 18 juni zu beantworten. ich hatte dem Fischart nicht zugetraut, dasz er zu einer eignen festsetzung der orthographie gelangt wäre, wie sie Luthern viel näher lag. er schien mir dem gebrauch seiner zeit und gegend nachzugeben und dann auch die setzer gewähren zu lassen. wenn aber aus vergleichung der ältesten ausgaben seiner werke ein solches, freilich noch so mangelhaftes und ungenügendes system zu erweisen ist, habe ich nichts dawieder. mir waren die älteren drucke meist nicht zur hand und für Garg. bediente ich mich von jeher der von 1594, der mir so genügte wie die ausgabe

eines classikers, wenn sie schon nicht die beste war.
ob sich von 1582 an auf keinen druck fischartischer
schriften zu verlassen sei, vielmehr ob die Drucke
vor 1582 in der schreibung zusammen stimmen,
weisz ich doch noch nicht ausgemacht, z. b. wenn
PL und *PR* altfischartisch sein soll, so hat das lob
der laute von 1572 seite 98 *brausen*, 100 *blasen*,
118 *bringst*, *blůt*. in diesem gedicht wird *donner*,
in den geistl. liedern *tonner* geschrieben, die geistl.
lieder schwanken zwischen *for* und *vor* u. s. w.

Ohne anstand wird man Ihnen von der hiesigen
bibliothek alles senden, was Sie verlangen. ich
habe überflüssigerweise P e r t z davon benachrichtigt,
dasz ein solches gesuch eingehen würde. vom
„binenkorb“ besitze und brauche ich jetzt die ausg.
1580, welche auszer dem register 246 blätter hat.

Ist Ihnen zufällig etwas über den verfasser des
H a r n i s c h v o n F l e c k e n l a n d (wb. pag. LXXVI)
bekannt geworden? er scheint, nach der mundart zu
schlieszen, wirklich ein Hesse gewesen zu sein. und
gibt es mehr bücher die zu Hofgeismar bei S c h a -
d e w i t z im 17 jh. gedruckt worden oder ist die
Firma erdichtet?

Die herausgabe der „weltchronik“ des R u d o l f
v o n E m s hatten Sie, wenn ich nicht irre, Ihrem
sohne abgetreten. es wäre schade wenn er sie
unterliesze, da wir des alten gedichts vorzüglich der
sprache wegen bedürfen.

P f e i f f e r will nun, neben der h a u p t i s c h e n,
eine neue zeitschrift beginnen, was mir lieb ist.

Mich bestens empfehlend.   J a c. G r i m m.

148.

Verehrter herr, Ihr an meinem neulichen ge-
burtstage entsandter brief hat mich bewegt und ich
danke Ihnen dafür, ich wollte es schon früher thun,
steckte aber in den letzten monaten so tief in der
arbeit, dasz ich daneben nur das dringendste vornehmen konnte. Sie lassen also noch nicht von art,
und bewahren mir Ihre anhänglichkeit, obgleich wir
seit jahren nicht mehr in eigentlichem verkehr
stehn; unsere gesinnung und denkweise weicht in
hauptstücken zu weit von einander ab, als dasz wir
uns einem ruhigen briefwechsel hingeben dürften,
allein ich fühle mich meinerseits so menschlich gestimmt und traue Ihnen hierin gleiche gesinnung zu,
dasz ich die saiten meines herzens über alle irrthümer und misverständnisse (denen wir alle samt
und sonders ausgesetzt sind. [Randbemerkung])
hinaus anschlagen lasse. Wenn Ihre theilnahme für
ein fach, das Sie liebgewonnen hatten unerloschen
ist (und ich begreife nicht wie sie erlöschen sollte),
so sein Sie überzeugt, dasz mir auch Ihre weitere
thätigkeit darin, von der Sie so rühmliche proben
abgelegt haben, lieb ist, und leid sein würde, wenn
Sie sie aufgeben wollten.

Andere arbeiten, an denen ich mehr hänge als
an dem „wörterbuch“ habe ich in der letzten zeit
müssen hinlegen und dem dringen des verlegers
nachgeben, ein heft E ist fertig geworden und das
zweite beinahe ausgearbeitet. das geschäft hat auch
sein annehmliches und führt dinge näher, die sich

sonst in der ferne halten, dennoch peinigt mich,
dasz allem anschein nach einer, der nun im 75 jahr
steht (wie Ihnen ja eben im gedächtnis stand) das
schwere werk nicht vollenden, nur strecken weit
ausführen kann, darüber aber anderes in sich ver-
schlossen halten musz, was er gern mitgetheilt hätte.
Dem wörterbuch ist äuszerlich, wenn ich von dem
kaufenden publicum absehe, wenig anerkennung zu
theil geworden, aber vielfacher frevel in den weg
getreten; es wird sich dennoch aufrecht halten und
die widersacher sollen verstieben. Sollte man nicht
wunder glauben, in wie groszer blüte das deutsche
sprachstudium steht, weil a c h t, sage 8 deutsche
wörterbücher gegenwärtig auf einmal unter der
presse liegen? ich weisz nicht, ob Sie sich diese
zahlen augenblicklich ausfüllen können, aber es ver-
hält sich nicht anders.

Lachmanns ansicht von den Nibelungen
und sein verfahren konnte nicht unangefochten
bleiben, bei ihm war alles metrisch gestimmt und
auf solcher grundlage empor gewachsen; an grammatik und eigentlicher sprachforschung lag ihm
wenig, d. h. er achtete darauf nicht weiter als seine
regeln forderten. Haupt ist mit pedantischem geschick in seine fuszstapfen getreten. Mir sagen
Pfeiffers arbeiten mehr zu, er hat sich durch die
herausgabe Eckharts und Meyenbergs ein
wahres verdienst erworben. Auch den „trojanischen
Krieg" nun vollständig zu haben erfreut mich, aber
Conrad heiszt sicher nicht von Würzburg nach der
stube [?] in Basel. Haben Sie Rudolfs weltchronik

bei seite gelegt, so ists schade, denn wer wird sie
vornehmen? Wer den „Gargantua" endlich herausgibt wollen wir sehen, Meusebach sah vielerlei ein,
aber nicht alles, wie ich über dem wörterbuch
manichfache gelegenheit habe zu lernen, verbleibe

Ihr ergebenster

Jacob Grimm.

28 febr. 1859.

XIX. Vierundvierzig Briefe von Jacob und Wilhelm Grimm an Professor Dr. Weigand in Giessen.

149.

Jacob Grimm an Weigand.

Cassel 15 merz 1840.

Ew. wolgeboren gütiges geschenk haben wir,
mein bruder und ich, zwar erst spät nach deszen
absendung, aber doch schon geraume zeit her empfangen und erstatten Ihnen dafür aufrichtigsten
dank. Ihre fleifsige arbeit wird uns bei verwandten
eignen ohne zweifel vielfach förderlich sein.

Verzögert hat sich meine antwort, weil ich,
aufserstand hier etwas über das befragte sylben-
büchlein aufzufinden, mich deshalb noch nach Göttingen wandte und endlich auch von dorther ein

gleiches bekenntnis der unwissenheit erhalten habe.
Nächstens soll noch ein freund in der Schweiz zu
rathe gezogen werden.

Mit vollkommenster Hochachtung
ergebenst
Jac. Grimm.

150.

Jacob Grimm an Weigand.

Ew. Wolgeboren

haben nun auch die güte mir Ihre auszüge aus dem
seltnen wörterbuch des Alberus, das ich nie in
händen hatte (blofs seine fabeln sind von mir genutzt worden) darzubieten.   Dankbar nehme ich
sie an; lieb wäre mir, wenn Sie sich dazu kleiner
sedezblättchen bedienen wollten, auf deren jedes ein
einzelnes wort käme.

Idiotiken haben immer werth und reiz; die
Wetterau zieht mich besonders an.   Aus urkunden, glaube ich, werden Sie wenig gewinnen, denn
diese folgen mehr der schriftsprache;   doch ist die
auf sie verwandte zeit unverloren, man lernt nebenbei noch anderes.   Auch die Wetterauischen urk.
enthalten oft den ausdruck *andelagen*, *verandelagen*,
mit dem ich mich schon ohne erfolg gequält habe,
unser „handlangen" scheint es gar nicht.

Lamprechts „tochter Syon" verdient sicher-
lich eine ausgabe, und in ermanglung bequemerer
verleger steht die Quedlinburger nationalbibliothek

dafür offen. Basse gewährt auch anständige honorare.

Mich hochachtungsvoll empfehlend

Jac. Grimm.

Cassel, 29. Mai 1840.

Sr. Wolgeboren Herrn Dr. Weigand, Lehrer an der Realschule Giefsen.

151.

Jacob Grimm an Weigand.

Ich benutze eine gelegenheit, um Ihnen Müllers dän. Synonymik zu übersenden, nebst herzlichen dank für die auszüge aus Alberus.

Eilig.

Cassel 10 Oct. 1840.

Jac. Gr.

152.

Jacob Grimm an Weigand.

Ew. wolgeboren

entschuldigen die verspätete rücksendung der mir mitgetheilten „Grünberger ordnung." Müllers synonymik habe ich wieder empfangen, Sie hätten das buch nach belieben länger behalten mögen.

Nachahmen ist in unserer Sprache kein altes wort, man sagte ahd. *antarôn*, und noch Dasypodius übersetzt *imitari* durch *nachfolgen*. Stieler hat *ahmen, ohmen examinare*. Was nun die herkunft des wollautenden wortes angeht, so scheint mir die von *âme mensura* so übel nicht, *nachahmen* was ursprüngl. *nachmessen, visieren*, bekam aber bald die edlere abstracte bedeutung, worüber man der sinnlichen vergaſs.

mat haben wir allerdings aus dem romanischen.

In einigen tagen ziehen wir nach Berlin ab. Mitten unter den zurüstungen wollte ich wenigstens mit diesen zeilen die langversäumte pflicht der antwort erfüllen. Behalten Sie ferner in gutem andenken Ihren

ergebensten

Jac. Grimm.

Cassel 11 merz 1841.

153.

Jacob Grimm an Weigand.

Berlin 25 jan 1844

Sie lassen nicht ab, hochgeehrter freund, mir bei meinen Arbeiten mannigfachen gütigen vorschub zu leisten. Zu der tapferen beendigung Ihrer synonymik wünsche ich glück; gebrauchen werde ich das buch erst dann recht ordentlich, wenn ich selbst an das lexicalische werk gehen kann. ich sehe aber daſs Sie mühe aufgewandt haben und glaube, daſs die leser frucht daraus ziehen werden. dieser tage erst sprach mir ein hiesiger Gymnasialdirector mit rühmender anerkennung davon.

Nicht nur die abschriften der weisthümer, auch die samlungen über Wetterauer aberglauben sind richtig in meine Hände gelangt. Kurz zuvor sandte mir auch prof. Dieffenbach aus Friedberg seine Schrift über die Wetterau; ich lasse ihm schönstens dafür danken. Die neue ausgabe meiner mythologie

wüchst so an, dafs ich den aberglauben für ein besonderes buch zurücklege, das sich dann desto füg-
licher entwickeln kann. Ein anderer Ihrer lands-
leute Soldan hat fleifsig über die hexenprocesse
geschrieben, seine arbeit kam mir gerade noch gelegen, dafs ich mich über die darin entfaltete ansicht
äufsern konnte. In zeit von zehn, zwanzig jahren
wird die deutsche mythologie eine ganz andere gestalt gewonnen haben, wenn man fortführt, wie man
endlich beginnt, die volkssagen, worin unglaub-
liches steckt, treu und ausführlich zu sammeln. Treiben
Sie doch zu Vogelsberger sammlungen. Wer zu
suchen weifs ist des findens sicher an orten wo andere
leer ausgiengen.

Ihren plan zu einem handwörterbuch kann ich
nicht misbilligen. fast jeder, der zu solchen büchern
fähig ist, würde einiges nach seiner art anders an-
legen und ausführen. doch scheinen Sie alles wol
überdacht und erwogen zu haben; ich denke es geht
auf einen mäfsigen band hinaus? Lassen Sie darum
aber Ihr „Wetterauer idioticon" nicht liegen, auf das
ich noch begieriger bin. Ich thue doch recht, den
überschickten plan nicht wieder beizulegen?

Durch meine vorjährige reise bin ich diesen winter
noch in viel rückstände gerathen, so erklären Sie sich
auch das verspäten meines danks und meiner antwort
Mit aufrichtigster hochachtung Ihr

ergebenster
Jac. Grimm.

Sr. Wolgeboren Herrn Dr. Weigand, Lehrer an der Realschule zu Giefsen.

154.

Jacob Grimm an Weigand.

[Erhalten d. 13 Jan 1846]

Werthester herr doctor,

Vor allem meinen dank für die unermüdliche güte, mit welcher Sie mir anziehende und lehrreiche nachrichten zugehn lassen. die blätter des oberhess. int. bl., welche aus der wetterauischen mundart so viel hübsches mittheilen, würden sonst auf keine weise zu mir gedrungen sein. ich glaube alles richtig empfangen zu haben, wünsche aber, daſs Sie Ihr wetterauisches idioticon bald in bequemerer form und ausstattung geben mögen.

Jetzt eile ich die fragen Ihres letzten schreibens zu beantworten.

Das *s* in zusammengesetzten ortsnamen, da wo man blofs schwaches-*en* erwarten sollte, erkläre ich nicht aus starker für schwache form, sondern als überbleibsel des uralten schwachen gen. auf -*ins*, wie ihn die goth. sprache zeigt, die ahd. früher auch besessen haben wird. entscheidend sind also beispiele wie *Ruozelenswilre*, die auch noch das *n* wahren, das in den übrigen ausgestofsen wurde. (die lat. form wäre -*onis*, vgl. *Braunschweig, Brunonis vicus* [Randbemerkung]).

Über die verse in der befragten prosa müssen künftige nachforschungen entscheiden; soviel ich jetzt urtheile scheinen sie schwache versuche des prosaverfassers.

Die ausgänge auf *a* sind verworrene überreste aus der alten sprache, die noch in der prosa haften;

die urkunden und die neulich von Grieshahn heraus-
gegebnen predigten gewähren andere beispiele *sela
frowa era minna wola geneigeta* wäre ganz gut,
aber *der steina, ima, shira* ist roh.

Die vorgelegte stelle aus der „tochter Sion" betreffend, so mufs *greizzet*, wie der reim auf *enweizzet*,
(welches sicher *enbizet, gustat*) lehrt, *grizet* lauten,
ein verbum *grizen greiz* kenne ich nicht, es könnte
aber vorkommen und gleichviel sein mit *glizen gleiz
splendere*. läfzt die *gr.* form sich nicht aufweisen,
so mufs gebessert werden *glizet* (oder in der schreibung
der hs. *gleizzet: enbeizzet.*) der sinn ist: „wenn sich
der most zu wein stellt und läutert, so dafs die
hefen *(gerben faeces)* unten liegen und er in dem
napf leuchtet (glänzt), wer ihn dann recht kostet,
dem durchdringt er das mark"

Das wetterauische *klecke* für *garbe* war mir neu.
Nächstens hoffe ich Ihnen ein kleines gegengeschenk
mit einer academischen vorlesung, die eben in den
druck kommt, zu machen. Mein bruder erwiedert
Ihren freundlichen grufs und ich bin mit bekannter
hochachtg. Ihr ergebenster

Jac Grimm

bitte die einlage nach Wetzlar abgehen zu lassen.
Sind Ihnen aus der Wetterau und dem Vogelsberg
ungewöhnliche monatsnamen bekannt, z. b. Vollborn
für Januar?

Herrn Dr. Weigand Lehrer an der Realschule, Wolgeboren
zu Giefsen.

155.

Wilhelm Grimm an Weigand.

Erlauben Sie mir, hochgeehrtester herr, dasz ich
mich mit einer bitte geradezu an Sie wende. die
vier Blätter von „Athis und Prophilias", die sich
sonst in Arensberg befanden, und die Graff in der
Diutiska (schlecht genug) hat abdrucken lassen, sind
in das hiesige archiv übergegangen: ich habe darnach den text critisch behandelt, die zwei von
Lacomblet bekannt gemachten blätter eingefügt
und eine ausführliche einleitung dazu geschrieben;
das ganze wird eben in den schriften der academie
der wissenschaften, wo ich darüber schon im jahr
1844 eine vorlesung gehalten habe, gedruckt, und
ist bereits bis zur hälfte fertig. Sie können also
denken wie sehr mich die nachricht in Ihrem briefe
an meinen bruder überrascht und erfreut hat dasz
Sie noch in dem besitze von drei unbekannten, zu
diesem gedicht gehörigen blättern sich befinden,
wovon zwei jener alten handschrift angehören: und
werden selbst ermessen von welchem werth mir,
gerade in diesem augenblick, ein solcher zuwachs
sein musz. darf ich Sie bitten, mir diese drei blätter
zu überlassen, entweder, um sie als anhang, wenn
es noch zeit ist, der gegenwärtigen schrift beizufügen,
oder sie, sollte es zu spät sein, hernach als einen
nachtrag bekannt zu machen? die gewährung meiner
bitte werde ich mit groszem dank anerkennen. da
ich gefunden habe dasz die schon gedruckten bruchstücke von zwei abschreibern herrühren, so würde

es mir lieb sein wenn Sie mir die zwei pergamentblätter selbst anvertrauen wollten; ich verstehe
nämlich Ihre worte so, als seien diese noch in Ihren
händen. Könnten Sie mir auch von dem dritten
blatte, das Sie nur in einer nicht ganz zuverläszigen
abschrift besitzen, das original selbst verschaffen,
so würden alle meine wünsche erfüllt sein.

Nehmen Sie noch meinen besten dank für die
gütige erinnerung an meinen geburtstag und die
versicherung der aufrichtigsten hochachtung und
ergebenheit an.

Wilhelm Grimm

Berlin 2. Februar 1846
    Lennéstrasze 8.

Sr. Wolgeboren herrn Dr. Weigand ordentlichen lehrer
    an der groszherzogl. Realschule in Gieszen.

156.

Wilhelm Grimm an Weigand.

Endlich kann ich Ihnen, hochgeehrtester herr
doctor, den fertigen „Athis" übersenden, gewis mit
dem aufrichtigsten dank, denn Sie werden selbst
sehen wie wichtig mir die blätter waren, zu denen
ich allein durch Ihre bemühungen gelangt bin;
selbst die abschrift des bei Lacomblet abgedruckten blattes ist mir von nutzen gewesen. das
beiliegende exemplar bitte ich hrn. geh. rat Nebel
in meinem namen zu übergeben. in der einleitung
habe ich mancherlei zur frage gebracht und wünsche

dasz die antworten, die ich gegeben habe, sich nicht
ganz ungenügend erweisen.

Mein b r u d e r ist in diesen tagen nach L i p p -
s p r i n g e , einem bade in der nähe von P a d e r -
b o r n abgereist und auch mich treibt der arzt an
nach T e p l i t z zu gehen; ich kann es aber nicht
eher als anfang des künftigen monats, weil ich
meine vorlesungen erst beendigen musz. ich denke
von da mit einem umweg durch das südliche
Deutschland nach F r a n k f u r t zu gehen zu der ge-
lehrtenversammlung, wo ich auch Sie zu finden
hoffe.

Mit der aufrichtigsten hochachtung

Ihr ergebenster
W i l h e l m   G r i m m.

B e r l i n 12 Juli 1846

157.

J a c o b   G r i m m   a n   W e i g a n d.

B e r l i n 30 dec. 1847

Hochgeehrter freund,

ich will doch das jahr nicht ablaufen lassen,
ohne ein lebenszeichen von mir zu geben, Sie hätten
sonst volles recht mich als einen undankbaren zu
verschreien. auf Ihre briefe und mit unermüdender
freundlichkeit fortgesetzten zusendungen habe ich
lange nicht geantwortet. man soll nicht aufschieben
seine schuld abzutragen, weil man sonst immer
weiter hinein geräth. vorigen sommer war ich sehr

fleifsig, den herbst unwol und auf reisen die mich
herstellen sollten, aber nicht herstellten, bis ich
endlich nach einer im october und nov. ausgehaltnen
grippe mich wieder besser fühlte und seitdem in die
ausgesetzte arbeit wieder rüstig gegriffen habe.
Bleibt es mit mir auf diesen fufs, so wird in einem
vierteljahr meine „geschichte der deutschen sprache"
in zwei bänden auf einmal vortreten, der ich viel
solcher rüstigen und geneigten leser wünsche, wie
Sie einer sein werden. Ohne zweifel wird das buch
viele vorstellungen, die man sich davon macht, nicht
erfüllen; wenn es dafür nur auch desto mehr uner-
wartetes bringt!

Sagen Sie herrn Ph. Dieffenbach (Lorenz
hat recht gethan das eine *f* abzulegen) meinen herzlichen dank für das übersandte tagebuch; es kann
nicht fehlen, dafs ich manches daraus in meinen
nutzen verwende.

Auf eine früher in Adrians namen gethane
frage wuste ich nichts erspriefsliches zu antworten;
so geht es öfter, was Sie aber nicht abschrecken
soll von neuen fragen.

Wie stehts um Ihr wetterauisches idioticon?
Ein frohes neujahr.

Jacob Grimm.

Herrn Dr. ph. Weigand, Lehrer an der Realschule zu
     Giessen.

158.

Jacob Grimm an Weigand.

Den schönsten dank, hochgeehrter freund, für die mir seit Ihrem letzten besuch mehrmals gemachten zusendungen und mittheilungen. ich lasse das manuscript über das „Friedberger passionsspiel" gleich wieder folgen damit Sie nicht aufgehalten werden, es nach Leipzig zu schicken. Wie *eich meich deich seich* halte ich auch *eifs* und *beifs* für unorganische verlängerungen des kurzen *i* lieber als für brechungen; das auslautende gewicht des *ch* und *fs* mag daran schuld sein. Zu dem *eich* liefse sich allenfalls das schwed. *jag*, dän. *jeg* für altn. *ek* oder *ék* halten, und da wird gebrochen, aber nicht in den übrigen parallelen fällen. *peltenere* am schlufs scheint vorzüglicher als *plettener* und kann damit nicht einerlei sein; wo ich nicht irre (denn ich habe keine bücher zur hand) steht es auch im „Tristan" und ist das altfranz. *pautonnier*.

Die ruhe für Vilmar und für uns alle wird sich wieder herstellen.

herzlichen grufs.

Jac. Grimm.

[Frankfurt] 23 juli [1848.]

159.

Jacob Grimm an Weigand.

Berlin 7 jan. 1849.

Mein lieber freund,

Sie haben mir über Leipzig ein erfreuendes angebinde besorgt und dafs Sie Ihren hübschen fund zu Friedberg gleich auf mich anwenden wollten, erkenne ich mit herzlichem gerührtem dank. freilich hätten es auch weltliche bruchstücke sein können aus „Reinhart Fuchs", und dann wäre die freude noch zehnmal gröfser gewesen.

Zu Frankfurt, wo Sie mich diesen sommer aufsuchten, konnte es meine lunge und mein herz nicht länger aushalten. wird sich unser armes vaterland noch aus der klemme lösen? ich verzweifle nicht, aber durch starke prüfungen sind wir gegangen und noch nicht durch die letzte.

Mein buch, das ich Ihnen gern zugesandt hätte, wären nicht die empfangenen freiexemplare allzu schnell vertheilt gewesen, wird vor Ihre augen gekommen sein und darin manche gnade gefunden haben, die ihm andere versagen. Doch erwartet haben mögen Sie auch etwas anderes. diese teuschnng mufs man nun einem schriftsteller, der sie wahrlich nicht beabsichtigte, sondern redlich mittheilt was ihm auf dem herzen liegt, nicht zur last legen. ich suchte in die trägen völkermassen licht und bewegung zu bringen und gieng von dem grundsatz aus, die vielheit der stämme müsse sich auf wenige

hauptvölker und der spätere veränderte name auf
einen älteren zurückführen lassen. bei der grofsen
menge einzelner untersuchungen laufen gewis irthümer
und unvollkommenheiten mit unter, oft mögen mir
bessere beweise noch entgangen sein. doch schaue
ich auf das ganze feld noch mit einigem mut zurück
und meine an beweisen und halben beweisen genug
erbracht zu. haben; die zeit soll das weitere lehren.

Ihr geschenk traf mich im bett, ich habe ein
leichtes brustfieber zu überwinden, das mir auch
heute das briefschreiben unbehaglich macht.

Mein bruder läfst grüfsen; ich bin mit wahrer
freundschaft

Ihr Jacob Grimm.

160.

Jacob Grimm an Weigand.

Ich bin ihnen, lieber freund, auf zwei freundliche
briefe antwort und für die mittheilungen aus dem oberhessischen wochenblatt dank schuldig. *wuol* als name
eines ackers kann *pest* oder *sterbe* bedeuten (wie wir jetzt
ein solches ungeheuer leider wieder hier haben), sei
es dafs gefallne menschen oder vieh dort begraben
worden. ich meine auch dem gleichbedeutigen namen
„schelmacker" verschiedentlich begegnet zu sein.

Vor vier wochen gab ich in Gotha herrn Hof-
mann aus Friedberg zwei academische abhandlungen
für Sie mit, welche er besorgen wollte (ich habe
sie selbst in das gasthaus getragen, wo er wohnte.)

da ihr brief vom 12 juli nichts davon meldet, bitte
ich in Friedberg danach fragen zu lassen, denn ich
kann sie nicht durch andere exemplare, weil alle
ausgegeben sind, ersetzen.

Den Vogt sind sie nun in Gießen los. von
seiner über alle grenzen schweifenden gesinnung abgesehn erschien er mir begabt und auch im wechsel
des gesprächs nicht unangenehm, während ich es
mit andern, z. b. Robert Blum nie zu worten
bringen konnte.

Ich arbeite, wie sich denken läfst, fleifsig fort,
finde aber an meiner gesundheit fast noch mehr als
voriges jahr auszusetzen.

Sein sie so gut und lassen die einlage auf der
post weiter laufen. Wilhelm grüfst mit mir
herzlich.

Berlin 28 juli 1849

Jacob Grimm.

Herrn Dr. Friedr. Ludw. Carl Weigand, Giessen.

161.

Jacob Grimm an Weigand.

Mit guter gelegenheit, die mir jedoch nicht gestattet ausführlicher zu schreiben, sende ich zwei
exemplare einer eben erschienenen kleinen schrift,
eins für Sie, werthester freund, das andere für prof.
Knobel.

In Baurs freilich unvollständigen Arnsberger
urkunden stehn prächtige eigen- und ortsnamen, die

Sie sicher fleifsig für Ihre wetterauische sprache
nutzen.

Die snche des vaterlands steht auf dem puncte
schwerer, ich hoffe noch, mannhafter entscheidungen.

Ihr

Jac. Gr.

31 oct.

noch zwei exempl. an Wigand und Böhmer
bitte mit post weiter laufen zu lassen.

162.

Wilhelm Grimm an Weigand.

Hochgeehrter herr professor,

durch hrn prof. Braun habe ich Ihren brief erhalten, der mir die in Ihrem früheren schreiben zu-
gesagte weitere abschrift aus den dortigen hss.
Freidanks brachte. nehmen Sie meinen groszen
dank für dieses mir sehr werthe geschenk an, wie
für die musterhafte sorgfalt, mit welcher diese abschriften gemacht sind. Wie es zu gehen pflegt,
nachdem Bernhart Freidank zur sprache gekommen ist, finden sich weitere aufklärungen, und
ich denke nicht dasz jemand noch auf der meinung
beharren wird, der alte würdige dichter sei mit
diesem eine und dieselbe person. auch für dessen
werk habe ich weitere hilfsmittel erhalten, die mich
bestimmen, die neue bearbeitung des textes einer
nochmaligen durchsicht zu unterwerfen.

Ich wünsche dasz es hrn prof. Braun, den ich,
wie Sie ihn schildern, als liebenswürdigen mann
gefunden habe, bei uns gefallen möge: hoffentlich
wird er bald, als mitglied der academie, noch in ein
näheres verhältnis treten. über Berlin herschen
auswärts ungünstige urtheile genug, die man, wenn
man einheimisch wird, groszentheils ungegründet
findet: ich wünsche dasz hr prof. Braun diese erfahrung mache.

Von ihm habe ich erst erfahren dasz Sie mitglied Ihrer universität geworden sind; ich wünsche
Ihnen herzlich glück und zweifle nicht dasz dieser
Ihrer gelehrten thätigkeit angemessene beruf Ihnen
zusagt.

Mein bruder empfiehlt sich Ihnen angelegentlich, und ich verbleibe mit der versicherung der aufrichtigsten hochschätzung

ganz der Ihrige
Wilhelm Grimm.

Berlin 19. mai 1851.

163.

Jacob Grimm an Weigand.

Berlin 10 jan. 1852

Lieber freund, Ihrer Nachsicht mir bewust hätte
ich vielleicht noch länger aufgeschoben Ihnen zu
schreiben und zu danken für gütige briefe und mittheilungen, wäre diesmal nicht mein herzlicher
glückwunsch zu der erlangten professur mit feier-

lichen worten auszusprechen. möge es Ihnen auf
dieser bahn immer zu heil und segen ergehn. ich
bin den 4 dieses monats 67 jahr alt geworden und
noch gehn mir drei an der menschlichen normalzahl
ab; erreiche ich sie nur leidlich gesund, so muſs
viel vollbracht und gearbeitet werden, hernach
wünsche ich mir mehr freie ruhe, wenn es mir beschieden sein soll noch einige lieblingsgegenstände
unter die hand zu nehmen. das „wörterbuch“ greift
fast zu sehr an, Sie haben selbst diese kost geschmeckt, man ist dabei genöthigt auf alles und
jedes einzugehn und darf sich nicht bloſs auswählen,
wofür man sich neigung und kenntnisse zutraut.
freilich lernt man auch auf unerwartetem fleck;
doch die längst angebauten felder trügen reichere
frucht.

Es kommen viel dinge in betracht, auf welche
von den samlern des materials weder geachtet wurde
noch geachtet werden konnte; da bleibt denn nichts
anders übrig, als unter dem geschäft abzubrechen
und stundenlang in den quellen zu suchen, welche
hilfe gewähren können. wären sie einem nur
immer auch alle gleich zur hand, und zum warten
und aufschieben ists zu spät. die bücher des 16 jh.
erschweren einem die mühe nicht wenig dadurch,
daſs sie oft unpaginiert sind und titel zeigen, die
man nur unsicher abkürzt.

Ist Ihnen no. 175 der Göttinger anz. vom
1 nov. vorgekommen? darin habe ich mich ausführlicher als in der rede gegen meines unvergeſs-
lichen freundes behandlung der Nibelungen erklärt.

die von ihm angenommene grundlage ist mir zu
künstlich und darum unglaublich.

Mein b r u d e r grüfst, ich verbleibe von herzen

der Ihrige
J a c. G r i m m.

-- -- --

die von K e l l e r jetzt gesammelten fastnacht-
spiele enthalten unter rohem und unanständigem
viel wichtiges und bisher unbekanntes. die bekanntmachung durfte nicht unterbleiben und ist eine der
bedeutendsten des S t u t t g a r t e r vereins.

schade, dafs Sie von R o s e n b l ü t eine erzählung
hatten, kein fastnachtspiel. Wissen Sie keinen rath
für die *Willetzknaben* oder *kinder* bei S c h m e l l e r
4,58, wie er behauptet in einem rosenblütischen
stück, wer weifs aber?

164.

J a c o b G r i m m a n W e i g a n d.

Dasz Sie mein wahrer freund sind, beweist Ihre
wohlwollende und nicht nachlassende theilnahme
an dem „wörterbuch", die unabgeschreckt durch
mein langes schweigen dennoch fortfährt und sich
wiederholt, während manche andere bekannte, die
auch hübsches beisteuern könnten, sich gar nicht
rühren. Für die neue ausg. Ihrer fleiszigen, durch
das register so brauchbar gewordenen „synonymen"
habe ich, fürchte ich, gar noch nicht ausdrücklich

gedankt, der dauk für so viele briefe und zettel
versteht sich von selbst, auch die hübsche forschung
über die „ortsnamen" war sehr willkommen, ich
hatte auf die wichtigkeit der flurbücher in Kurhessen vor jahren schon aufmerksam gemacht und
gesucht für sammlungen anzuregen, die leute sind
aber auf nebendinge erpicht und versäumen die
hauptsache. Die deutung der ortsnamen ist vielleicht das allerschwerste in der sprachforschung,
immer aber anziehend und auch verführerisch. ein
namenregister hätten Sie beifügen sollen.

Am „wörterbuch" mag Ihnen gern einzelnes
nicht recht sein, wenn Sie nur die anlage und nothwendigkeit des ganzen billigen. es ist unmöglich
jedem wort gleich seine gebühr anzuthun. meine
etymologien streben auch festzuhalten, dasz die ergebnisse der indogermanischen sprachvergleichung
zurückstehen müssen vor den ansprüchen, die unsere
eigne sprache zu machen hat, und dass auf diesem
wege oft mehr erlangt werden kann. Über die an-
stösze, welche die orthographie gibt, soll sich die
vorrede hoffentlich genügend aussprechen.

Wenn ich nur gesunder wäre! seit dem letzten
vierteljahr wird mein pulsschlag widerspenstig und
setzt aus. das erklärt der arzt für unmittelbar un-
gefährlich, allein es beängstigt mich und verursacht
schlaflose nächte.

Seit einigen wochen scheint es sich zu bessern
und ich fühle mich tage lang wieder ganz frei.
Dasz ich im 68 jahr meine gewohnte lebensart nicht
ändern kann, versteht sich von selbst, wer mag den

halben tag spazieren laufen und die abende faul da
sitzen? das vertrüge sich auch mit den fortschritten
des wb. nicht.

Ob es zu einer badereise kommt, oder zu einer
anderen art von erholung, ist noch sehr unsicher.

Ihr S e r r a n u s scheint alles was er weisz aus
D a s y p o d i u s zu entlehnen. wenigstens gibt er
immer dieselben wörter, die dort schon stehn.

lieb war mir die örtliche „h a h n e n b a l z e",
wie auch „auerhahnpfalz" ortsname ist.

Grüsen Sie alle freunde, die meiner gedenken,
von mir.

Ihr J a c. G r i m m.

B e r l i n 25 Mai 1853.

165.

Jacob Grimm an Weigand.

Sie wissen schon, lieber freund, wie selten ich
jetzt zu ruhigem briefwechsel gelange, und seit
neujahr besonders gieng noth an mann. der verleger
wollte mit der achten liefrung den ersten band des
„wb." schlieszen, und verlangte dafür nun vorrede und
quellenverzeichnis, beides, wie Sie sich denken können,
arbeiten, die nach allen seiten hin erwogen sein
wollten. ich habe es gottlob vollbracht, in den
nächsten wochen wird alles versandt sein und mich
verlangt nun auch von Ihnen zuhören, wie Sie über
manche schwierige dinge denken, die ich jetzt offen
besprochen habe. in der orthographie wäre ich gern

schon weiter gegangen, es ist aber für die sache
besser noch unterblieben.

Unterdessen haben Sie selbst wieder der
umarbeitung des schmitthennerschen wb. sich
unterzogen. lassen Sie mich, wie es unter
freunden sich ziemt, Ihnen offen gestehen, dasz
es mir leid thut. Sie verschwenden Ihre schönen
einsichten und machen aus einem schlechten buch
nur ein besseres, während Sie mit ungestörter eigner
kraft ein gutes hätten hervorbringen können. ob
der verleger seine rechnung dabei finden werde ist
sehr zu bezweifeln. plan und anlage dieses wb.
hätte recht gut vermodern können. mich reizt nur,
was Sie hinzufügen.

Ihnen verdanke ich, dasz mir ein junger philolog
Schwabe auszüge aus Thümmel gesandt hat.

Sein Sie doch so gut ihm dafür in meinem
namen zu danken.

In der „Darmstädter schulz.“ 1853 p. 981 stand
eine zwar wolmeinende, aber völlig misgreifende
recension des sechsten hefts, die sich getraut sp.
1097. 1098 zu berichtigen was vollkommen recht
ist. die vorgeschlagene besserung würde ein fehler
sein. und dergleichen geberdet sich wie critisches
und verständiges urtheil; so übel bestellt ists mit
unserer deutschen philologie.

Ich wollte Ihnen besseres von meiner gesundheit
melden, wenn ich nur könnte. mein herzschlag ist
immer noch gestört und unruhig; vom eintretenden
frühling hoffe ich gutes.

Vom Darmstädter Nib. fragment hatten Sie mir früher nichts gemeldet, ich werde nun bei Haupt das ausführliche finden. An Lachmanns 20 lieder glaube ich, wie Sie wissen längst nicht mehr, doch Holtzmann hätte wol gethan, seine untersuchung einzuschränken.

Ich wünsche Ihnen schöne grüne, wenigstens halbgrüne ostern.

Jac. Grimm.

B. 4 apr. 1854.

166.

Jacob Grimm an Weigand.

Wie lange, lieber freund, habe ich wieder auf Ihre briefe und zusendungen nicht geantwortet; doch Sie wissen, was mich am schreiben hindert und was ich Ihnen zu schreiben habe. oft will ich die feder ansetzen, so tritt etwas dazwischen, wie eben zuletzt Holtzmanns anziehende und lebendig abgefaszte, freilich aber dennoch unhaltbare paradoxie über Kelten und Germanen, die auch auf seine abhandlung über die Nib. schädlich zurückwirken wird. in beiden werden mit einnehmender, fast überredender darstellung kecke und grundlose dinge vorgetragen. dem Lachmann thut er oft unrecht, dennoch scheint es mir auch mit Lachmanns Nib. vorbei zu sein, und Riegers, wahrscheinlich bald noch anderer vertheidigung wird ihnen nicht mehr aufhelfen.

Ich gewahre bei solchen anlässen recht, wie
sehr andere arbeiten als die aufs „wb." zu wendenden
mich fesseln könnten; bekomme ich luft und ruhe,
so will ich los legen. die Geten und Gothen
sind unaufgegeben und sollen sich dann mehr gunst
erwerben. danken sie herrn prof. Credner für
das neuliche excerpt aus Hieronymus.

Es freut mich, dasz Sie als ein kenner und einer
der wenigen, die dem „wb." genau nachgehn, damit
zufrieden sind, d. h. über dem was es in der that
leistet alle seine gebrechen zu gute halten. meinen
Sie, dasz Haupt, Wackernagel mir eine silbe
über das ganze, oder über einzelne artikel äuszerten?
Lachmann würde es gerade so machen. sie fühlen
sich durch das neue im „wb." nicht gefördert und
belehrt, sondern in kleinen dingen gestört oder ge-
zwängt. Lachmann, obgleich mir herzlich befreundet,
gab seit der ankündigung des wb. den ganzen Lessing
heraus, ohne nur einen einzigen zettel bei seite zu
legen. Haupt, der sich von freien Stücken
zum auszug des H. Sachs erboten hatte, liesz damit fast ganz im stich; es ist brauch der philologen
sich selbst mit eignen arbeiten so zu beladen und
dann noch fremde zu übernehmen, dasz das meiste
davon unausgeführt bleibt. Nach langem zaudern
begann ich endlich ohne groszes vertrauen das „wb.",
doch sind mir vertrauen und lust dazu unter der
arbeit gewachsen.

Auch Ihnen musz, nachdem Sie sich in das joch
des Schmitth. wb. einmal gefügt haben, unter dem
fortgang des werks gewinn und freude daraus hervor-

gehen. mir kommt es manchmal um der fremd-
wörter willen geschrieben vor, deren es so viele
aufnimmt. im *C* habe ich nun auch eine schwere
probe zu bestehn und mich für oder wider die abhandlung der fremden wörter zu entscheiden. freilich haben ihre veränderungen und fortbildungen
immer etwas anziehendes.

Neulich ist ein buch von Landau über die
Wetterau erschienen, das mir lobenswerth scheint
und besser als sein buch über die territorien, worin
die unbegründeten hypothesen vorherschen. auch
an jenen wetterauischen forschungen werden Sie
groszen theil nehmen.

Ich wuszte nicht dasz Sie noch gehalten sind
mitunter zu predigen. eine predigt tagelang bei
mir im kopf zu tragen, könnte mich sehr stören,
ich würde nicht um den stof verlegen sein, aber
besorgen die orthodoxe linie oft zu überschreiten.
desto ruhiger sudiere ich in der heidnischen mythologie fort, wovon Sie nächstens ein paar proben
sehen sollen.

Von ganzem herzen Ihr Jac. Grimm.

Berlin 3 febr 1855.

167.

Wilhelm Grimm an Weigand.

Zuerst meinen dank, hochgeehrtester herr
professor, für die freundlichen wünsche zu meinem
geburtstag, mit dem ich zufrieden sein konnte, weil

in dieser zeit die grippe, die mich den winter über
sehr geplagt hat, verschwunden war.

Ich nehme niemals Ihre beiträge zum „Wörterbuch"
in die hand, ohne mich Ihrer genauigkeit zu erfreuen, und brauche nicht zu sagen, wie sehr ich
mich Ihnen dafür verbunden fühle.

Das exemplar von Ickelsamer, auf der
königl. bibliothek s. l. et a. und ohne druckort
enthält 40 blätter oder 80 seiten, gerade 5 bogen
A—E. auf B II^b stehen nur die von Ihnen an-
geführten worte, *das w wie man in ein heysz essen
bläst*, weiter nichts.

Von Ickelsamer befindet sich noch auf der
hiesigen bibliothek „Clag etlicher brüder; an alle
christen etc., Valentinus Ickelsamer zu Rotenburg
uff der Thawber." Panzer 1835.

Mein bruder empfiehlt sich Ihnen mit mir an-
gelegentlichst und mit den herzlichsten grüszen.
mit der aufrichtigsten hochschützung und ergebenheit

der Ihrige
Wilhelm Grimm.

Berlin 3. März 1855.

168.

Jacob Grimm an Weigand.

Unverantwortlich lange, mein gütiger freund, habe
ich nicht geschrieben, Sie kennen meine lässigkeit,
vielmehr verhinderung, wie ich Ihre nachsicht kenne.

Ihnen schreiben heiszt immer auch Ihnen danken müssen.

Meine abhandlung über „personenwechsel" ist entweder schon in Ihren händen oder wird es nächstens sein. ich möchte wissen, ob das von mir vertheidigte und gedeutete *wir* der anrede auch oberhessischer schulton ist oder doch war, denn die neue zeit ist längst geneigt, das zu verachten was sie nicht mehr versteht. auch zu andern seiten des aufsatzes wird Ihnen mancherlei beifallen. man findet viele beispiele erst nachdem man ihnen eine stelle bereitet hat. doch s. 6 oder 7 hätte der *Hatem* = Göthe : *morgenröthe* (5,169) nicht unangeführt bleiben sollen.

In den nächsten monaten anderes und besseres von mir. es ist ein übermasz von freundlichkeit dasz Sie uns Ihr „wb.", dessen erfolg mich recht freut, noch wollen zueignen.

Mit herzlichem grusz Ihr J a c o b   G r i m m.

B. 27 juni 1856.

189.

J a c o b   G r i m m   a n   W e i g a n d.

[April? 1857]

Liebster freund,

der längst erwartete schlusz Ihres ersten bandes ist nun erschienen. ich wuste nicht, dasz der verleger zugleich damit noch ein stück des zweiten herausgeben wollte. ich habe Ihre vorrede mit freuden und der empfindung herzlichen dankes für das uns

gegebne zeichen wahrer freundschaft gelesen. Sie
sprechen sich gerade und offen über den stand der
sache aus, und was mich angeht, sagen Sie zuviel
gutes. In Ihrem wörterbuch ist nicht mehr
Schmitthenner, sondern blosz Weigand, Sie
dürfen mit zufriedenheit auf die bedeutende arbeit
blicken und mit der sicherheit sie zu vollenden,
während in mir das schwere gefühl lastet, dasz ich
nicht zu ende bringen werde, wie fast alles was ich
unternommen habe stückwerk geblieben ist. mein
alter läszt mich erfahren, dasz ich zwar noch mich
ausbreiten kann in laub und äste, aber vielleicht
keine frucht mehr aus dem stamm treibe.

Das ist ein neuer und schöner beweis Ihrer
treuen zuneigung, dasz Sie uns einen besuch, der
sich ja so leicht ausführen läszt, zugedacht hatten und
zudenken. fast ist mir der verschub auf september
lieb, denn Wilhelm hat in den letzten monaten
mit unwolsein zu kämpfen gehabt und beginnt
langsam sich zu erholen. bis dahin hoffe ich ihn
ganz hergestellt, ohne dasz es einer reise aufs land
bedarf. ich bleibe immer hier und musz es dies
jahr besonders. mein guter neffe Hermann, den
Sie gern würden kennen lernen, ist in Italien, ich
weisz nicht, ob er vor november heim kehren wird.
der andre neffe Rudolf steht bei der regierung zu
Düsseldorf als referendar. die nichte Auguste,
welche ich besonders lieb habe, war auch leidend
und ist zu Carlsbad, von wo aus sie nach Cassel
gehn, im September aber längst zurück sein wird;
ich schreibe dies Ihrer fräulein tochter wegen,

auf deren bekanntschaft ich mich nicht weniger als auf den besuch des vaters freue. Zur herbstzeit verfehlen Sie auch H a u p t nicht, der seit längerer zeit kränkelnd in diesen tagen zum zweitenmal in eins der böhmischen bäder, ich weisz wirklich nicht in welches musz, er hat mitten in seinen vorlesungen abgebrochen. möge es ihm nur helfen. sein eben erscheinendes prooemium zum lectionscatalog ist zwar hübsch und zierlich geschrieben, in der sache gebe ich ihm aber unrecht. er sucht darzuthun, Kaiser H e i n r i c h, der an der spitze unseres minnesangs steht, sei nicht verfasser der ihm beigelegten lieder.

Der gute D i e f e n b a c h hat mir sein lexicon gesandt, das ist eine ungeheure und sehr nützliche arbeit; deutsche register dazu, die sie noch viel brauchbar gemacht hätten, waren freilich kaum auszuführen. es heiszt also: lies und lies in dem Buch!

Prof. K l e i n beschenkte mich mit seinem werk über Groszenlinden, melden Sie ihm vorläufig meinen schönsten Dank, ich warte darauf, dasz ich ihm eine gegengabe überschicken kann. das buch, unter uns gesagt, ist mir zu theologisch gehalten. über die kirche hat auch R a s z m a n n, mein landsmann, unsinn zu tage gefördert.

Aller dank, den ich Ihnen ausgesprochen habe, der gilt, versteht sich, auch von meines b r u d e r s seite, wir sind und bleiben Ihnen beide mit herzlicher freundschaft zugethan.

J a c o b　G r i m m.

ich werde bei erster gelegenheit über das wort und den begrif von „hochdeutsch“ schreiben. s. 510 führen sie aus dem 16 jh. hochtütsch und hochteutisch an, wenn sich diese formen auf bestimmte angabe und jahrzahl stützen, so bitte ich gelegentl. darum. im 16 jh. und schon vor 1523 kommt der ausdruck vor, ja bereits im 15 jh., ich sammle aber alle belege.

(Wie alt ist die heute sehr gewöhnliche weise, dasz der erzählende eine frage aufwirft, z. b. *als ich mich umwende, wen sehe ich da? als ich ruhig lese, wer tritt in die stube?* die mhd. frage mit dem conjunctiv (gramm. 4, 76) ist davon verschieden, doch ähnlich. [beiliegender zettel]).

170.
Wilhelm Grimm an Weigand.

Zweimal haben Sie verehrtester herr professor, mich abermals mit beiträgen für das „wörterbuch“ beschenkt, wofür ich meinen groszen dank wiederhole. Sie wissen wie sehr ich Ihre theilnahme für das buch schätze. wenn doch jeder so sorgfältig und genau würe! es kostet mich viel zeit, wenn ich die zettel anderer in der quelle aufsuchen und ergänzen musz. das wort musz in seinem ganzen zusammenhang aufgestellt werden, wenn man den begriff vollständig fassen soll. bis zu *drache* ist der druck vorgerückt; ich kann also das meiste von Ihren beiträgen benutzen.

Die grippe die mein haus nicht verschonte hat mich am härtesten und längsten ergriffen und an der arbeit gehindert, was mir das verdrieszlichste war. Sie war hier beispiellos verbreitet. die ärzte wissen immer die krankheit zu entschuldigen, im frühjahr mit den aufsteigenden dünsten, im sommer mit der drückenden hitze, im herbst mit den kalten winden, und im winter bleibt ohnehin kein mensch gesund.

Zu weihnachten war meine ganze familie nach längerer zeit wieder vereinigt. mein ältester sohn war im november aus Italien zurückgekehrt, mein zweiter der jetzt in Düsseldorf zu haus ist, benutzte die ferienzeit; und so konnten wir uns des alten zusammenlebens wieder erfreuen.

Im Hildebrandslied 15 ist *miti* deutlich genug, aber man wird doch *mit* bessern müssen, wie auch Lachmann thut, da die präposition von der so viel belege da sind, niemals die form des adv. annimmt.

Es freut mich dasz Sie und fräulein Mathilde eine gute erinnerung von Berlin behalten. die stadt ist anders als man sie in süddeutschland auszumalen pflegt. empfehlen Sie mich unbekannter weise Ihrer frau gemahlin und sein Sie sämtlich von mir und den meinigen auf das herzlichste gegrüszt. mit den besten wünschen für das beginnende jahr und der aufrichtigsten hochschätzung

der Ihrige

Wilhelm Grimm.

Berlin 30. Dec. 1857.

171.

Jacob Grimm an Weigand.

Berlin 12 Febr. 1858.

Lieber freund, sonnenhelle, aber nicht wie vorigen
herbst warme festtage sind uns vorbeigerauscht, sondern unter beiszendem nordostwind bitterkalte, so
dasz die junge königstochter am gesichte fror, möge
ihr künftiges leben klar bleiben und warm geschützt
sein. ich habe einen halben tag vor einem fenster
in unsrer akademie gesessen und auf den zug ge-
wartet, chocolade gekaut und mitunter an ganz ab-
liegende dinge gedacht.

Der cod. lauresham. no 3032 nennt *in pago
Erdehe* ein „Dorenlar", den *pagus Erdehe*, der auch
no 3031 und 3033 erscheint setzen die herausgeber
als untergau in den Lahngau, nach dem flüszchen
A r d , das bei D i e t z in die Lahn geht. Dorenlar
ist ihnen also das zwischen Wetzlar und Gieszen
gelegne D o r l a r , wohin Sie, allem anschein nach,
mehr als einmal gekommen sind. aber dies Dorlar
steht am rechten ufer der Lahn und auf keinen fall
im pagus Erdehe, mit dem es sehr unsicher beschaffen sein mag. die Ard heiszt heute A a r , und
Ardaha, *Erdaha* kommt meines wissens früher nicht
vor. Dorlar wird in Ihrem verzeichnis s. 320 nicht
genannt, weil es nicht zu Oberhessen gehört. Jene
urkunden stellen aber in den *pagus Erdehe* lauter
andere, der Lahngegend fremde örter als *Sonenlar,
Waltringen, Berenburstorph, Jaghine, Folcoldingen,
Cutzarada, Hummingenwilra.* F ö r s t e m a n n ver-

mutet für Dorlar auf D ü r l e r bei Achen. mir
kam es bei der untersuchung blosz auf Dorlar an,
und wenn Sie für das an der Lahn liegende ä l t e r e
formen wissen, bitte ich darum.

In Niederhessen findet sich ein mir weit wichtigeres *Dorla.* L a n d a u s „Hessengau" werden Sie
durchblättert haben, schändlich, dasz er die „sonstigen
örtlichkeiten", d. i. gerade das interessanteste, nicht
ins register aufnimmt. ohne register haben
solche untersuchungen oder samlungen nur halben
werth, leider entbehren auch Ihre ortsnamen des
nothwendigen.

Haben Sie in Wetterauer sprache benennungen
gehört für die verschiedenartigen geburten im augenblick wo das kind aus [dem] mutterleib tritt? je nach
dem, wie es die regel ist, zuerst der kopf erscheint,
oder umgedreht die füsze oder eine hand. aus dem
munde der hebammen müste man das hören oder der
ärzte, deren nomenclatur aber heutzutage lateinisch-
griechisch ist.

Fragen Sie doch K n o b e l gelegentlich, ob die
uns in griechischer form überlieferten mannsnamen
wie Ἄννας, Κηφᾶς (Stein) u. s. w. auch ein s im
auslaut oder was sonst haben? und wie sie sich
von frauennamen z. B. Ἄννα unterscheiden? es ist
mir zu mühsam in Gesenius nachzuschlagen.
K n o b e l rückt ja nun mit seinem gelehrten com-
mentar zum pentateuch erfreulich vor, das ist eine
wichtige, langdauernde arbeit, ich meine, die lange
dauer haben wird.

Tausend dank für Ihren herzlichen glückwunsch im letzten brief und meinen schönen grusz an fr. Mathilde.

Ihr treuer freund
Jac. Grimm.

172.

Wilhelm Grimm an Weigand,

Hochgeehrtester herr professor,

ich stecke so in arbeiten und correcturen dasz ich Ihnen nur mit ein paar zeilen für die güte danken kann, mit der Sie mir eine abschrift von ein paar bruchstücke[n] aus „Freidank" zugesendet haben, es ist freilich aus dem text wenig zu nehmen, dennoch wäre es mir lieb, wenn die ganze handschrift erhalten wäre, da sie zu einer ordnung gehört, der ich in der neuen ausgabe einen höheren wert beilege. dasz Ihre abschrift ganz genau ist, lehrt schon der anblick, und ich bedarf des originals nicht.

Es ist schade dasz Sie und Ihre fräul. tochter nicht hier waren um den einzug der engl. prinzessin mit anzusehen. er war freudig und glänzend, und wir hätten Ihnen einen guten platz in den fenstern der academie verschaffen können.

Die schönsten begrüszungen von meinem ganzen haus an Sie und die Ihrigen und die bitte uns ferner in freundschaftlichem andenken zu behalten. möchten diese zeilen Sie gesund und heiter finden!

ganz der Ihrige
Wilhelm Grimm.

Berlin 18. Febr. 1858.

173.

Wilhelm Grimm an Weigand.

Abermals habe ich Ihnen, hochgeehrtester herr und freund, für mehrmalige zusendungen von beiträgen für das „Wörterbuch" den schönsten dank zu sagen. der artikel *dreher* war eben abgedruckt, und ich konnte Ihren beleg nicht mehr benutzen, die übrigen aber können noch in reih und glied einrücken.

Sie haben recht, niemand denkt daran was für mühe und zeit eine solche arbeit kostet. das publicum glaubt wir ständen in seinen diensten, es könne nach belieben fordern und sich beklagen, dasz es nicht rascher befriedigt werde. mich ärgert diese anmaszung und macht mich nur hartnäckiger auf meinem recht zu bestehen. ich bin mir bewuszt es an fleisz nicht fehlen zu lassen, aber wenn ich nicht ungedrängt, mit ruhe und behaglichkeit arbeiten kann, so wird es nur eine fabrikarbeit, an der man keine freude hat. dass ein buchhändler drängt, entschuldige ich, es ist sein geschäft, das er betreibt, aber er musz sich bescheiden.

Die recension des wörterbuchs von Rudolf v. Raumer in der zeitschrift für östreichische gymnasien ist wolmeinend, anerkennend und durchaus redlich, aber er hat in allen stücken unrecht. wir waren in einer günstigern lage als irgend jemand. nicht leicht wäre es einem andern gelungen

so viele arbeiter für die auszüge zu gewinnen, und
es musten leute sein, die einsicht, geschick und
sinn dafür hatten. es war notwendig eine auswahl
zu treffen, und dasz noch werke zurückbleiben
musten, aus denen manches zu gewinnen war, wus-
ten wir selbst. ich wollte auf das titelblatt einen
holzschnitt setzen, der einen bund schlüssel dar-
stellte mit der unterschrift *non possumus omnia nos
omnes*. dabei habe ich selbst eine grosze anzahl
von werken ausgezogen. sollten wir nun das unternehmen aufgeben, oder sollten wir in dem bewusztsein dasz nicht alles, aber doch das erreichbare
und damit vieles erlangt sei, daran festhalten? diese
frage war aufzuwerfen, und Raumer muste für das
aufgeben stimmen, wenn er einen grund für seinen tadel
haben wollte. die auswahl der werke ist doch, wenn
man auch über einzelnes rechten will, nicht unverständig, keiner wird darin mit dem andern völlig
übereinstimmen. wenn Raumer selbst an den auszügen geholfen hätte, so würde er gefunden haben
dass in den schlechten romanen des Menontes,
in dem „Leipziger avanturier“, in der „Salinde‘‘ u.
s. w. mehr unbekannte und auszer gebrauch gekommene wörter zu finden waren, als z. b. bei
Schiller, der das überlieferte mit geist und gewandtheit benutzt, aber nicht aus der unmittelbaren
quelle schöpft, die bei Lessing und Göthe so
reichlich flieszt. im 17ten jahrhundert, wo die
schriftsprache tief gesunken war, nahm man unbe-
denklich jedes wort auf das sich darbot. ähnlich
war das verhältnis in den Altdeutschen gesprücheu,

in welcher rohen auffassung man mehr neue wörter
findet als bei einem gleich geringen umfang in der
gebildeten rede. auch von dem verhältnis unserer
arbeit zu den empfangenen auszügen macht sich
Raumer eine falsche vorstellung. er meint wir
hätten sie mit den nötigen erläuterungen zusammen
geschrieben, weiter aber nichts gethan. er weisz
nicht wie vieles noch bei der ausarbeitung ist nach-
gelesen worden, er hätte es schon aus den citaten
von werken sehen können, die nicht in dem voran-
stehenden verzeichnis genannt sind. wie oft habe
ich Lessing, Göthe, Schiller, Gellert,
Hagedorn u. s. w., auch einzelner wörter wegen,
durchgesehen. die frage über den unterricht der
deutschen sprache mischt er mit unrecht ein. man
soll sie, wie sie gegenwärtig gilt, dort einüben,
weiter aber nichts. man soll nicht das organische
leben, das sich in der sprache offenbart, dort erörtern, das bleibt für die wissenschaft und diejenigen
die sich diesem fach widmen. ohne gründliche einsicht und zusammenhängende kenntnisse fruchten
ein paar brocken daraus nichts und verwirren nur.
ich könnte weitläufig darüber reden, aber ich will
die zeit, die es mich kosten würde, und mit der ich
in meinen jahren in dem höchsten grade geizig sein
musz, lieber an das wörterbuch wenden.

Es ist schade dasz fräulein Mathilde nicht
hier war um die vermählung der königin von Por-
tugall in der katholischen kirche mit anzusehen;
es ist da grosze pracht entfaltet worden und man

hat viele hohe personen in der nähe sehen können. die junge königin ist schön und anmutig.

Mit den freundlichsten begrüszungen an Ihr ganzes haus

ganz der Ihrige
Wilhelm Grimm.

Berlin 11. Mai 1858.

174.

Jacob Grimm an Weigand.

Was sagen Sie dazu, lieber freund, zeugt es nicht von unerhörter blüte deutscher literatur und sprachforschung, dasz gegenwärtig auf einmal nicht minder als sieben deutsche wörterbücher unter der presse schwitzen? (vier erscheinen zu Leipzig.) 1) das von Hoffmann. 2) das unsrige, welches, wenn es nochmals zu thun wäre, ich nie auf die schulter genommen hätte und gern wieder davon abwürfe. 3) das Ihrige. 4) das nd. von Kosegarten. 5) das mhd. 6) das von Wurm. 7) das von Sanders. sehr leicht könnte noch ein achtes zutreten, ein catholisch deutsches aus Östreich oder Baiern, in welchem die citate aus Luther und Fischart getilgt und durch andere aus Berthold von Chiemsee, Megerle, *pater* Kochem ersetzt, die aus Göthe und Schiller beschränkt und durch andere aus Eichendorf, Redwitz u. s. w. vergolten würden. ob unter solchen umständen unser werk, wo nicht verdrängt, doch in die schranke gewiesen, und, wenn wirs ohnehin nicht vollenden

können, allen nachfolgern erschwert werden soll,
steht dahin. das publicum ist wenigstens sehr ge-
duldig und bereitwillig, wenn es alle diese unternehmungen stützt und möglich macht.

Das erste *E* heft wäre, ohne eine erkrankung des
setzers, bereits heraus, mein msp. dazu liegt längst
in Leipzig. einige Ihrer unermüdlichen, gewissen-
haften zettel kamen daher zu spät oder müssen
noch bei der correctur eingeschaltet werden, was
immer schwer ist und zur abkürzung nöthigt. unter
Ihren auszügen sind mir, ich gestehe es, am liebsten
die aus lebendigen büchern der letzten jahrhunderte
entnommnen, weniger die aus alten, dürren, mühsam
zu citierenden vocubularien, deren vorrat ohnehin
jetzt von D i e f e n b a c h so ziemlich ausgebeutet ist.
die urheber dieser vocab. liefern zwar hin und wieder
ein unerhörtes wort, meist aber steife, unbeholfne
und selbstgezimmerte ausdrücke. dagegen gibt es
keinen, seinem inhalt nach noch so elenden roman
bis 1760. 1770, keine comödie aus dieser zeit, die
nicht lebendige wörter und redensarten darböten,
mehr als sich bei dichtern findet, deren sprache
etwas conventionelles und einförmiges anzunehmen
pflegt. fallen Ihnen bücher, die ich meine, in Ihre
hand, und Sie wollen scharf hineinblicken, wie es
Ihre art ist, so soll es mich freuen. die zettel aus
dem sonst schlüpfrigen, aber sprachfertigen R o s t,
auch die aus Kl. S c h m i d t waren willkommen; in
des Chr. Fel. W e i s z e schriften, namentlich den lust-
spielen und opern mag manches stecken.

Ich bin solange mit meiner antwort auf Ihre

freundlichen briefe im rückstand, habe auch versprochen einige bücherdoubletten, namentlich nordische zu schicken. Sie denken sich aber auf welche weise ich immer gestört und abgehalten werde. dieser tage mache ich ein päckchen zurecht und lasse es abgehen, einzelnes darunter werden Sie doch brauchen können, nehmen Sie einstweilen vorlieb, bis ich etwas besseres aufhebe.

Ich wünsche Ihnen und frl. M a t h i l d e vergnügte christtage. auch G u s t e bestellt einen schönen grufs
    Von herzen
                        Ihr J a c. G r i m m.
                        10 dec. 1858.

O s a n n s früher tod thut mir leid.

Die franz. akademie hat dermalen ein „dict. historique de la l. fr." begonnen, der erste band 368 ss. in 4. aber weitläuftig gedruckt, geht von *a* bis *abu;* es sind nützliche abhandlungen aber kein wörterbuch. Das ganze, wenn es je vollendet wird, müste nach diesem anfang eine reihe von bänden bilden.

175.

Jacob Grimm an Weigand.

Lieber freund, hierbei folgen wieder einige doppeltinge, in der hofnung dasz Sie davon gebrauch machen können. wir haben Ihre letzte sendung erhalten und uns daran erfreut und die s c h w ä g e r i n läszt für den „kummer" oder „dinkel" besonders danken, den wir bereits zur suppe versucht haben. leider ist Guste die ganze zeit über an der grippe und deren tücken krank gewesen und fängt kaum an sich etwas zu erholen, sonst hätte Ihnen Dortchen selbst geschrieben. das ist ein schlechter beginn des neuen jahrs. doch hat uns die öffentliche freude über den neugebornen prinzen etwas aufgerichtet.

Zugleich mit dem feindlichen Sanders werden Sie nun auch das neue heft *E* in den händen haben und ich wünsche, dasz es Ihnen gefalle, wie jener misfalle. Sanders und Wurm können einander auffressen, so kommen sie uns aus dem weg. seine abweichung von der alphab. ordnung allein wird ihm den hals brechen, denn es ist ja ganz albern, dasz die besonderheit unsrer sprache fordre die wurzeln zu systematisieren, im latein sind ja eben so viel composita. das system gehört erst in die grammatik und wird auch durch seine alphabetische stellung beeinträchtigt. die versteckten und dunkeln wurzeln kann er ohnehin nicht aufstellen.

Noch eine andere neue erscheinung, das wörterbuch von Gutzeit aus Riga macht mir desto gröszere freude, es ist eine fleiszige, sehr brauchbare arbeit.

Zu meinem heft war ein päckchen zettel (ich kann auf meinem tisch fast gar keinen raum mehr finden) verloren gegangen und ist erst nachher wieder an den tag gekommen, es fehlen also einzelne gute artikel, namentlich einige von Ihnen mit-

getheilte; doch ist der schade nicht grosz und dasz
sich zu allem eine menge von zusätzen ergibt, liegt
am tage.

Ich grüsze und verbleibe Ihr Jac. Grimm.

6 febr 1859.

176.

Wilhelm Grimm an Weigand.

Für Ihr gütiges andenken, verehrtester herr professor, und die freundschaftlichen wünsche zu meinem
geburtstag den herzlichsten dank. ich bin nun in
mein 74. jahr getreten, und da gibt es mancherlei
zu bedenken. die arbeitskraft hat sich ziemlich erhalten, aber der körper empfindet die hohen jahre.
ich gehe noch regelmäszig in die sitzungen der
akademie, mache, wenn es das wetter gestattet einen
spaziergang, den ich als meine arznei betrachte,
schlage aber jede einladung aus. wir haben den
geburtstag nicht mit voller heiterkeit gefeiert, weil
meine tochter noch immer leidend ist. ich hatte
die freude meine ganze familie bei mir vereinigt zu
sehen. seit Januar ist mein zweiter sohn von
Düsseldorf zurückgekehrt, um sich zu dem letzten
groszen berg, zum dritten examen vorzubereiten.
bricht krieg aus, so musz er ihn als offizier mit
machen. die schwüle luft, in der die welt schwebt,
liegt also doppelt drückend auf mir.

Nehmen Sie auch meinen besten dank für das
letzte heft Ihres wörterbuchs. Sie schreiten mit
sicherheit und tact, mit sorgfältiger arbeit Ihrem

ziele entgegen und können sich glück wünschen
schon den gröszten theil des wegs zurückgelegt zu
haben.

Sie senden uns unermüdet Ihre schönen beiträge
und wissen wie wert sie mir sind, wenn ich Ihnen
auch nicht jedesmal meinen dank ausdrücke. die
anzeige von W u r m in den Heidelberger jahrbüchern
enthält lauter albernheiten und sieht aus als wenn
sie von einem buchhändler wäre fabriciert worden.
die pedantische Trockenheit des hrn S a n d e r s wird
schwerlich groszen anklang finden.

Haben Sie G ö d e k e s Grundrisz schon in händen
gehabt? das buch ist mit sinn, geist, daneben mit
groszer sorgfalt ausgearbeitet, und scheint mir das
beste in dieser richtung.

F r a n z P f e i f f e r s urtheil in der Germania über
H a u p t s letzte treffliche werke, die ausfälle gegen
L a c h m a n n widern mich an. wenn dieser lebte,
er würde ihn gewaltig abführen. Haupt, der so viel
höher als Pfeiffer steht, hat mit feinem verständnis
und unermüdeter liebe gearbeitet, und ihm wird
kälte, zurückstoszendes wesen vorgeworfen! wo es
wirklich nötig war, hat er jederzeit eine sorgfältige
anmerkung gegeben, in welcher unsere kenntnis erweitert wird. die erforschung der sprache und die
herausgabe der alten denkmäler ist eine gelehrte
arbeit und nur für gelehrte bestimmt. wer sich
nicht gründlich damit befassen kann, der thut wol
ganz davon wegzubleiben. sollte H a u p t etwa
triviale erläuterungen hinzufügen, wie F r. P f e i f f e r
zu den Marienlegenden oder Predigtmärchen? für die

dilettanten, welche die wissenschaft nur verdünnt
und verwässert genieszen können und verlangen dasz
man ihnen die tauben nicht blosz gebraten sondern
auch gekaut in den mund schiebe?

Sein Sie und die Ihrigen von uns allen schönstens
gegrüszt. sagen Sie fräulein Mathildchen dasz
die stadt Braunschweig, wie ich gestern gesehen
habe, das hôtel mit einem zweiten haus erweitert,
mit einem balkon versehen und zierlich heraus-
geputzt hat. Sie werden also das nächstemal noch
behaglicher dort wohnen.

Mit der aufrichtigsten hochschätzung

ganz der Ihrige
Wilhelm Grimm.

Berlin 27. Febr. 1859.

177.

Jacob Grimm an Weigand.

Berlin 11 apr. 1859. lieber freund, haben Sie das
in ganz Niederhessen verbreitete nd. *enken, enkede,
accurate, certe, profecto* in Ihrem Oberhessen und in
der Wetterau nicht aufgespürt? es könnte sehr
gut hochdeutsch sein, so gut wie *denken* oder *trenken*.
Estor in seinem oberhessischen idiot. führt ausdrücklich an *enk, eigentlich genau.* das wort hat
mir zu schaffen gemacht.

Mein zweites heft E ist bis auf den letzten bogen
ausgearbeitet. ich gelange darin bis ins *ENTB.*
über *emesz* findet sich darin eine andere, von der
Ihrigen abweichende vermutung.

Dank für alle Ihre zettel, deren letzte sendung diesen augenblick eingetroffen ist. meinen grusz an die gute Mathilde.

Jac. Grimm.

Kennen Sie ein *enne* für thor oder narr? Luther hat es einmal.

178.

Wilhelm Grimm an Weigand.

Sie werden, verehrtester herr professor, in dem 11. bande der zeitschrift von Haupt den „Rosengarten" finden, wovon ich Ihnen einen von den besonderen abdrücken, nur als ein freundschaftliches zeichen und als begleitung der schönsten grüsze zusende. diese hs. gibt aufschlüsse über die entstehung der verschiedenen texte, führt aber zu dem schlusz dasz eine critische bearbeitung zur zeit nicht möglich ist. ich zweifle auch dasz Müllenhoff, soviel man von seinem scharfsinn erwarten kann, einen critischen text von dem „Wolfdieterich", wo das verhältnis ähnlich ist, zu stande bringt. in der folge hoffe ich noch etwas wichtigeres über den „Rosengarten" bekannt zu machen.

Ihre beiträge zum „Wörterbuch", die wie eine gute quelle immer flieszen, habe ich mit gleicher dankbarkeit noch eingetragen.

Wir leben hier in spannung über die grosze frage der zeit. sie bewegt die herzen umsomehr, als sie vielen einzelnen nahe tritt, wie eben mir.

mein z w e i t e r s o h n, der sich eben für das assessor-
examen vorbereitet, ist zugleich offizier in einem
landwehr regiment und wird sogleich mitmarschieren
müssen. da können ängstliche zeiten für uns eintreten.

Ich bitte Sie fräulein M a t h i l d e beiliegendes
album zu übergeben, als eine erinnerung an Berlin.
wir haben den vortheil dasz sie dadurch gelegenheit
erhält auch an uns zu denken.

Mit den besten wünschen für das wolergehen
Ihres hauses und der freundschaftlichsten gesinnung

ganz der Ihrige
W i l h e l m G r i m m.

B e r l i n 16. April 1859.

179.

W i l h e l m G r i m m a n W e i g a n d.

Verehrtester herr professor,

ich beginne meinen brief wiederum mit dem dank
für Ihre treue und unermüdete theilnahme an dem
„Wörterbuch". die beiträge waren, wie immer, willkommen und konnten noch benutzt werden. in
diesen heiszen tagen hat das wort *dutte* und *dütte*
meine geduld auf die probe gestellt.

Mit unserm befinden ist es bergauf, bergab gegangen und keiner verschont geblieben: in diesem
augenblick geht es ganz erträglich. meine t o c h t e r
sollte in der bergluft sich erquicken und reiste, von
einer freundin begleitet, in den Harz, aber da war

alles überfüllt, sodasz sie keine bleibende stätte
finden konnte. zu Reinhardsbrunn in Thüringen,
wo es so reizend ist, gieng es nicht besser, und so
kam sie nach den irrfahrten wieder zu uns zurück.
jetzt wollen wir drei (frau, tochter und ich)
einen versuch machen in der sächs. Schweiz ein
unterkommen zu finden. auch mein bruder, hoffe
ich, entschlieszt sich noch zu einer erholungsreise,
aber erst nach dem 18. d. m., wo er eine vorlesung in der academie halten musz. Haupt wird
nach Reichenhall gehen, das sich schon einmal
wolthätig erwiesen hat.

Die unheimliche zeit hat auch uns lebhaft bewegt, nicht blosz gieng uns der zustand des vaterlandes zu herzen, sie ist auch in unsern kreis gedrungen. mein zweiter sohn der seit Januar bei
uns lebt um sein drittes examen zu machen, ward
nach Wesel beordert, wo das landwehr-regiment
steht bei dem er offizier ist. gleich darauf kam ein
zweiter befehl, wonach er hier in das garderegiment
kaiser Franz eintreten sollte. er konnte nun bei
uns bleiben, aber der dienst war anstrengend. jeden
morgen schon frühe heraus, oft schon um mitter-
nacht oder um 4 oder 5 uhr zu feldmanövern,
nachtgefechten im feuer, schanzenstürmen u. s. w.
seine soldaten rühmte er. bei einer kurzen ruhe in
einem nachtgefecht kommt er zu vieren die sich
niedergelegt haben und spricht ,seid ihr auch einig
und keilt ihr euch nicht?' ,ach nein', antworten sie,
,wir lieben uns', springen auf und küssen einander.
es war ein Aachner, Westphale, Sachse und Ost-

preusze. wenn es doch auch so mit Preuszen und
Süddeutschland stände, das uns ungerecht und feind-
selig beurtheilt. das ist der dank dasz Preuszen
Deutschland vor groszer gefahr mit aufopferung be-
hütet hat. unsere regierung ist auf dem rechten
weg gegangen und ich glaube sie wird weiter darauf
fortschreiten.

Grüszen Sie Ihre liebe tochter und sein Sie der
freundschaftlichsten gesinnung von uns allen versichert.

ganz der ihrige
W i l h e l m   G r i m m.

Berlin 5. Aug. 1859.

180.

W i l h e l m   G r i m m   a n   W e i g a n d.

Hochgeschätzter freund,

der druck von *D* schreitet langsam weiter und
es werden noch gegen 14 halbe bogen nötig sein;
dieses heft wird aber auch bedeutend stärker ausfallen als die bisherigen. dagegen mit *E* geht es
rasch, da es der buchhandlung darauf ankommt das
werk im fortschritt zu zeigen. wann ich nach dem
D wieder eintreten werde weisz ich noch nicht: ich
habe einige akademische abhandlungen zu liefern,
deren ausarbeitung gewönlich mehr zeit wegnimmt
als ich dafür berechne. dann habe ich eine gröszere
arbeit vor, die sich nicht länger aufschieben läszt.
das liebe publicum verlangt alles schnell und neben

einander; der gröszte fleisz genügt ihm nicht. es
sieht den verfasser wie jemand an der in seinen
diensten steht. Sie werden natürlich benachrichtigt,
wenn ein neuer buchstabe an die reihe kommt. wer
hat eine so treue unermüdliche theilnahme an dem
wörterbuch bewiesen als Sie? mein bruder dankt
schönstens für die zugesandten blätter. er ist bis
zu *entwesen* vorgeschritten.

Wir wollten dies jahr nach dem Harz oder nach
Reinhardsbrunn in Thüringen gehen, mein sohn und
meine tochter reisten dahin, um eine wohnung zu
suchen, es war aber alles besetzt. So entschlossen
wir uns unsere feder nach den Elbgegenden zu
blasen und haben es nicht bereut. die luft in
Pillnitz kam uns erquicklich entgegen, von dem
strom erfrischt, der in einer sanften krümmung
zwischen bebuschten inseln mit einer anmutigen
würde da vorüber zieht. meine frau und tochter
erfreuten sich, unter einem zelte sitzend, an den
vorüber fahrenden schiffen, die mit fröhlichen
menschen angefüllt waren. ich konnte in der ebene
unter dunkeln gegen die heiszen sonnenstrahlen
schützenden bäumen herum wandeln; weiter zurück
erheben sich weinberge und bewaldete gipfel, wo
sich eine reizende aussicht eröffnet, die thürme vieler
städte, wolhabende dörfer, fruchtbare felder und
triften; es ist ein schönes land. Pillnitz selbst, als
eine königliche residenz, ist überall ausgeschmückt.
das umfangreiche schlosz ist zwar in einem wunderlichen japanischen stil gebaut, den ich nicht zur
nachahmung empfehlen will, macht aber im ganzen

einen heitern eindruck. den König (und die
Königin) sieht man oft allein mit der Königin
ohne gefolge. er hat in der letzten zeit viel trauriges erlebt. seine enkelin, die kleine princessin von
Toskana, deren mutter der tod in der blüte ihrer
jahre hingeraft hat, sah ich auf der altane des
schlosses herum springen. ich habe den König,
dem ich persönlich schon bekannt war, gesprochen.
er ist geistig gebildet, gütig und wolwollend, und
man kann mit ihm wie mit einem privatmann reden.
er kam auf die sprachen und ihre ausbreitung und
rühmte die englische, liesz es sich aber gefallen,
als ich bemerkte sie habe sich im lauf der jahrhunderte abgeschliffen wie die steine die im wasser
beständig fortrollen. als von Göthe die rede war,
üuszerte er dasz er ihn nie gesehen habe.

Wir stehen vor der zukunft wie vor einem ver-
schlossenen thor. dasz man an einen krieg denkt
und sich dazu rüstet ist natürlich. in der letzten
zeit scheint er mir wieder etwas zurückgetreten zu
sein, immer aber hat man das gefühl als sei er nur
aufgeschoben.

Mein sohn dankt herzlich für Ihre guten wünsche
zu seinem neuen stand. seine frau ist von natur
begabt, freundlich und liebenswürdig. da sie sich
von kindheit an kennen und immer nahe gestanden
haben, so darf man eine glückliche ehe hoffen. mir
thut es leid ihn nicht mehr in meiner unmittelbaren
nähe zu haben.

Leben Sie wol, lieber und hochgeschätzter freund, und sein Sie von uns allen schönstens gegrüszt.

der Ihrige
Wilhelm Grimm.

Berlin 6. Nov. 1859.

Herrn Professor Dr. Weigand.

181.
Jacob Grimm an Weigand.

[Ende Nov. 1859]

Ich bin seit dem herbst etwas unstät gewesen, anfang september gieng ich einige wochen noch nach Pilnitz, wo Wilhelm schon länger war, und länger blieb; mir war gegen das ende des monats eine reise nach München auferlegt, und nach den abgehaltnen sitzungen glückte beim schönsten wetter ein ausflug nach dem Starenbergersee und Kochelsee fast bis zur Tiroler grenze hin. mitte october kehrte ich heim, bald darauf wurde mir die schillersche festrede aufgeladen, sie ist glücklich gehalten und bereits (wie Sie aus dem Ihnen zugehenden exemplar ersehen) gedruckt; dazwischen wurde, obgleich unterbrochen, am „wörterbuche" nicht gefeiert. aber Sie müssen geglaubt haben, dasz es noch saumseliger von statten gehe, liebster freund, wo denken Sie hin? alle Ihre hübschen zettel für *ent* sind immer zu spät gekommen, mit ausnahme sehr weniger, die sich bei der correctur benutzen lieszen, bereits im august war bis *entwachen* gedruckt und in diesem augenblicke steht der druck bei *erbgrind*, am schlusz des 45 bogens, das volle heft wird Ihnen nächstens zugehen. natürlich waren auch die mir dieser tage zugekommnen auszüge *entschwingen* — *eppheuen* vergeblich. das thut mir sehr leid, um Ihre mühe und die sache selbst.

Damit sollen Sie aber doch nicht geplagt und zu rascheren mittheilungen angetrieben sein, was ich zuletzt entbehrte musz ich auch länger entbehren können, damit Sie lieber Ihre zeit für sich selbst, nicht für andere verwenden. für die zweite auflage des „wb." lege ich haufenweis zurück, was aber ein grausamer scherz ist, da ich sie natürlich nicht erleben werde.

Mich soll wundern, wie Sie gleichwol mit der unter solchen gefahren zu stande gekommnen dritten lieferung zufrieden sein werden, es sind allerhand neuigkeiten darin, sogar noch auf den letzten blättern über *erbe*. war Ihnen die göthische stelle unter *erathmen* schon bekannt?

Sie sind und bleiben unser fleisziger leser, aber gibt es deren viele? ich fürchte die allerersten hefte des werks haben, von der neuheit gereizt, manche gelesen, die fortsetzungen muthen sie sich nicht zu, sondern legen sie beiseite zu gelegentlichem aufschlagen. es ist aber traurig, für ein nicht lesendes publicum zu schreiben, das beste, was mir in einzelnen artikeln gelingen kann, wird vielleicht zufällig in funfzig oder hundert jahren wahrgenommen, am ersten wahrscheinlich von einem fähigen neuen bearbeiter des ganzen.

Daher hat auch das jetzige publicum keine wahre
theilnahme und vermag nicht zwischen uns und den
sich dazwischen drängenden nebenbublern zu unterscheiden, oder thut es nur nach einzelnen eindrücken.
Crecelius wollte, wie Sie einmal meldeten, eine
recension erscheinen lassen, es ist aber seitdem still.
sehr gut und nöthig wäre, dasz Sanders und
Wurms unwissenheit an ein paar schlagenden
beispielen vor augen gelegt würde; alles sonstige
gutmeinende gerede taugt und hilft nichts.

Gewisse schriftsteller kann ich gar nicht über
mich bringen anzuführen, namentlich den langweiligen Pyrker mit seiner „Tunisias", und schmeisze
alle zettel aus ihm ohne erbarmen weg. dagegen
hat sich ganz neuerlich ein begabter, gewandter
dichter in Östreich aufgethan, Josef Haupt mit
einem Albergerlied; er gestattet sich kühne sprach-
neuerung, hat aber wirkliches talent.

Grüszen Sie Mathilde, ich bin ihr längst antwort und dank schuldig, dasz ich vorläufig schon
Gustchen und Wilhelm damit beauftragte, gilt
natürlich nicht für voll. in einigen tagen reise ich
nach Hamburg zu einem lappenbergischen
jubiläum, komme aber gleich zurück.

Ihr Jacob Grimm.

habe ich meinen aufsatz über die göttin Bendis
geschickt? wo nicht soll er nachfolgen, damit Sie
ihn zu Tanfana und Freia legen. Begegnet
Ihnen Schwab, so danken Sie ihm doch einstweilen

in meinem namen für die schöne abh. über die
diminution.

182.

Jacob Grimm an Weigand.

Lieber freund,

was hab ich Ihnen zu melden! gestern den 16 um
3 uhr nachmittag ist Wilhelm, die hälfte von
mir gestorben. ende des vorigen monats zeigte sich
an seinem rücken ein schwäre, der anfangs kein
bedenken einflöszte und mit dem er aufsasz und
arbeitete. den 3 dec. reiste ich nach Hamburg
zu Lapperbergs jubiläum, wurde aber den 5
durch ein telegramm zurückgerufen, weil sich ein
drohender carfunkel entfaltet hatte, der immer zu-
nahm und geschnitten werden muste unter der
furcht, dasz er sich nach innen kehre. das schwankte,
konnte aber nicht abgewehrt werden und er ist nun
erlegen. wunderbar, dasz er grade den buchstaben
D vollendet hatte und nur correcturen zurück sind.
mein neustes heft konnte er nicht mehr sehen.

17 decemb. 1859

Jac. Grimm.

183.

Jacob Grimm an Weigand.

Lieber freund, ich habe so lange nicht geschrieben und nicht gedankt. die vierte lieferung
wurde mit angestrengten kräften zu ende gebracht,
um eine erfrischungsreise in die Schweiz anzutreten,
ein paar reisekleider liegen gefertigt da, alle vor-
kehrungen sind getroffen, da überfällt mich ein
tückisches kaltes fieber, das mich nun jeden abend
schüttelt und meine kräfte herunterbringt. dazwischen lese ich Huttens herrliche fieberdialoge,
musz aber viele stunden und halbe tage ins bette
kriechen.

Im vorüberfahren sollte die photographie an
Sie abgegeben werden, nun folgt sie voraus, oder
ich komme gar nicht dahinter her.

Wilhelms zimmer steht noch unberührt. fallen
Ihnen gar keine bücher ein, die Sie zum andenken
an ihn haben möchten? beim ordnen seiner hinter-
lassenschaft kann ich sie für Sie herausnehmen.

Dortchen und Gustchen, die scheint es auch
um ihre mitreise·gebracht werden, grüszen.

Ihr Jac. Grimm.

31 juli 1860.

184.

Jacob Grimm an Weigand.

Liebster freund, heute an meines bruders
todestag setze ich endlich die feder an und breche
mein langes schweigen. denn es mahnt mich Ihnen
sein letztes buch zu senden, das er druckfertig hinterliesz und das nun eben erschienen ist, ganz wie er es
wollte. von mir ist nichts zugefügt als s. 117 eine
stelle aus Mathesius.

Sie sind unermüdet mit neuen zusendungen, für
die ich wie Sie denken können, herzlich dankbar
bleibe. noch stehe ich immer in *E* und gerathe gar
[nicht] daraus. das buchstäblich ausgedrückte *es* macht
die meiste mühe. dazwischen fühle ich mich fortwährend, wo nicht krank, doch unbehaglich, wäre
doch der winter erst überstanden! Ph. Dieffen-
bachs tod wuste ich noch nicht. Lorenz Diefenbach, der sich vernünftigerweise das eine f erspart,
hat mir sein neues buch geschickt, es ist gleich
allen, was er gibt, gelehrt und fleiszig, aber zu
lesen schwer. Dithmars in Marburg grammatische
thätigkeit ist mir was ganz neues. Sie haben wol
Rumpelts lautlehre zur hand genommen, das
heiszt sanskritergebnisse auf mein werk gepfropft
und niemand weisz ob die reiser angehen. wir
haben noch erschrecklich viel auf unserm boden zu
lernen und die fremden auschlüsse könnten immer
noch warten.

Freilich soll ein band „weisthümer" gedruckt
werden, ich habe die schönsten zuflüsse aus dem

Elsasz und aus Niedersachsen. was Sie mir auszer
den früheren mittheilungen noch dazu geben wollen,
soll mir lieb sein. Dr. Thudichum hat mir neulich sein wahrscheinlich sehr gutes buch über die
marken gesandt, ich bin aber noch nicht dazu gelangt, es zu lesen, also noch weniger ihm zu danken,
brief schreiben bringt mich aus den wenigen fugen,
die mir übrig sind. bekommen Sie ihn zu sehen,
so melden Sie ihm vorläufig meinen grusz und ich
würde die gleichfalls angebotenen weisthümer mit
freuden annehmen.

Es soll mich wundern, wie Sie den . . . .,
den Sanders packen werden. er ist kein dummer
kopf und hat sich im bereich der jetzigen sprache
tüchtig und fleiszig umgethan, doch wirft er alle
wörter untereinander. ich könnte ihn manchmal
mit nutzen nachschlagen, es widersteht mir aber
und lieber lasse ich ihn fahren. Zu Wurms heften
ist nicht einmal ein titelblatt erschienen, oder haben
Sie eins?

Wie ganz anders ist Ihre grundehrliche aus ge-
naustem forschen hervorgegangene arbeit gegenüber diesen beiden gesellen! prächtig also, dasz Sie
eine neue lieferung verkündigen.

Im neusten doppelheft von Haupts zeitschrift
steht eine sehr umständliche abhandlung Kelles über
Otfrieds verbalflexion, eigentlich ohne auffallendes
ergebnis, einiges aus Wilhelms nachlasz und ein
fleisziger artikel Müllenhoffs über die heldensage,
worin Sie das ags. bruchstück von „Walther und
Hildgund" erfreuen wird, falls Sie es nicht schon

aus der kopenhagener publication her kannten.

Wir grüszen alle und ich besonders die gute Mathilde, die zuweilen von mir mit Ihnen spricht.

Jac. Grimm.

16 dec 1860.

185

Jacob Grimm an Weigand.

Mein lieber und langmütiger freund,

Wie lange hätte ich schon geschrieben und immer wieder gedankt, wüste ich nicht, dasz sie sich ganz in meine lage denken und vollkommen einsehen, wie schwer mir das briefschreiben fällt. zwar schreibe ich viel den ganzen tag fort am wörterbuch und mag mich nicht darin unterbrechen, hätte ich blosz Ihnen zu antworten, so ergienge es leicht und regelmäszig, wenn aber zehn, zwanzig unbeantwortete briefe vor mir auf dem tische liegen, fühlt sich mein gewissen belastet und fällt in schwereren rückstand.

Sie haben mir Ihre anzeige des Sanderss überschickt und ihn schön erfaszt und abgefertigt. gehn Sie auch zu weit in meinem lob, so schadet das der gerechtigkeit des über ihn ergossenen tadels nichts. sein buch ist mir ekelhaft, sonst könnte ich seine irrthümer in menge aufdecken, ich lasse es lieber ungelesen liegen, wenn mich nicht noch einmal noth dazu drängt. aber was Sie sagen reicht schon vollkommen hin, ... zum

spasz lege ich Ihnen hier einen mir vor 14 jahren
von ihm geschriebnen brief bei, er hatte sich an
mich gewandt und um den band von Tommaseo
canti popolari gebeten, worin die neugr. lieder
standen, ich schickte ihn dem mir völlig unbekannten
und empfahl auch seine eigne samlung neugr. lieder,
die er mir zur ansicht mitgetheilt hatte, einem
hiesigen buchhändler zum verlag. von ihm selbst
wuste ich nichts und meine augen haben ihn nie
erblickt. der mir für meine gefälligkeit erstattete
dank kam 1852. 1853 in den Hamburger heften
über das wörterbuch heisz an den tag, sein name
war mir entfallen und ich besann mich erst hinterher auf die frühere bekanntschaft . . . .

Dasz Ihnen im letzten heft einige artikel zusagen hat mich erfreut und belohnt, andere leute
sagen mir kein wort dazu und dasz überhaupt mein
werk hier nicht den geringsten eindruck macht, entnehmen Sie aus des königs letzter rede, die mit
einer phrase feierlich schliesjt, welche ich für einen
sprachfehler erkläre!

Diese tage lasse ich Ihnen unter band den catalog
unsrer Götheausstellung zugehen, worin Sie merkwürdiges finden werden, p. 23 eine herliche bisher
ungedruckte stelle.

Unterdessen habe ich auch das msp. für die fortsetzung der „weisthümer" zugerüstet und nach
Leipzig in den druck abgehen lassen. schönen dank
bitte ich herrn dr. Thudichum für seine richtig
empfangenen sendungen zu sagen.

Sonst aber pflüge ich im *F* und der druck ist in vollem gang. dank für Ihr letztes heft habe ich möglicherweise doch zu erstatten vergessen, Sie bezweifeln nicht, dasz mir von Ihrer hand alles lieb und werth ist, abgesehn von dem vielen nutzen den man daraus schöpft.

Mathilde ist wol wieder daheim, sie wird sich in Frankfurt recht gefallen haben. wir lassen sie alle herzlich grüszen. ich freue mich, dasz Roth genesen ist und eine zusagende stellung erlangt hat.

Ihr treuer freund Jac. Grimm.

9 juni 1861.

186.

Jacob Grimm an Weigand.

Berlin 6 aug. 1861

Liebster freund, hier schicke ich Ihnen meines sel. bruders abhandlung von den „Christusbildern", die Sie, glaube ich, noch nicht besitzen und zu haben wünschten. Längst habe ich vor, da ich mich in meiner stube zu enge fühle, die thür in der sie von Wilhelms seiner scheidenden wand zu öfnen und mich mit meinen büchern in den gröszeren raum auszubreiten. es ist aber immer unterblieben, weil es mich rührt, die in seinem zimmer fortbestehende einrichtung zu zerstören. sobald es geschieht, werden sich auch unter seinen büchern die mir ganz entbehrlichen aussondern und ich im stande

sein Ihnen einige derselben als andenkzeichen darzubieten, falls sie Ihnen selbst mangeln.

Mein verleger in Leipzig hat schweres leid erfahren. sein schwiegersohn, buchhändler Bädeker
in Koblenz ist gestorben und nun kehrt die junge
witwe ins väterliche haus zurück.

Mein neffe Herman reist nach Ostende ins see-
bad und von da nach London, wo sich ungedruckte
briefe Mich. Angelos befinden, die er zur fortsetzung seines werkes nöthig hat.

Jetzt ist hier zum besuch prof. Pfeiffer aus Wien,
mir ein angenehmer, besonnener und gründlich gelehrter mann, der bekanntlich für unser mittelalter
schon viel geleistet hat und noch mehr zu stande
bringen wird. dem Haupt, dem allzusteifen an-
hänger lachmannischer lehren ist er ein dorn im
auge. noch neulich hat er sich in der „Germania"
gegen die übertriebnen vorstellungen von höfischer
kunst und höfischen wörtern bei den dichtern des
13 jh., wie mir scheint, sehr treffend ausgelassen.

Sanders hat, was und wie Sie es voraussahen,
auf dem letzten umschlag geantwortet. ich glaube
fast Sie können aller erwiderung überhoben sein,
Zarnke müste es denn wünschen, und auf den fall
stehen Ihnen waffen genug zu gebot. ich hofte
nach verlaufnen funfzig jahren wird mein wörterbuch mehr eindruck machen als heutzutage und
sein machwerk ziemlich ungebraucht zur seite liegen
bleiben.

Fräulein Mathilde hat mich höchlich erfreut
und meine sammlung von photographien mit einem

zierlichen bildchen vermehrt. sagen Sie ihr meinen
schönsten dank. Auguste legt ein bändchen bei,
das sie vielleicht tragen mag.

Meine fortdauernde dankbarkeit für die von Ihrer
hand eingehenden genauen zettel versteht sich von
selbst, ich rücke auch das zu spät kommende bei
den correcturen noch immer gern ein, bisweilen
geht es nicht mehr an.

Treu ergeben Ihr Jac. Grimm.

187.

Jacob Grimm an Weigand.

am 21 december 1861.

Lieber freund, wieder hats gewaltig lange gedauert mit meiner antwort auf die reihe von briefen
und sendungen, die mir Ihre unermüdliche freundschaft zu theil werden liesz. ich brauche Ihnen ja
nicht erst zu sagen, wie wenig oder fast keine zeit
ich behalte, wenn ich mich anstrenge und über der
bald erfreuenden bald auch lästigen arbeit sitze. wie
machen die zusammensetzungen mit *feld fels fest
feuer* langeweile, nur hin und wieder fahren ein
paar seltene wörter durch und erfrischen. zu briefen
gehören ruhige augenblicke, die ein von den Leipziger druckerraben angeschrиener autor gar nicht
mehr auftreibt, oder meint er auch einen zu haschen,
gleich drängt sich eine etymologie dazwischen, die
dann verführerisch ist und fortgesponnen wird.

Vorigen herbst, ja was sollte ich in Frankfurt!
meine harthörigkeit macht mich ungeschickt öffentlichen versammlungen beizuwohnen, was thut einer
darin, der nicht in die erörterung der dinge ein-
greift? zudem reizten mich die vorschwebenden
gegenstände gar nicht. . . . .
. . . .
. . . .
. . . . auch die grosze discussion über
die aussprache des gr. und lat. halte ich für fehl-
gegriffen und heilsame ergebnisse erwarte ich davon
nicht. Roth ist ein guter kerl, bringt aber nichts
an den tag, denn die umarbeitung der fragen vom
schwanritter kann ohne aufgefundne neue hs. nichts
ausrichten.

es war fast zu denselben tagen, dasz ich auch
nach München reisen sollte, wohin ich ebenso
wenig gegangen bin. meine frauensleute besorgten
allerlei schaden für meine gesundheit; hätte ich das
im october eingetretne wetter vorausgesehn, wäre
ich doch dahin gelangt.

Gestern habe ich msp. bis zum worte *feuerzeug*
lassen abgehen, auszerdem ist der druck der „weisthümer" in vollem gang und bereits 25 bogen des
vierten bands sind fertig geworden.

Ihre reinen, genauen auszüge brauche ich treu-
lich, von *Dusch*, *Doellinger*, *Kretschman* u. a. m.
stände ohne Sie gar nichts im „wb."; einige zu spät
eingetroffene zettel konnten nicht mehr eingeschaltet
werden. Wenn Sie überhaupt mein quartexemplar

des abdrucks einmal ansehen sollten, wie alles von
nachträgen wimmelt! ihrer natur nach können
bücher dieser art erst gut werden bei zweiter auflage, die ich nicht erleben kann, noch viel minder
als die erste vollführen. gleichviel widerstehe ich
nicht dem trieb und der lust zusätze beizuschreiben.

Ob das wörterbuch überhaupt ordentlich gelesen
wird von andern als von Hildebrand und von
Ihnen, ist mir durchaus zweifelhaft, selbst leuten
wie Crecelius traue ichs nicht zu. die übrigen
leser, an sich geneigt und einigermaszeu gerüstet,
haben ihre lust längst gebüszt an den ersten heften
und fühlen sich durch die wucht der nachfolgenden
erdrückt. einzelne artikel zufällig aufschlagen, zu
welchen neugier oder etwas anderes führt, das ist
alles, seien also entdeckungen noch so hübsch, zu-
sammenstellungen noch so gelegen, sie werden nicht
durchdringen. bis die zukunft allmählich sie ans licht
fördert. auf wirkliche und gegenwärtige theilnahme
darf ein lexicograph noch viel weniger rechnen als
ein grammatiker. daher auch die critik, wo sie
nicht durch andere gründe aufgerufen wird, lieber
schweigt.

Sie stehen, bester freund, schon in R, laufen mir
so vor, dasz ich Sie gar nicht einholen werde.

Neulich haben wir eins der besten bilder von
Wilhelm photographisch verkleinern lassen und
ich lege Ihnen einen abzug bei. gerade zur zeit
des bildes kränkelte er, was sich im gesicht noch
ausdrückt, sonst aber ist die ähnlichkeit grosz.

Was Sie von P f e i f f e r melden begreife ich nicht, ich habe briefe von ihm geschrieben am 6 nov. und am 6 dec., worin kein wort von krankheit. Sein glossar zu „Meyenberg" hätte mir schon grosze dienste leisten können, wird es aber auch noch künftig vermögen.

Wir dreie grüszen Sie und M a t h i l d c h e n.

Ihr G r i m m.

188.

J a c o b G r i m m a n W e i g a n d.

Sie haben mich verwöhnt, lieber Weigand, Sie sind doch nicht krank? das sei ferne, eher denke ich mir Sie nach Darmstadt gereist, wo Sie der g r o s z h e r z o g i n feierlicher bestattung bei- wohnen sollen.

meine siebente lieferung ist in Ihren händen und es wird damit sein wie mit den vorausgegangenen. manches gefällt Ihnen und anderes behalten Sie der prüfung vor. einmal lobten Sie meine gedrängtheit, wenn das nur nicht den tadel einschliesz, dasz vieles Ihnen nicht ausführlich genug dargelegt scheint. die breite spur des werks macht mir sorge, es konnte nicht anders als weitläuftig werden, wenn es seinen zweck erfüllen soll. so weitläuftig, dasz geboten war, der sache die form nachzusetzen, die also oft weichen und nachgeben musz.

letzte woche habe ich die drei schweren wörter *fliegen*, *fliehen* und *flieszen* fertig gebracht und einiges neue darüber vorgetragen.

Sie wollen dem Wh. Hoffmann die ehre einer
recension erweisen. das ist ein armer tropf, der
sich ohne innere ausrüstung an die schwerste sache
wagte und fingerfix alles ausführte. unbesehens hat
er den Campe ausgeschrieben und nur neue beispiele zugefügt, die doch das brauchbarste bei ihm
gewesen sind. auf den umschlägen hatte er die
. . . . einen satz gegen mich abdrucken zu
lassen.

ich lege Ihnen ein bild von Fichte bei, dessen
deutscher geist mir lieb und theuer, dessen philosophie mir zu redselig und überspannt ist.

29 mai 1862

Jac. Grimm.

189.

Jacob Grimm an Weigand.

Lieber freund, ich war mit der schwägerin
und Auguste, bei günstigstem wetter, zwei wochen
zu Arnstadt, das reizend gelegen ist und auf allen
spaziergängen vergnügt und erhebt. die Thüringer
sind ohne zweifel das gutmütigste, freundlichste volk
von ganz Deutschland, grüszen und meinen es mit
aller zuvorkommenheit. ausflüge gemacht wurden
nur nach dem etwas rauhern Ilmenau im gebirg.
anfangs war der plan etwas gröszer gefaszt, wir gedachten auch nach Hessen, hätten zu Cassel ein paar
tage verweilt, dann einen besuch in Gieszen, Sie
können sich denken bei wem abgestattet und die

neue Siegener bahn zu befahren und über Cöln
heimzukehren. dazu war aber doch die schwache
gesundheit der schwägerin nicht recht angethan
und es muste, so grosze lust sie selbst hatte, unterbleiben. gestern besahen wir uns Erfurt und den
schönen dom genauer.

Glücklich hatte es sich gefügt, dasz wir einen
tag mit Fritz Reuter, den ich bereits kannte,
verbrachten. er selbst lag krank in einem neben-
zimmer, doch an der table dhote hatte mich seine
frau wahrgenommen und brachte mir gleich nachher
den zweiten theil von ‚olle Kamellen‘, worin er
seine greuliche festungszeit aufs anmutigste schildert.
ich weisz nicht, welche von seinen büchern Sie gelesen haben, aber alle verdienen gelesen zu werden.
die harte noth ist es, die ihn zur feder geführt hat,
und nun ist er einer unsrer geistreichsten schriftsteller; wenn man will, so liegt darin eine entschuldigung des harten unfalls, der sein leben getroffen hatte. sonst hätte er nie gedichtet. er steht
hoch über dem viel zu viel gepriesenen Groth,
dessen gedichte man immer meint schon irgendwo
hochdeutsch und besser gelesen zu haben. bei
Reuter ist alles voller und natürlicher ergusz. er
blieb nicht zu Arnstadt, sondern gieng ins kalte
bad nach Elgersburg.

Gestern abend lagen vier briefe von Ihnen auf
meinem tisch, vielmehr nur ein brief und vier zettel-
austheilungen. das achte heft hätte schon vor
meiner abreise fertig gedruckt sein können und

sollen. von meiner seite liegt alles msp. längst
dazu in Leipzig. die druckerei war lässig, ein corrector muste ins bad und nun zu allerletzt macht
meine kleine reise einen aufschub, denn es ist nöthig,
dasz ich selbst alle bogen durchsehe, wo noch allerhand einzuschalten. die lieferung wird aber, meiner
rechnung nach, noch alle zusammensetzungen mit
fort befassen.

Schmidt von Werneuchen ist ein wirklicher
dichter und ein begabter. Göthe hat zwar das
übermasz seiner zufriedenheit mit der spärlichen
märkischen natur geistreich überlegen verspottet;
die rothen beeren um den hals seines liebchens
gereiht gehen dem sänger über die kostbarsten
korallen. allem hohn zum trotz hat aber seine
empfindung an sich wahrheit, dieselbe wahrheit,
kraft welcher wir den umständen nach den
eindruck einer deutschen landschaft über die
glänzendste italienische gegend setzen dürfen.
denn wenn in der natur das kleinste so wundervoll
ist wie das gröszte, so kann sie auch das masz
unseres entzückens wie unserer betrachtung an jeder
stelle füllen. ich gebe zu, dasz Voss und Mat-
thisson auf Schmidt eingewirkt haben, dies alles
von ihm abgezogen bleibt aber genug echtes eigenthum zurück, von dem sich andere unverspottete
dichter etwas zu wünschen hätten. ich habe seine
gedichte mehrmals gelesen, bald von Göthes ge-
sichtspunct ausgehend, bald des dichters werth er-
kennend. eine ausgabe gieng mir verloren, hernach
habe ich mir die von 1797 angeschaft und danach

citiert. die vorrede der von 1802 kann ergeben, ob
er in der zwischenzeit feilte und änderte.

Lieber freund, sehen Sie doch beiliegendes verzeichnis von büchern aus meines sel. bruders hinter-
lassenschaft an. sie stünden Ihnen sämtlich, ohne
ausnahme, zu dienst. es wäre mir eine freude, wenn
Sie alle annehmen uud gebrauchen könnten oder
auch als dupletten zu Wilhelms andenken aufheben
wollten, da er in viele derselben manches ein-
geschrieben hat. mindestens sein Sie so gut mir
durch unterstreichen zu bezeichnen, was ich Ihnen
senden darf.

mit herzlichem grusz. 5 sept. 1862.

J a c. G r i m m.

190.

Jacob Grimm an Weigand.

Lieber freund, ich habe, weil ich gar nicht dazu
kommen konnte und noch jetzt in einem strudel von
arbeiten stecke, lange nicht geschrieben. Wahrscheinlich ist Ihnen unbekannt, dasz ich anfangs
october zur historischen commission nach M ü n c h e n
muste, worüber ein paar wochen verstrichen. in
N ü r n b e r g bin ich auch zwei tage geblieben, in
A u g s b u r g nur durchgefahren. die philologen-
versamlung war da eben gewesen, zu welcher Sie,
Ihrem früheren vorsatz entgegen, sich auch nicht
eingefunden hatten; grosze frucht wird Ihnen nicht
entgangen sein.

Seitdem habe ich das wörterbuch für einige
monate bei seite gelegt, um den vierten band der
„weisthümer" mit einer langen und mühsamen vorrede auszustatten, die allerhand neues, ja unerhörtes
bringen und die juristen in einiges erstaunen setzen
soll. eilen Sie also nicht mit zetteln zum vierten
bande des wb., von dem nur zwei bogen gesetzt
sind; ich bedarf ihrer erst im neuen jahr.

Mich freut, dasz Ihnen Wilhelms bücher lieb
sind. zwar trenne ich mich schwer von allem, worin
sich die züge von seiner hand finden, ich bin aber
reich daran und zufrieden, dasz einiges auch in
Ihren besitz gekommen ist.

In niederhessischen landstrichen herscht, herschte
wenigstens noch im vorigen jh. der brauch, dasz
wenn im dorfe das kind eines gefallnen mädchens
getauft wurde, fast alle ledigen bursche pathenstelle
übernahmen, 20, 30 bis 50 auf einmal. sollte damit die verlassene dirne getröstet werden? sind
spuren dieser sitte auch in Oberhessen, namentlich
im Vogelsberg? das werden Sie wissen oder leicht
erfragen.

Jac. Grimm.

29 nov. 1862.

191.

Jacob Grimm an Weigand.

Lieber Weigand,

Hierbei folgen die „weisthümer". das buch
würde etwas mehr eindruck machen, wenn es, wie

mein vorsatz war, von der vorrede geleitet wäre.
doch schien es hernach damit zu viel und die besondere abhandlung kann sich bequemer ausstrecken,
nur macht der umgusz in die neue form mir mehr
zu schaffen als ich dachte. das „wörterbuch" hat
darunter zu leiden.

ich hatte mir von dem vorbericht eine correctur
aus Leipzig hierher bestellt, die aber im drang der
dinge ausblieb. darum sind einige ärgerliche fehler
stehen geblieben. s. IV z. 6 von unten [musz]
‚s c h a d e' für ‚nachtheil' gelesen werden und s. V. z. 2
‚aus dem vorrath zu Darmstadt.'

dank für Ihre achte lieferung, in der Ihre ganze
art und weise wieder so an den tag tritt, dasz der
vorangestellte name F r i e d r i c h S c h m i t t h e n n e r s
ganz ungehörig erscheint. Sie verstehen es einzu-
ernten und ähren zu lesen. ich habe nicht zeit auf
einzelnes einzugehen. Sie sehen nun den schlusz
des werkes deutlich vor augen, für meine arbeit
liegt er in undurchdringlichen nebel gehüllt.

meine s c h w ä g e r i n und A u g u s t e lassen
wieder grüszen. mit unveränderlicher freundschaft
der Ihrige

J a c. G r.

5 jan. 1863.

192.

J a c o b G r i m m a n W e i g a n d.

Lieber freund, ich habe alles dankbar und richtig
erhalten. . . . .

wenn Sie lust haben, das elende buch von d'Hargues schärfer anzugreifen, können Sie auch das beifolgende, allerdings seltsame, aber doch viel bessere mit besprechen. es ist nicht im buchhandel und würde vielleicht sonst nicht Ihnen zu hand kommen, Sie dürfen, wenn Sie mögen, das exemplar behalten.

Der druck des wb. muste eine pause haben. die beifolgenden aushängebogen 1. 2 (ich brauche sie nicht zurück) waren bereits weihnachten gedruckt. jetzt gehts nun weiter und 3. 4 sind schon gesetzt. Sie brauchen fernere beiträge gar nicht zu beschleunigen.

Es ist unsicher dasz *Fladungen* aus einem personennamen entspringt, da umgedreht manche persönliche namen in örtlichen ihren grund haben, z. b. *Friedberg*, *Frankfurt*, die entw. für *Friedberger*, *Frankfurter* stehn, oder wobei man sich ein ausgefallnes von zu denken hat.

Förstemann läszt jetzt excurse zum namenbuch drucken, worin es an gutem nicht fehlen wird.

Mathildens schöne grüsze ergehen so freundlich, dasz sich die erwiederung von selbst versteht.

am 23 merz 1863

Jac. Grimm.

193.
Auguste Grimm an Weigand.

Montag früh.

Lieber Herr Professor.

Gestern Abend bald nach 10 Uhr hat unser theurer Onkel, Ihr lieber Freund seine Seele ausgehaucht und ist nun wieder mit dem Papa zusammen. Vor etwa 12 Tagen, nachdem er 3 Wochen fast, mit uns im Harz war und sehr wohl zurückgekommen, mit wahrer Herzenslust wieder an die Arbeit gegangen, befiel ihn eine heftige Leberentzündung, die aber durch Blutigel und Calomel gehoben wurde, so dasz er wieder mit Apetit ass, im Bett las und Notizen machte. Vorgestern Nachmittag stand er erlaubtermassen etwas auf, ging zum Fenster ganz allein und ruhte dann auf einen gewöhnlichen Rohrstuhle, da fiel er mir, nachdem er auf einige Fragen nicht geantwortet, auf den Arm, sah mich so lieb an; ich dachte er sterbe, da er so bleich, oder eine tiefe Ohnmacht — ach es war ein Schlaganfall, der die rechte Seite getroffen, Zunge und Hand gelähmt! er konnte nicht sprechen und Sie können denken wie herzzerreissend es für uns war, als er es gern thun wollte. Die Nacht lag er meist im Traum, gestern Nachmittag aber um 3 richtete er sich plötzlich auf und nun begann die wahrlich schwerste Arbeit, die er je gethan: das Fieber jagte, das Herz pochte zum zerspringen . . . . . das so zu sehen ohne helfen zu können war zu schrecklich, erst 20 Minuten nach zehn war

das noch so starke Leben bezwungen, er liegt so
mit den Ausdruck der Herzensgüte, die der Pulsschlag seines Lebens war, auf seinem Bett: man
möchte ihn gar nicht verlassen, seine Bücher um-
stehen ihn wie Waisen. Er kannte uns, das sind
wir sicher, bis zu den letzten Augenblicken, dann
richteten sich seine Augen der neuen ewigen Heimath
zu. Wir sind Ihrer treuen Theilnahme so sicher
und wissen Sie denken an uns. Mit herzlichsten
Grüssen

Ihre tiefbetrübte

Auguste Grimm.

XX. Acht Briefe von Jacob Grimm an Dr. Lorenz Diefenbach.

194.

Hochgeehrter Herr,

Neue Bücher zu lesen muſs ich leider immer auf
die Ferien verschieben, und gleich bei dem Anbruch
der gegenwärtigen habe ich das mir durch Ihre
Güte übersandte mit manigfacher Belehrung durchlesen. Entschuldigen Sie also daſs mein Dank so
spät erfolgt. In vielem pflichte ich Ihrer Ansicht
bei, in einigem weiche ich ab; das läſst sich aber
nicht brieflich verhandeln. Auch für die Meldung
daſs die Laubacher Bibl. nichts altdeutsches ent-
halte bin ich verbunden. Auffallende (gelegentlich
sich Ihnen etwa darbietende [Randbemerkung])

mythologische Spuren aus Ihrer und der Vogelsberger Gegend wären mir willkommen.
Mit aufrichtiger Hochachtung
　　　　　ergebenst Jac. Grimm.
Göttingen 20 Merz 1836.

Sr. Wolgeboren Herrn Dr. L. Diefenbach, Bibliothecar zu
Solms Laubach bei Giefsen.

195.

Ew. Wolgeboren
gefällige Mittheilungen haben mich gar sehr gefreut,
besonders die Bruchstücke „wetterauischer Volkssagen"; (ich dachte mir die frankfurter verfeinerung
in den kern des Vogelsberges noch uneingedrungen.
um Ulrichstein und Crainfeld herum wäre zu suchen.
[Randbemerkung]). was Ihnen künftig von dieser
Art aufstöfst, ohne dafs es Ihnen Mühe macht sich
danach zu erkundigen, wird mir immer lieb sein.
Die Benennung „Narrenbrunnen" bei Dauernheim
sieht neuerfunden aus, es käme darauf an zu wissen,
wie sie früher, etwa in Urkunden, lautete.

Dafs Sie zu einem wetterauischen Idioticon
sammeln war mir eine nicht weniger erfreuliche
Nachricht.

Die dortige Hs. des „Barlaam" hat mein College
Benecke bereits vor 10—12 Jahren einmal hier
gehabt und excerpiert. Gedruckt darüber habe ich
nichts gelesen. Das Gedicht ist jünger als das des
Rudolf von Monfort, und seine Herausgabe
würde Gelegenheit zu interessanter Vergleichung

geben; ob aber ein Verleger seine Rechnung dabei
fände, steht dahin. Mit vollkommenster Hochachtung
ergebenst
Jac. Grimm.

10 Mai 1836.

Sr. Wolgeboren Herrn Bibliothecar Dr. Diefenbach, Laubach
im Darmstädtischen.

196.

Hochgeehrter herr,

soviel ich weifs gilt es blofs für fürsten, dafs
man bei zueignungen vorher zu fragen nöthig hat,
durch Ihr buch wäre ich desto angenehmer überrascht worden, wenn ich nichts davon gewust hätte.
es soll mir aber, da ein zufall Sie gezwungen hat
mich schon jetzt davon zu unterrichten, dennoch
froh willkommen sein. Lassen wir buchhändler
darüber schwätzen was sie wollen.

Es war mir sehr lieb diesen herbst Ihre persönliche bekanntschaft zu machen. Ihre gelehrsamkeit
kannte ich bereits aus Ihren schriften, allein ich
werde sie jetzt mit um so gröfserer lust zu gebrauchen fortfahren.

Da Ihr zweiter gothischer band nicht so schnell
erscheint, melden Sie mir doch gelegentlich, wenn
Sie mir einmal wieder schreiben, ob etwas und was
Sie über *dulths (festum)* herausgebracht haben.

Von herzen

Ihr Jacob Grimm.

Berlin 12 nov. 1846.

197.

B e r l i n 30 dec 1846

Hochgeehrter freund,

Ihr mir im voraus angekündigtes buch ist nun
schon seit einigen wochen in meinen händen und
ich danke Ihnen für den beweis von zuneigung den
Sie mir dadurch gegeben haben. Noch konnte ich
es nur zum theil lesen, aber alles was ich las ist
verständig gedacht und klar ausgedrückt; eigenthümlich und gelungen scheint mir die beständige
verbindung der syntax mit den formen.

Auch freut es mich zu hören, dafs Sie schon die
fortsetzung Ihres „goth. wb." begonnen haben. ich
lasse jetzt, oder habe ich es Ihnen schon gemeldet?
eine „geschichte der deutschen sprache" drucken,
die mancherlei neues wagt. die dakischen pflanzen-
namen handelt ein eignes capitel ab, und was ich
in der academischen abhandlung „über die Geten"
vorläufig in die welt schickte, wird nun, hoffe ich,
fester begründet werden. wer nicht den mut hat
auf entdeckungen sich einzulassen, macht auch keine,
und dafs auch gefehlte schläge fallen müssen bevor
man trift, versteht sich.

Leben und arbeiten Sie vergnügt.

Ihr J a c o b G r i m m.

Herrn Dr. Lorenz Diefenbach, Offenbach am Main.

198.

Verehrter freund,

überlange zeit habe ich meinen dank aufgeschoben, doch, wie Sie nicht zweifeln, Ihr geschenk mit herzlicher freude empfangen. erst wanderte es zum buchbinder, hernach kamen andere geschäfte dazwischen, in der letzten zeit suchte ich vergeblich Ihren brief, der sich unter andere papiere verloren hat, sodafs ich heute nicht einmal bezug darauf nehmen kann.

Ich wünsche Ihnen glück eine solche arbeit mit der Ihnen eignen beharlichkeit überwältigt zu haben und lafse Ihrem fleifs, Ihrer genauigkeit die gröfste gerechtigkeit widerfahren. zugleich ehre ich Ihre milde gesinnung, welche Sie für die leistungen anderer empfänglich und duldsam macht, obschon man oft oder immer lieber nur Ihre eigne meinung vernommen hätte. Dafs Ihr Buch schwer zu lesen ist, werden Sie zugestehn; man mufs es erst beim eignen studium recht kennen lernen und gewahren wie viel es in sich birgt. Dafs ich aber auf einzelnes eingienge verlangen Sie nicht, denn ich würde kein ende finden und würde Sie selbst durch zustimmende beiträge mehr plagen als erfreuen.

Meine eignen arbeiten haben ununterbrochnen fortgang, doch bei steigendem alter etwas mühsamer und schwerer in einer auf uns allen lastenden lage des vaterlandes. der gröfste theil meines lebens war mit frohen hofnungen erfüllt und es thut wehe ihnen am schlufs desselben entsagen zu müssen;

mut und vertrauen behalte ich dennoch, wenn auch eine aussicht nach der andern schwindet.

Statt des ewigen umschaffens und besserns an alten bücher schriebe ich lieber neue, deren mir einige in gedanken fast fertig liegen; es hat also auch seine gefahr in einigem glücklich gewesen zu sein, weil es pflichten auferlegt.

Möchten Sie einmal ein fliefsenderes werk schreiben, in dem sich die gelehrsamkeit minder drängt und schichtet, wenn Sies können. Pott kanns auch nicht, wie mir scheint.

Bleiben Sie mir zugethan, ich erinnere mich eines morgens, an dem Sie mich freundlich geleiteten, als ich unter dem heftigsten kopfweh aus der nationalversammlung nach hause gehen muste. Grüfsen Sie auch Ihre frau, die ich einmal in Ihrem hellen haus an der eisenbahn besuchte, und hernach kurzsichtig auf der frau Belli sopha nicht wieder erkannte.

Jacob Grimm.

Berlin 15 juli 1851.

die einlage an Weismann bitte ich abgeben zu lassen.

199.

Verehrter freund,

beifolgendes habe ich von Halbertsma in Deventer für Sie erhalten. ich hoffe immer, dasz Ihr aus den alten vocabularien zusammengetragnes

wörterbuch noch so frühzeitig erscheint, dasz ich
daraus für meins beträchtlichen gewinn ziehen kann.
sicher werden Sie uns sagen, wie ich in der vorrede aussprach, welches das erste deutschlat. wörterbuch war. auch wird Ihnen nicht entgangen sein,
dasz ich die schreibung Ihres namens, nachdem Sie
das überflüssige F ausgestoszen haben, rechtfertige.
meine etymologien werden andern nicht gefallen
und widerspruch finden; allein ich glaube doch auf
rechtem wege zu sein und unsrer sprache zu vindi-
cieren was ihr gebührt. wie ich es meine, ist noch
nicht überall klar und ich denke besonders academische abhandlungen auszuarbeiten.

Sein Sie gegrüszt von Ihrem

J a c o b G r i m m.

25 mai 1854.

200.

Berlin 28 juni 1857

Ein werthvolles, prächtiges geschenk haben Sie
mir gemacht, lieber Diefenbach, ein buch wie man
sie sonst gar nicht verschenkt. ich werde es an
allen ecken und enden gebrauchen können. ein
deutscher index dazu wäre erwünscht, freilich schwer
einzurichten gewesen. mögen Sie freude an der
mühsamen arbeit erleben, der es an vielfacher anerkennung in Frankreich, Holland, England u. s. w.
nicht mangeln wird.

Ich schlug auf der stelle nach was mich gerade
reizt, nemlich unter *Teutonia* und *theutonicus*

hochteutschlant und hochteutscher, beide
aus 75, also dem *voc. inc. teut. ante latinum*, in
welches jahr ungefähr würden Sie die dem druck
von 1515 vorhergegangne ausgabe setzen? nach
Panzers annalen s. 203 steht auf dem titel von
Geszlers rethorik Straszb. 1493 hochtütscher
stylus, der ausdruck könnte aber bereits früher
gegolten haben, es liegt mir daran, ihn zu fixieren.
unter *celsus* und *sublimis* haben Sie nur *hoch*, kein
hochdeutsch.

Nächstens hoffe ich Sie mit einer zwar kleinen,
Ihren gedanken doch nicht fremden arbeit zu über-
raschen.

Es ist ein jammer, dasz Sie in der welt den platz
nicht finden können, dessen Sie würdig sind. auch
ich habe von der ultramontanen ansicht, die selbst
unter protestanten herumspukt, manches zu erfahren
und zu leiden. die religion statt dasz sie die
menschen befriedigen sollte erbittert sie unterein- .
ander.

Komme ich einmal wieder nach Frankfurt, was
so leicht auszuführen ist, so suche ich Sie sicher
auf.

Ihr Sie hochschätzender freund
Jac. Grimm.

201.

Lieber Diefenbach,

schon ein paar monate sind Ihre „*origines. euro-
paeae*" bei mir, ich habe den dank aufgeschoben,
weil ich mich erst in das schwere buch einlesen

wollte, woran mich mehr als ich dachte und wünschte,
meine kränklichkeit hinderte, die mir voriges jahr
und auch schon in diesem viel last macht. in den
leichteren stunden musz ich unausgesetzt am wörterbuch arbeiten. sicher könnten Sie diesem manchen
vorschub thun, das material ist endlos. das habe
ich wieder im nächsten heft bei dem artikel *es*
empfunden.

Alles was Sie geschrieben haben und schreiben
ist sorgfältig und scharfsinnig, in der anordnung
aber, wie gesagt, schwierig, so dasz Sie auf glatte
leser nicht zählen dürfen.

Neulich kam ich darauf Sie unsrer akademie zum
correspondierenden mitgliede vorzuschlagen, solche
vorschläge müssen mehrere instanzen durchlaufen.
der meine hat aber beifall gefunden und das diplom
wird Ihnen unverweilt zugehen. nur weisz ich nicht
ob Ihnen an solchen ehren gelegen ist und ich
Ihnen einen gefallen damit gethan habe oder ob es
möglicherweise auf die besserung Ihrer äuszeren
lage günstig einwirken kann.

Ich lege Ihnen hier die neue ausgabe des „Freidank", meines bruders letzte arbeit bei, es sind
schöne sprüche und die benutzung der vielen hss.
hat mühe gekostet.

Aufrichtigst ergeben
Jac. Grimm.

Berlin 2. febr. 1861.

XXI. Acht Briefe Jacob Grimms an den Archivar Johann Georg Landau in Kassel.

202.

Göttingen 25 Februar 1833.

Sehr gefreut hat es mich, dafs Ew. Wohlgeboren, aus alter Bekanntschaft her, sich meiner erinnert, und mir für meine Sammlung die abschrift eines weisthums mitgetheilt haben. Ich werde Ihnen nicht weniger dankbar sein, wenn Sie diese Beiträge fortsetzen und besonders auf dem Lande in den Amtsarchiven Sich dafür verwenden wollen. Aus anderen Gegenden Deutschlands besitze ich weit mehr, als aus meinem Vaterlande, wo Städte und Beamten lange Zeit, namentlich im letzten Jahrhunderte auf die Bewahrung solcher Denkmäler nicht geachtet haben.

Das Regierungsarchiv dürfte wenig von dergl. enthalten, wenigstens hat es mir Hr. Schröder versichert. Die Copialbücher des Ziegenhainer Archivs zu Cassel sind ausführlich genug. Im Ziegenhainer Archiv selbst könnte sich viel oder doch mehr als sonstwo finden, aber dazu ist der Zutritt schwer. Alte Amtsacten des 16 J., zumal im Oberhessischen, Hersfeldischen, können am ersten die von mir gesuchten Dorfweisthümer an Hand geben. Auf das Städtische ist meine Absicht nicht

gerichtet.   Ihrem fleifsigen Buch über die hess.
Burgen wünsche ich baldige Vollendung, und bin
mit vollkommener Hochachtung Ihr

                          ergebenster
                     Jac. Grimm.

Herrn Georg Landau Wohlgeboren Cassel.

                      203.

                 Göttingen 25 apr. 1834

     Hochgeschätzter Herr,
     mein dank für Ihre gütige mittheilung kommt
gar zu spät; mögen mich manigfache geschäfte, die
auf mir lasten, in Ihren augen entschuldigen.
     Kaum getraue ich mir Ihre gefälligkeit weiter
in anspruch zu nehmen, es mufs wenigstens so geschehen können, dafs Ihre eignen arbeiten nicht
darunter leiden.   Die gelegenheit archive nutzen zu
dürfen kehrt freilich nicht leicht wieder, und was
Sie von alten und interessanten (was Sie leicht
selbst ermessen werden. [Randbemerkung]) weis-
thümern entdecken würde meiner sammlung immer
sehr erwünscht sein.   Aus dem Hanauer archiv habe
ich durch den verstorbenen adv. Carl mancherlei
erlangt, vielleicht aber nicht alles.
     Herrn Bibl. Bernhardi sagen Sie doch, dafs
wir den holländischen van Kaupen nicht haben.
     Mit aufrichtigster Hochachtung und Ergebenheit
                     Jac. Grimm.

Herrn Georg Landau Wolgeboren Cassel.

204.

Ew. Wohlgeboren

neuliche Anfrage vermag ich bestimmt zu bean**t**-
worten. die befragten Kindlingerschen Bände liegen
im Regierungsarchive zu Fulda. vor etwa
6 Jahren habe ich sie durch die Verwendung des
Herrn Präsid. von Hanstein in Händen gehabt und
für meine Weisthümersammlung ausgezogen.

Schraders frühen Tod habe ich erst durch die
Zeitung erfahren; er war in den letzten Jahren
seines Lebens verstimmt und unschlüssig, hätte aber
sicher die rechte Bahn wieder gefunden.

Ergebenst
Jac. Grimm.

Herrn Landau Wolgeboren Cassel.

205.

Ew. Wohlgeboren

erhalten hierbei das gewünschte Buch, und zugleich
meines Bruders und meinen Dank für die über-
machten Diplome.

Wissen Sie mir nichts zu sagen von einem
Conradus Fontanus, einem helmershäuser Bene-
dictiner des 13 Jh., auf dessen handschrift Letzner
sich oft beruft?

Vielleicht kennt Herr Falkenhainer zu Hofgeismar den Namen oder noch besser das verlorne
Buch?

Die Einlage an Herrn Bibl. Bernhardi bitte
ich abzugeben. Mit ergebenster Hochachtung

Jac. Grimm.

8. merz.

206.

Hochgeschätzter Herr,

Wenn ich das Schradersche Ms. hätte anbringen können, würden Sie längst Nachricht haben, es ist mir aber nicht gelungen. Der Verleger meint schon bei dem früheren Werk Einbufse zu leiden.

Sollten sich aber diese Abhandlungen nicht recht gut, in allmälichen Mittheilungen, für das beabsichtigte Archiv Ihres hess. Vereins eignen? Mir scheint das der schicklichste Ort.

Es freut mich dafs das Ziegenhainer Archiv wieder einmal angerührt wird.

Mit ergebenster Empfehlung

Jac. Grimm.

Göttingen 5 Aug. 1835.

Herrn Georg Landau, Secretair des hess. Vereins für Geschichte. Wolgeb. Cassel.

207.

Statt des von hier entliehenen quartanten (ich glaube eines bandes von Gercken) ist durch Misgrif das hierbei zurück folgende buch von der dortigen bibl. eingetroffen. Gelegentlich bitte ich mir dabei jenes aus.

Aus *Kesterburg* ist schwer *Christenberg* zu machen. Zwar sagt man mit ausgeworfnem *R* in Niederdeutschland *kassen* f. *kerstnen*, und *kassbeeren* für *kersbeeren*, *kirschbeeren* (woher das hessische und schwäb. etc. *kespern*); in diesen beiden fällen aber ist die *Rs* form die ältere, dagegen umgekehrt

Kesterburg älter ist als *Christenberg*, auch ist das letzte *R* in *Kester* (nicht *Kesten*) und das *U* in *burg*, abweichend von *berg*. *ccaster*, *cester* bedeutet gerade im angelsächs. *burg*, das lat. *castrum*, und das könnte auch in jenem *Kester* liegen. Möglich aber daſs man in späterer Zeit absichtlich aus dem unverständlich gewordnen *Kesterburg* das heiliger klingende *Christenberg* bildete ohne daſs man durch die Buchstaben dazu berechtigt war.

Ihre definitive anstellung bei dem archiv wird Ihnen material und muſse zu histor. forschung darbieten. Früher wäre eine solche stelle das ziel meiner wünsche gewesen. Aus dem hessischen archiv sind noch schätze zu heben. Die letzten archivare verstanden kaum die diplome ordentlich zu lesen. Vor 8 jahren konnte Rommel keine kerlingische Urkunde lesen, und wahrscheinlich hat ers heute noch nicht gelernt. Ich möchte Sie auffordern, wenigstens die ältesten deutschen urkunden Ihres archivs so sorgfältig heraus zu geben, wie es neulich Höfer in Berlin gethan hat.

Ergebenst
Jac. Grimm.

17 Jan. 1836.

208.

Es ist mir neulich beigefallen, daſs der name *Casterberg*, *Kesterberg* ganz richtig sein wird; man darf dabei nicht an den heidnischen Castor, sondern nur an den heiligen Castor denken, der

im Mittelalter, zumal in der Trierischen Diöcese,
viel verehrt wurde. Zu Coblenz, wenn ich nicht
irre, ist eine Castorskirche. vgl. auch Pertz 2, 603.
Also finde ich sehr begreiflich, dafs man ihm auf
einem oberhess. berg eine kirche weihte. Später
taufte man den berg um in einen Christenberg.

        In eile

                        J. Gr.

Herrn Archivar Landau Wohlgeb. Cassel.

209.

        Hochgeehrter Freund,

mit wahrem vergnügen habe ich Ihre „Wetterau"
empfangen und gelesen, auch Ihrem wunsche nach
in der akademie einen kurzen vortrag gehalten, der
hoffentlich dem werk, wenn es einer empfehlung
bedarf, dazu gereicht.

        Unsere monatsberichte liegen wahrscheinlich dort
auf der bibliothek vor, und Sie haben nur das
januarheft s. 42. 43 aufzuschlagen. Wenn sich die
trilogie in mehrern, zumal den nahgelegnen gauen
bestätigt, so ists eine schöne entdeckung, woran ich
vorläufig schon glaube. Den schuldigen betrag habe
ich sogleich an Ledebur entrichtet.

        Hierbei erlaube ich mir die anfrage, ob zu den
wüsten ortschaften das schluszheft nicht erschienen
ist? mir sind nur drei hefte zugelangt, die bis
p. 288 reichen.

        Schade dasz auch die indices zu Dronke aus-
bleiben. Wenn Sie dazu keine lust haben, sollten

Sie für einen andern arbeiter sorgen. Wollte es nicht einmal der pedantische R o t h zu München thun?

Mit wahrer hochachtung

Ihr ergebenster

J a c. G r i m m.

Berlin 22 Febr. 1855.

XXII. Elf Briefe aus der Correspondenz Wilhelm u. Jacob Grimm's mit der Kurfürstin Auguste von Hessen und deren Tochter der Herzogin Marie von Meiningen.

210.

Wilhelm Grimm an die Kurfürstin Auguste.

Allerdurchlauchtigste Frau,
Allergnädigste Kurfürstin!

Ew. Königl. Hoheit die Veränderung meiner Verhältnisse anzuzeigen ist eine Pflicht, die mir das Glück gewährt, mich Allerhöchst denselben mit diesen Zeilen nähern zu dürfen. Nach dem Tode des Directors Völkel, als wir langer Dienste ungeachtet zurückgesetzt wurden, erhielten wir beide, mein Bruder und ich, ohne es von unserer Seite im geringsten gesucht zu haben, von Göttingen aus den Antrag, bei der dortigen Bibliothek einzutreten. Die Bedingungen waren nicht glänzend, aber anständig und dadurch ehrenvoll, dasz dort keine Vacanz vorhanden war. Diese Stellung gewährte uns ein

26*

ferneres Zusammenleben und einen gemeinschaftlichen
Beruf, etwas das wir, die wir von Kindheit an nie
getrennt gewesen sind, zu erhalten entschlossen
waren, so lange es in unserer Gewalt stand. Wir
sollten beide Bibliothekare bei der berühmtesten und
schönsten Bibliothek von Deutschland werden,
zugleich berechtigt seyn, Vorlesungen an der Universität zu halten, ohne Verpflichtung dazu. Mein
Bruder sollte zugleich das Amt eines ordentlichen
Professors der Philosophie erhalten. Hätten wir
blosz Neigung und Gefühl um Rath gefragt, so
würden wir den Antrag, wie frühere, ausgeschlagen
haben, wir glaubten aber der Stimme der Vernunft
und Pflicht folgen zu müszen, die uns die Annahme
desselben gebot. Im Sommer wurde die Sache dem
Könige in London vorgelegt und vor Kurzem kam
die förmliche Vocation von Hannover. Mit dem
neuen Jahre werden wir das Amt in Göttingen erst
antreten. Wir erhielten hier den Abschied an
demselben Tage, wo wir das Gesuch darum ein-
reichten.

Vor Ew. Königlichen Hoheit darf ich die Versicherung niederlegen, dass kein Mangel an Vaterlandsliebe uns zu Schulden kommt. Mit dem tiefsten
Schmerz verlassen wir Hessen, dem unsere Familie
seit Jahrhunderten mit unbefleckter Ehre gedient
hat, und die Anhänglichkeit an Cassel, wo wir
gewisz den gröszten Theil unseres Lebens zugebracht
haben, wird niemals erlöschen; Mutter und Kind
liegen da unter der Erde. Die Überzeugung, dasz
wir hier für unsere Familie und für unser Alter,

wenn es Gott gewährt, keine Versorgung finden
würden und das kränkende Gefühl, das unverdiente
Zurücksetzung erregt und sich nicht ganz unterdrücken läszt, hat uns allein zu diesem Schritte
bewogen.

Wir bitten Ew. Königliche Hoheit und Höchst-
Ihr hohes Haus um Erhaltung und Fortdauer Höchst-
Ihrer Gnade und Huld, welche zu besitzen wir als
das Glück unseres Lebens betrachten. Verschmähen
Allerhöchstdieselben nicht, was eine unbedeutende
Familie allein vermag: reine Wünsche und treue,
unverbrüchliche Ergebenheit. In dem Augenblick,
wo mir das Glück entzogen wird, Ew. Königliche
Hoheit Unterthan zu heiszen, fühle ich lebhafter
als je, dass die Anhänglichkeit an Allerhöchstdieselben
und die Verehrung der edlen Gesinnungen, die Ew.
Königlichen Hoheit eigen sind, niemals in mir
ersterben wird

> Ew. Königliche Hoheit
>
> > allerunterthänigster
> >
> > Wilhelm Grimm.

Cassel 2. Nov. 1829.

211.

Kurfürstin Auguste an Wilhelm Grimm.

Fulda d. 18ten 9ber 1829.

Ich darf voraussetzen, lieber Herr Grimm, dasz
Sie und Ihr Bruder überzeugt von dem schmerz-
haften Eindruk sind, den ihr Scheiden aus dem hess.
Dienst u. Vaterland auf mich macht. Fast möchte

ich mir Glük wünschen jetzt nicht mehr in Cassel
heimisch zu sein. Wenn ich mich aber betrübe,
dasz sie beide für Hessen vielleicht auf immer
verloren sind, freue ich mich anderseits, dasz vermöge
der neuen Anstellung ihre Verdienste desto mehr
im gemeinsamen teutschen Vaterland glänzen werden,
wovon doch auch einige Strahlen auf ihr ur-
sprüngliches zurückfallen. Gern schmeichele ich
mich mit der Hofnung, dasz die Nähe von Göttingen
Ihnen gestatten wird Ihre Freunde u. Bekante auf
hess. Grund u. Boden zuweilen zu besuchen u. mir
ebenfalls die Freude zu Theil werden wird Sie u.
Ihren Bruder öfters zu sehn. Meine Tochter die
mir viel Empfehl. an sie beide aufträgt theilt meine
eifrigen Wünsche für Sie u. die Ihrigen. Mögten
wir immer die erfreulichsten Nachrichten von Ihrem
Wohlergehn erhalten! Vergessen Sie unser nicht,
lieber Herr Grimm, gedenken Sie zuweilen Ihrer,
uns immer so angenehmen Vorlesungen u. nehmen
Sie es mir nicht übel, wenn ich Ihnen ein warlich
sehr unbedeutendes Andenken als Erinnerung an
jene Zeit sende die in dieser Hinsicht mir immer
als die gute, alte Zeit erscheinen wird. Mit diesen
Gesinnungen verbleibe ich

Ihre ergebene
Auguste.

Dem königl. hanöverschen Bibliothekar W. Grimm, Wohlgeb.,
zu Cassel.

Wilhelm Grimm an Kurfürstin Auguste.

212.

Allerdurchlauchtigste Frau,
Allergnädigste Kurfürstin!

Nehmen Ew. Königliche Hoheit mit gewohnter
Huld den ehrfurchtsvollsten Dank für das gnädige
Schreiben an, welches Allerhöchstdieselben an mich
zu richten geruht haben. Welchen Werth es für
mich und meinen Bruder hat und wie sehr die
darin ausgesprochene gnädige Gesinnung uns bewegt hat, bin ich auszudrücken nicht im Stande;
unschätzbar ist mir das sichtbare Zeichen der Gnade
und des Wohlwollens Ew. Königl. Hoheit, welches
ich zugleich empfangen habe.

Die Zeit unseres Abzuges rückt heran und ein
Vorgefühl der Empfindung, mit welcher ich Cassel
verlassen werde, habe ich gehabt, als wir auf einige
Tage nach Göttingen reisten, um die nöthigen Einrichtungen zu treffen. Wir sind so glücklich gewesen, sogleich eine passende Wohnung zu finden.
Sie liegt in der Alleestrasse gerade dem Hause
gegenüber, welches der höchstselige Kurfürst, als
er in Göttingen studierte, inne hatte. Noch zwei
andere Mitglieder der Universität, geborene Hessen
und ehemalige Professoren zu Marburg, von welchen
ich den Hofrath Conradi als einen geistig ausgezeichneten, redlichen Mann schon lange kenne, besitzen Häuser in dieser Gegend. Die Stadt hat sich,
seitdem ich sie nicht gesehen, ungemein verbessert
und vergröszert und erhält in diesem Augenblicke

durch die Anwesenheit des Kronprinzen von Baiern, der als ein Herr von mildem und liebenswürdigem Charakter allgemein geschildert wird, einen neuen Glanz. Die Umgegend ist schöner, als ich glaubte, obgleich sie mit der bei Cassel nicht kann verglichen werden.

Die dortige Bibliothek ist in jedem Fache ausgezeichnet versorgt und wir würden es als eine besondere Gnade betrachten, wenn Ew. königl. Hoheit uns Allerhöchst Ihrer Befehle würdigen und Bücher daraus verlangen wollten.

Mein jüngster Bruder, der Mahler, wird hier und in unserer bisherigen Wohnung bleiben. Er hat sich mit der Tochter der Hauseigenthümerin, der verwittweten Professorin Böttner, einem guten und stillen Mädchen verlobt. Da er sich in kurzem zu verheirathen gedenkt, so ist unser baldiger Abzug nöthig, ob gleich meine Frau ihre Niederkunft gerne erst hier erwartet hätte. Ich wage es, auch sie zugleich mit meinen Geschwistern der Huld und Gnade Ew. Königl. Hoheit und I. Hoheit der Prinzessin Karoline zu empfehlen und betrachte schon ietzt den Tag als den glücklichsten, wo ich Ew. Königl. Hoheit die tiefe Ehrfurcht persönlich bezeigen darf, womit ich verharre

Ew. Königlichen Hoheit

allerunterthänigster
W i l h e l m   G r i m m.

Cassel 25. Nov. 1829.

Wilhelm Grimm an Kurfürstin Auguste.

213.

Allerdurchlauchtigste Frau,
Allergnädigste Kurfürstin,

Das kleine Buch, welches ich Ew. Königl. Hoheit
zu übersenden mir erlaube, ist so unscheinbar und
so wenig verbreitet, dasz ich befürchten musz, es
werde sonst nicht in Ew. Königl. Hoheit Hände gelangen, und doch ist es dieser Auszeichnung vollkommen würdig. Ein schlichter Bürger beschreibt
darin das Leben einer Herzogin von Brieg, aus dem
Hause Ew. Königlichen Hoheit, auf eine kunstlose,
aber natürliche und anziehende Art, und überliefert
darin der Nachwelt das Bild einer Fürstin, welche
ausgezeichnete Anlagen würdig ausgebildet und das
Glück des kleinen Landes durch sittliche und
geistige Erhebung gegründet hat. Nicht oft hat
sich Herablassung, Güte und menschliche Theilnahme mit der angebornen, stets in voller Kraft
erhaltenen Würde des Standes, wie hier vereinigt,
und ich glaube, dasz es zu den ausschlieszlichen
Vorzügen der deutschen Geschichte gehört, von
solchen Erscheinungen berichten zu können. Auch
jene Zeit, die letzte ruhige und glückliche vor dem
hereinbrechenden 30jährigen Krieg, wird hier in
ihrer Eigenthümlichkeit, mit ihren guten und bösen
Seiten, lebhaft geschildert, obgleich die geistige
Überlegenheit der Fürstin in allen Verhältnissen
durchleuchtet; aber es ist der Vorzug des Geistes,
dass er andere heraufhebt und dem Keime des

Guten, an dem es dem deutschen Volke nie gefehlt hat, Sonne und Luft zuwendet, in welchem er gedeiht.

Meine Reise nach Berlin habe ich wegen der herannahenden Cholera aufgeben müssen, aber mein Bruder, der sich von den etwas angehäuften Arbeiten, die uns hier zu Theil werden, durch eine Reise nach der Schweiz erholen wollte, ist durch das herrliche Herbstwetter begünstigt worden und wäre, wenn er sich nicht vor den Cordons gefürchtet hätte, bis Mailand gekommen; der Rigi ist der südlichste Punkt gewesen, den er erreicht hat. Mit gestärkter Gesundheit ist er zurückgekehrt und ausgenommen, dass meine Kinder durch die wilden Blattern, die eine an sich ganz leichte Krankheit sind, in der Stube gehalten werden, haben wir sonst nicht zu klagen.

Die treue Anhänglichkeit, womit wir Ew. Königl. Hoheit verehren, bewahren wir unvermindert, und die Hoffnung, dasz Ew. Königl. Hoheit fortfahren, gegen uns huldreich und gnädig gesinnt zu seyn, gehört zu dem Glück unseres Lebens. Geruhen Allerhöchst dieselben sowie I. Hoheit die Prinzessin Caroline die Versicherung der tiefsten Ehrerbietung anzunehmen, in welcher ich verharre

Ew. Königlichen Hoheit

unterthäniger

W i l h e l m G r i m m.

Göttingen 4. Dec. 1831.

Kurfürstin Auguste an Wilhelm Grimm.

214.

Mein lieber Herr Professor!

Ich hoffe Sie verzeihen mir wenn ich Ihr mir
werthes Schreiben nicht gleich beantwortete u. für
das Überschichte dankte. Die letzten traurigen Auf-
tritte hatten mich aber sehr angegriffen u. ich
werde mich sobald nicht davon erholen. Ihr Andenken hat mich indessen ungemein gefreuet u. die
treuherzige Lebensbeschreibung der aller fürtref-
lichsten Fürstin D o r e l diente zu unserer Aufheite-
rung in diesen Tagen. Meine Tochter trägt mir
viel Schönes an Sie auf — wir grüssen bestens
Ihre Frau u. Ihren Bruder u. hätten gewünscht
letztern auf seiner Rückreise aus der Schweitz zu
sprechen. Ich hoffe Ihre Kinder sind von den
Windpocken die mehr lästig als gefährlich sind wieder
befreit. Mit den Ihnen stets gewidmeten Gesinnungen verbleibe ich, mein lieber Herr Grimm

Ihre wohlaffektionirte

Auguste.

Cassel d. 15ten xber 1831.

Dem Herrn Professor Wilhelm Grimm, Wohlgeb., in Göttingen.

215.

Wilhelm Grimm an die Kurfürstin Auguste.

Ew. königl. Hoheit Befehle gemäsz übersende
ich die drei Bände der R u m o h r. Denkwürdigkeiten.

Die darin erzählten Ereignisse sind ohne Zweifel nur das Mittel, um über Politik, Kunst, Erziehung und überhaupt die höheren Angelegenheiten des Lebens Ideen mitzutheilen, die man eigenthümlich u. geistreich nennen darf u. die umsomehr Werth haben, als sie aus einer mannigfaltigen Erfahrung, nicht aus bloszen Theorien geschöpft scheinen. Aus diesem Grunde läszt sich auch eine gewisse Breite und Umständlichkeit der Ausführung, die zuweilen an Göthes Manier erinnert, nicht blosz entschuldigen, sondern lobenswerth finden. Wohlthätig ist es eine doch nicht allzuweit entfernte Zeit geschildert zu finden, in welcher sich selbst nach einem Kriege in Deutschland eine Ruhe u. Festigkeit der äuszern Verhältnisse zeigt, die leider in dem Sturme, in welchem heutzutage die Geschichte fortschreitet, untergegangen ist.

Geruhen Ew. K. H. mir fernere Befehle zu ertheilen, wenn Allerhöchstd. etwas aus der hiesigen Bibl. zu erhalten wünschen. Ich finde ein Glück darin, Ew. K. H. auch einen kleinen Dienst erweisen zu können.

Am 25. Mai 1832.

216.

Kurfürstin Auguste an Wilhelm Grimm.

Cassel den 18ten Mai 1832.

Mein lieber Herr Professor!

Ich hatte nicht so schnel die Erfüllung meines Wunsches erwartet u. bin sehr verbunden dafür.

Wir haben gleich die Rumohrschen Denkwürdigkeiten
zu lesen begonnen, bedauere nur sie nicht wie ehedem
von Ihnen vorlesen zu hören. Es freut mich dasz
die Rückfahrt glücklich war und dasz Sie die Kleinen
gesund angetroffen.

Caroline empfiehlt sich Ihnen bestens; wir gemeinschaftlich den Ihrigen. Mögten wir Sie bald,
lieber Herr Prossor, unter recht günstigen Umständen
wiedersehn — bleiben Sie indessen versichert der
aufrichtigsten Achtung und Freundschaft

Ihrer ergebenen Auguste.

217.

Kurfürstin Auguste an Wilhelm Grimm.

Kassel, den 3ten April 1834.

Mein lieber Herr Profeszor!

Durch Übersendung Ihrer Mährchen haben Sie
3 Generationen erfreut; doch am meisten die Gross-
mutter, die den gröszten Werth auf jeden Beweisz
Ihren Andenkens legt u. der sie den Vorzug gönnten
Tochter*) und Enkel durch Ihr Geschenk zu über-
raschen. Ich habe es gleich nach Meiningen ab-
geschickt wo es grosze Freude machen wird. Durch
Ihren Bruder Louis werde ich Ihnen darüber berichten lassen. Ich hoffe die Ihrigen sind wohl u.
mein Pathschen bildet sich geistig u. körperlich so
vortheilhaft aus, wie sie es versprach als ich ihre

---

*) Herzogin Marie von Meiningen noch jetzt lebend,
Mutter des jetzt regierenden Herzogs.

Bekanntschaft auf dem Arm ihrer Mutter machte.
Empfehlen Sie mich letzterer wie auch Ihrem Bruder.
Karoline grüsst herzlich.

Mit der aufrichtigsten Achtung verbleibe ich,
lieber Herr Profeszor,

Ihre ergebene
Auguste.

218.
Herzogin Maria an Wilhelm Grimm.

Meiningen den 13ten Mai 1834.

Lieber Herr Grimm,

Sie haben mich durch die Übersendung Ihres
Mährchenbuchs für meinen Georg so sehr erfreut,
dasz mir es Bedüfnisz ist Ihnen noch selbst meinen
herzlichsten Dank dafür auszusprechen. Der Kleine
hat eine grosze Freude darüber, und ich habe schon
beinahe das ganze Buch mit ihm durchgelesen, was
mich auch auf eine angenehme Weise an meine
Kindheit erinnert, wo es zu meinen liebsten Zer-
streuungen gehörte in diesen Mährchen zu lesen.
Dürfte ich Sie bitten mich Ihrer lieben Frau und
Ihrem Bruder bestens zu empfehlen. Mit Vergnügen ergreife ich diese Gelegenheit mich Ihrem
Andenken zurückzurufen und Sie meiner voll-
kommensten Hochachtung zu versichern, mit der
ich verbleibe lieber Herr Grimm

Ihre

Ihnen ganz ergebene
Marie.

219.

Wilhelm Grimm an die Kurfürstin Auguste.

Allerdurchlauchtigste Frau,
Allergnädigste Kurfürstin,

Ew. Königliche Hoheit haben mich und die Meinigen durch das gnädige Andenken wie durch das schöne Geschenk mehr beglückt, als ich auszudrücken vermag. Unsere Dankbarkeit kommt aber ebensosehr aus dem Herzen als die treue Anhänglichkeit an Ihro königliche Hoheit, die wir unverändert bewahren. Ew. Königliche Hoheit meine Verehrung persönlich zu bezeigen, wollen mir die plötzlichen Störungen meiner Gesundheit, die ich bei sonst gutem oder leidlichem Befinden erfahre, in dieser Zeit noch nicht erlauben; ich musz hoffen, dasz es in der Folge besser wird. Aber wie glücklich würde ich mich fühlen Ew. königlichen Hoheit das Kind vorstellen zu dürfen, an welchem Allerhöchstdieselbe mit so groszer Herablassung und Güte Antheil nehmen. Es hat den ganzen Tag das glänzende Geschenk nicht aus den Augen gelassen, und mir gesagt wie es Ew. Königlichen Hoheit dafür danken wolle. Es ist gesund und kräftig, und macht uns durch Lebhaftigkeit und gute Anlagen Freude; auch die beiden Knaben sind munter und lernen gut; nur müszen wir uns gefallen lassen dasz sie den fremdartigen Accent der hiesigen Aussprache annehmen, an welchen wir uns nicht gewöhnen können.

Mein Bruder ist in seiner Lage wesentlich er-
leichtert, da ihm zwar die Professur der Diplomatik
mit übertragen ist, er jedoch von dem gröszten
und beschwerlichsten Theil der Bibliotheksarbeiten
dispensirt worden.

Künftigen September feiert die Universität ihr
hundertjähriges Stiftungsfest. Ein für die hiesigen
Verhältnisse groszes und mit würdigen Räumen aus-
gestattetes Universitätsgebäude wird bis dahin vollendet seyn, auf dem Platze davor soll eine Metall-
statue des Königs aufgestellt werden. Da der
Vicekönig mit dem Hof und dem Ministerium zugegen seyn wird, man auf die Gesandten der Höfe,
und die Abgeordneten der andern Universitäten
hofft, und der König von Baiern, dem Vernehmen
nach, das Fest mit seiner Gegenwart beehren will,
so wird die kleine Stadt auf kurze Zeit ein glän-
zendes Aussehen gewinnen. Die Festlichkeiten
sollen drei Tage dauern, und, wie es heiszt, die
Professoren, nach der Sitte der altenglischen Universitäten, bei dem feierlichen Zug in die Kirche in
alterthümlichen Talaren und Baretten erscheinen,
wodurch die Feierlichkeit einen eigenthümlichen
Charakter erhalten wird.

Bei dieser Aussicht auf Festlichkeiten ist der
vorgestern erfolgte plötzliche und räthselhafte Tod
des als Augenarzt berühmten, Ew. königlichen
Hoheit persönlich bekannten Hofrath Himly ein
doppelt trauriges Ereignis. Der hochbejahrte
Blumenbach hat sich bei dem Tode seiner einzigen
Tochter, die ihn mit groszer Sorgfalt pflegte, und

der Grippe unterlag, mit unerwarteter Kraft benommen.

Geruhen Ew. Königliche Hoheit und Ihro Hoheit
die Princessin Karoline meiner und der meinigen
fernerhin huldvoll und gnädig sich zu erinnern, und
unsere reinsten Wünsche für das höchste Wohl-
ergehen wie die Versicherung der tiefsten Ehrfurcht
anzunehmen, mit welcher ich verharre
Ew. königlichen Hoheit
allerunterthänigster
Wilhelm Grimm.
Göttingen am 24. März 1837.

220.
J. Grimm an die Kurfürstin Auguste.

Allerdurchlauchtigste Frau,

Mit welchem Leid wir den schmerzlichen Unfall
vernommen haben, von dem Ew. Königl. Hoheit
betroffen worden sind,*) brauche ich nicht erst zu
sagen. Von Tage zu Tage, von Woche zu Woche
werden alle darüber einlaufenden Nachrichten eingezogen, und so konnten wir allmälich den Trost
schöpfen, dafs die erwünschteste Genesung wenn
auch langsamer, als wir hofften, doch sicher von
Statten gehn werde.

Überzeugt dafs Ew. Königl. Hoheit unsre
herzliche Theilnahme mit gewohnter Huld aufnehmen werden, hätten wir es gewagt sie schon

---

*) Die Kurfürstin war gefallen und hatte sich das eine
Bein verletzt.

vor einiger Zeit schriftlich auszudrücken, wäre es
nicht mein Entschlufs gewesen, dieses Weihnachts-
fest in Jena zuzubringen und über Meiningen zurück-
zureisen, um daselbst das Glück zu haben, persönlich
Ew. Kön. Hoh. unsre Treue und Anhänglichkeit zu
Füfsen zu legen. Allein kaum hatte ich einige
Tage zu Jena bei meinem Freunde Dahlmann
verbracht, als mich vorgestern, am ersten Weihnachts-
tage, die Botschaft meines Bruders erreichte, dafs
meine geliebte Schwägerin Dortchen plötzlich von
einer Gefahr drohenden Blutentzündung befallen
sei, und so bin ich mit Extrapost alsogleich hierher
zurück gereist, gestern Morgen eingetroffen, und
habe Gott sei Dank die Kranke schon aufser Gefahr,
wiewohl noch sehr schwach und angegriffen gefunden.
Da es mir auf solche Weise versagt worden ist, in
Meiningen Ew. Kön. Hoh. aufwarten zu können,
säume ich nicht länger, dieses ehrerbietige Schreiben
abgehn zu lassen, um so mehr, als auch vielleicht
Allerhöchstdieselben etwas von Dortchens Krankheits-
fall gehört haben und sich des glücklichen Ausgangs
mit uns erfreuen werden.

Unsere äufsere Lage hat sich zwar noch nicht
wieder günstig gewendet, seitdem wir aber, drei
Brüder in einem Hause, vereint wohnen, kann ich
wieder getrost und mit frischem Muthe arbeiten.
Aufser andern Geschäften, die uns genug zu thun
geben, haben wir ein weit aussehendes deutsches
Wörterbuch unternommen, das wir, wenn es der
Himmel gedeihen und gelingen läfst, mit Freude
und Stolz auf den Altar des Vaterlandes darbringen

werden. Auch sein äuſserer Ertrag wird von der
Art sein, daſs er uns peinlicher Sorgen um die
Zukunft überhebt, und unsern von jeher mäſsigen
Ansprüchen und Bedürfnissen ausreicht.
Vor vierzehn Tagen stellte sich ein Schneider
ein, und nahm der kleinen Auguste Maſs zu einem
Mantel, durch welchen das Kind diese Weihnachten
aufs höchste · erfreut worden ist. In dem schönen
Stoff, wozu der weiſse Hut vortrefflich paſst, sieht
sie gar nicht aus wie die Tochter eines verbannten
Professors oder wie die Nichte eines gleichfalls über
die Grenze gewiesenen Hofraths, sondern fast wie
eine kleine Princessin. Es rührt uns doppelt, daſs
Ew. Königl. Hoheit gegenwärtig der Pathe und
unser zu gedenken geruht haben.

Wir bitten um die Gnade uns auch dem wohl-
wollenden Andenken Ihrer Hoheiten der Frau
Herzogin sowie der Princessin Caroline zu empfehlen.
Mit unauslöschlicher Treue, Liebe und Erfurcht
ersterbe ich Ew. Königl. Hoheit

allerunterthänigster
Jacob Grimm.

Cassel 27. Dec. 1838.

Druck von Friedr. Scheel, Cassel.

Inhalt.